民 政 管 理 专 业 系 列 教 材

个案工作与小组工作

GE'AN GONGZUO YU XIAOZU GONGZUO

主 编／史铁尔 胡 彬 钟 涛
参 编／曹启挺 王 松 吴丽月 蒋国庆

京师职教

zjfs.bnup.com | www.bnupg.com

北京师范大学出版集团
BEIJING NORMAL UNIVERSITY PUBLISHING GROUP
北京师范大学出版社

图书在版编目(CIP)数据

个案工作与小组工作 / 史铁尔,胡彬,钟涛主编 .—北京:
北京师范大学出版社,2024.8

ISBN 978-7-303-20258-4

Ⅰ.①个… Ⅱ.①史… ②胡… ③钟… Ⅲ.①社会个案工
作－中等专业学校－教材②社会团体－社会工作－中等专业
学校－教材 Ⅳ.①C916

中国版本图书馆 CIP 数据核字(2016)第 072074 号

图 书 意 见 反 馈　　zhijiao@bnupg.com
营 销 中 心 电 话　　010-58802755　58800035
编 辑 部 电 话　　010-58808077

出版发行:北京师范大学出版社　www.bnupg.com
　　　　　北京市西城区新街口外大街 12-3 号
　　　　　邮政编码:100088
印　　刷:北京天泽润科贸有限公司
经　　销:全国新华书店
开　　本:787 mm×1092 mm　1/16
印　　张:17.25
字　　数:370 千字
版　　次:2024 年 8 月第 2 版
印　　次:2024 年 8 月第 4 次印刷
定　　价:35.50 元

策划编辑:易　新　　　　　责任编辑:肖　寒
美术编辑:高　霞　　　　　装帧设计:高　霞
责任校对:陈　民　　　　　责任印制:马　洁　赵　龙

总　序

　　民政部门是在党中央、国务院和地方各级党委、政府领导下，紧紧围绕保障和改善民生、加强和创新社会管理推进各项工作，并积极履行保障基本民生、创新社会管理、促进国防建设、强化社会服务等方面的基本职能，服务了党和国家工作大局，促进了经济平稳较快发展和社会和谐稳定，充分发挥了民政系统在社会建设中的骨干作用。

　　"行业发展、教育先行"，大力培养民政服务与管理专业人才，不仅可以为民政行业提供专业化人才，而且能够促进民政行业的职业化规范化建设。教材是知识传承和积累的载体，是保障教学的基础，优秀的教材更是提高教学质量、培养优秀人才的根本。因此，在民政行指委的大力支持下，在北京师范大学出版社的积极推动下，由全国民政职业教育教学指导委员会联合全国开设民政服务与管理专业的优秀的职业学校、研究机构联合编写了民政服务与管理专业系列教材，并向全国职业院校和相关机构推荐使用。系列教材的出版将会在推动民政服务与管理专业建设、人才培养、社会服务等方面起到推动和促进作用。

　　本次编写的民政服务与管理专业系列教材旨在以教材推进系列鼓励各主编学校结合各自办学特色及优势学科，整合各参编单位教学经验，博采众长，在稳定教学内容的基础上，做到优势突出，特色鲜明。主编单位发挥牵头作用，参编单位积极出谋划策，分享教学经验和成果，共同提高中国职业教育的教学水平。在内容选取上，本系列教材立足民政服务与管理岗位需求，内容涵盖民政服务与管理岗位人才需要掌握的核心技能，包括民政概论、社会工作方法与技巧、个案工作与小组工作、社区工作实务、民政公文写作、社会保障基础、社会福利概论、社会调查方法与统计、沟通技巧、社会心理学基础 10 个方面的内容。

　　"十年树木，百年树人"，人才队伍建设非一朝一夕可实现。在此，我要感谢参与编写本系列教材的所有编写人员和出版社，是你们的全心投入和努力，让我们看到这一系列优秀教材的出版。我要感谢各院校以及扎根于一线民政服务与管理人才教育的广大教师，是你们的默默奉献，为民政行业输送了大量的高素质人才。我相信，在教育机构和行业的共同努力下，我国的民政人才必定会数量充足且质量优秀，进而推动民政事业走上规范化、专业化、职业化、可持续发展的健康道路。

前　言

随着社会改革的不断深入，政府管理和公共服务职能的不断加强，民政部门的任务越来越重，服务对象的要求也越来越高，各种新情况、新问题、新矛盾不断涌现，因此，进一步加强民政队伍的专业化、职业化建设的工作越来越紧迫，要充分发挥社会工作的作用，社会工作技巧与方法是其中重要技能之一。

《个案工作与小组工作》教材基于工作任务和工作过程的理念进行开发，根据个案工作和小组工作各阶段的基本任务设立教学项目；同时注重知识与案例的结合，选择社会工作中的老年人、妇女、儿童、青少年和残疾人等五大主要工作领域中的典型案例进行分析示范，注重培养学生的操作能力，更好地帮助学生在教材的应用中掌握实践技能。

本书由史铁尔、胡彬和钟涛负责统稿、审稿，参编人员及分工如下：

第一部分

项目一：胡　彬

项目二、项目三、项目四：吴丽月

项目五：曹启挺

第二部分

项目一：钟　涛

项目二、项目三：王　松

项目四、项目五：蒋国庆

第三部分

项目一、项目二、项目四：曹启挺

项目三：王　松

项目五：蒋国庆

《个案工作与小组工作》可作为职业院校相关专业学生的专业教材，也可作为民政行业的培训教材，同时，也能为民政管理人员提高业务素养和业务能力提供参考，并可作为各级各类组织进行岗位培训的创新型教材。

作者在撰写本书过程中，参阅了大量的相关资料，吸收了多方面专家的研究成果，在此一并表示感谢。

尽管我们数易其稿，但受水平所限，难免会有疏漏，恳请广大读者批评指正。

史铁尔

目 录

第二部分 小组工作篇

第三部分 综合运用

第一部分

个案工作篇

项目一　认识个案工作

内容导航

社会工作价值观是社会工作实践的灵魂和社会工作者的精神动力，社会工作者的素质是工作开展的基础，良好的专业关系是个案工作取得成效的基本条件。因此，作为个案工作者，要主动学习并内化专业价值，提升个人素质，积极培养建立良好专业关系的能力。

任务一
了解个案工作的价值观与专业伦理

学习目标

1. 理解及掌握个案工作的价值观内容。
2. 学习者能够明白价值在个案工作中的地位，能有意识地加强自身的道德修养，内化个案工作价值观。

工作任务描述

案例：王齐是一名学校社工，最近他接触到一个个案。该个案的服务对象叫小军，13岁，正在读初一，因为老师在他身上发现不少淤青，所以建议社工介入。王齐在与小军的接触中了解到，小军的爸爸和妈妈已经离婚，小军和7岁的弟弟与爸爸一同生活，他爸爸有严重的酗酒问题，每次喝醉了酒打他和弟弟。小军非常想离开家，但没有其他地方可以去；同时，小军还担心如果自己离开了家，7岁的弟弟就会遭受更严重的暴力。经过一段时间的接触，王齐与小军建立了良好的关系，小军在一次聊天中告诉王齐一个秘密：在过去的一年里，小军经常到村旁边的工厂偷该厂用于加工成品的钢铁原料去卖钱，且数额不小，小军的想法是：一旦存够了钱，自己就带着弟弟离开家去一个新的地方生活。

王齐意识到进一步处理这一问题遇到困境，问：在这个家庭暴力受害未成年人偷窃的案例中：社会工作者价值内容有哪些？社会工作者该怎么处理这个案例？

工作任务分解与实施

一、社会工作价值观的内容

社会工作价值观是社会工作者所持有的助人观念。它包括社会工作对助人活动的看法、对自己和服务对象的看法。社会工作价值观的核心是利他主义，即社会工作者以帮助他人、服务于他人为自己行动的目标，这是社会工作与利己活动之间的本质区别。

社会工作认为个人、群体在正常生活方面遭遇困难应该得到帮助，过正常的生活是每一个人的权利，帮助他们过正常生活也是政府和社会的责任，社会工作是帮助人们获得这种权利的过程。在服务中，社会工作者将服务对象看作是一个与自己有平等价值的人，是有潜力改变和有能动性的个体，要充分相信服务对象自身所具有的优势。社会工作者坚持专业的立场，在实践中努力提高专业服务的质量，不断学习和充实专业理论、技巧和知识，提高专业实践的效率和服务的效果，强化专业服务的标准。社会工作者常常是在机构中开展服务的。因此，社会工作者应维护服务机构的政策、立场和管理规则，在社会服务过程中尽力做到公正合理地处理个人与机构的关系，尽量避免在外部对服务机构进行批评。社会工作者也有义务帮助服务机构的管理者不断提高机构的管理与服务水平。社会工作者应不断改进专业实践，提高专业服务水平，增进社会福利水平。在社会福利资源分配过程中，社会工作者要注重公平正义原则，对最不利的弱势人群的需要给予优先满足。社会工作者在推行社会政策和提供社会服务过程时，要坚持效率与平等兼顾，减少资源浪费，提高服务的效果，最大程度上满足服务对象的需求。在任何国家或地区，社会工作者都是一群有理想的专业工作者。在实践中，社会工作者对社会前途和远景始终保持积极乐观的态度，他们相信社会发展的美好未来，并愿意付出持续不断的努力，通过专业实践和服务推动社会进步的进程。

二、国际社会工作认同的社会工作价值观与基本原则

1. 国际社会工作界认同的专业价值观

(1)服务。社会工作者应当超越个人利益为他人提供专业服务。

(2)社会公正。社会工作者追求社会变革，特别是与弱势群体一起工作，并代表他们寻求社会变革。

(3)个人的尊严和价值。社工对每个人都给予关怀和尊重，意识到个体的差异和文化及种族间的多元性。

(4)人与人之间关系的重要性。社会工作者认识到人与人之间的关系是重要的变革工具。

(5)诚信。社会工作者始终意识到专业的使命、价值观、伦理原则和伦理标准，并用相适应的方式开展工作。

(6)能力。社会工作者不断致力于增进专业知识和技能，并将他们运用到实践工作中。

2. 社会工作价值观的操作原则

(1)对服务对象的接纳。在专业服务过程中，社会工作者要从内心接纳服务对象，将他们看成是工作过程中的重要伙伴，接纳是社会工作者对服务对象的价值观与个人背景特征等的一种包容，也是专业社会工作者对社会大众的统一的服务态度，是建立专业助人关系的重要前提。

(2)对服务对象的尊重与包容。尊重是说要认识服务对象自身的生命价值和其他基本权利，充分保障他们获得基本的资源和可靠的专业服务的权利，帮助他们解决困难，满足他们的生存和发展的需要。对社会工作专业来说，尊重是不仅是一种思想上的认知，还是一种道德上的实践。

(3)注重个别化原则。每个人都应当有权利和机会发展个性，社会工作者应当尊重服务对象的个体差异，不应当使用一般或统一的服务方法回应他们的独特需要，要充分考

虑到服务对象在性别、年龄、职业、社会地位、政治信仰、宗教以及精神或生理残疾状况等方面存在的差异，尊重个性化需求，充分挖掘个人潜能。

（4）自我决定与知情同意。在社会工作实践中，服务对象有权利在充分知情的前提下选择服务的内容、方式并在事关服务对象利益的决策中起到主导作用。如果服务对象没有能力进行选择和决策，社会工作者应根据法律或有关规定由他人代行选择和决策权利。

（5）强调为服务对象保密。社会工作者应当保护服务对象的隐私。未经服务对象同意或允许，社会工作者不得向第三方透露涉及服务对象个人身份资料和其他可能危害服务对象权益的隐私信息。

三、我国社会工作专业实践的价值观

对于社会工作专业而言，社会工作价值和伦理是永久的讨论主题。它们不仅仅是社会工作者关注的专业问题，也是服务对象和社会公众关注的内容。专业价值观必须建立在当时当地政治、法律、经济和社会福利制度所体现的社会主流价值观，以及传统文化对社会环境的影响之上。因此，尽管国际社会工作认同的社会工作价值观与基本原则对从业人员和学习者来说仍有重要意义，但是要构建我国社会工作价值体系必须坚持从本土出发。

当前中国的社会工作职业化和专业化是建设社会主义和谐社会和实践科学发展观的重要组成部分，它既具有较强的自上而下的色彩，同时也反映着时代的要求和民众的需求。因此，在建立和发展中国社会工作的价值观时应着重于以下几方面。

1. 以人为本，回应需要

社会工作是一种帮助人解决困难，协调人与环境之间关系的服务活动。社会工作者应该本着人性、为服务对象着想和谦和的态度，真诚地对待服务对象的问题和需要，及时地回应他们，并通过专业服务来满足服务对象的需要。

2. 接纳和尊重

在服务过程中，社会工作者应该首先从内心真诚地对待所有服务对象，对服务对象采取宽容和尊重的态度。在实践中，接纳意味着社会工作者不因服务对象的年龄、性别、种族、生理及心理状况、宗教信仰、政治倾向等对他们采取歧视或拒绝提供专业服务。对所有社会工作者而言，对服务对象的接纳是一种一贯和统一的原则或立场。

对社会工作者来说，尊重意味着对服务对象的需要和问题进行的倾听、回应，及其在服务过程中真正将服务对象视为改变的一种力量。社会工作者要善于倾听、理解和回应，同时与服务对象一起寻找恰当的解决问题的策略与方法。

3. 个别化和不批判

（1）个别化：社会工作者应充分尊重每个服务对象的个性与人格，理解服务对象之间存在的差异。

（2）不批判：社会工作者仍要避免将自己的价值观强加于服务对象，不应指责和批判服务对象的言行与价值观，更不应将自己的负面情绪发泄在服务对象身上。在专业服务的各个环节，社会工作者始终坚持力图实现自我决定的原则，不应直接或间接地强迫服务对象接受任何决定与服务。

4. 注重和谐，促进发展

建设和谐社会是中国共产党和政府当前和未来很长一段时期内坚持的主导政策方针，也是指导社会建设的核心原则。社会工作是促进和谐社会建设的主要手段。在社会工作过程中，专业社会工作者要将和谐与发展作为自己的重要价值观。

发展则要求社会工作者要不断探索与总结新的理论、经验和方法，不断提升社会行政与社会服务的水平，实施有效与适当的社会服务，从而解决各种社会问题，满足不同人群的社会需要。

5. 平等待人，注重参与

社会工作的实践要求社会工作者与服务对象相互理解与合作，共同面对问题，寻找问题的解决途径和方法。在这一过程中，双方是在平等的地位上进行互动，社会工作者要充分尊重服务对象的意愿和想法。在社会福利服务政策和服务推行过程中，社会工作者要尽可能站在居民的立场上，多倾听服务对象的真实想法和意见，尽可能提升政策和服务的效果。

6. 道德与责任并举

社会工作是一种道德实践。社会工作者要将助人、满足困难人群需要和解决实际问题等放在第一位，通过专业服务和干预，提升他们自我生存和发展的潜能。在此基础上，社会工作者要帮助服务对象树立责任意识，逐步强化自我改变和自我发展的能动性，减少对制度和外部支持体系的依赖，达到助人自助的目的。

7. 个人潜能提升与社会发展相结合

社会工作要帮助社会中有困难和有需要的人，通过提供必要的资源或服务，来提升他们的自信心和能力，从而实现自立自强。同时，社会工作还要致力于通过制度建设和政策改革，来推动社会进步，促进社会发展，实现平等和公正。社会工作者要在帮助个人和实现社会发展两个层面上努力促进人类、制度与环境之间的和谐。

四、社会工作专业伦理

社会工作专业伦理就是一整套指导从事该专业的工作人员正确履行责任和义务并预防道德风险的行为规范。它包括实际工作步骤的一般规则与标准，规定了社会工作者"应该做什么"和"不应该做什么"，包括了社会工作者对服务对象、同事、服务机构、专业人员、社会工作专业和全社会的伦理责任。

社会工作专业伦理主要强调了三方面的基本原则：第一，社会工作者要以服务对象的利益为重，以满足服务对象的需要为优先考虑，保护对象的合法权益不受损害；第二，坚持专业价值高于个人价值，在个人价值与专业价值发生冲突时，社会工作者要坚守专业信念和原则；第三，坚持专业伦理的权威性，并坚持自我约束，积极推动专业服务和活动的发展，促进专业的全面发展。

但是，在实践中，社会工作可能遇到在道德上难以取舍的模糊的和难以找到满意方案的伦理困境。如果问题过于复杂，社会工作者最好咨询有关专家和部门，并结合当地的实际情况，酌情遵循以下原则：①维护生命原则；②完全平等原则；③自由和自主原则；④最小伤害原则；⑤隐私和保密原则；⑥真诚原则。

必备知识

1. 个案工作定义

个案工作是专业工作者遵守基本的价值理念，运用科学的专业知识和技巧、以个别化的方式为感受到困难的个人或家庭提供物质和心理方面的支持和服务，以帮助个人或家庭减轻压力、解决问题、挖掘生命的潜能，不断提高个人和社会的福利水平。

2. 个案工作发展历史

个案工作的发展大体经历了以下三个阶段：

第一阶段：20世纪30年代以前主要从法律角度进行个案工作的阶段。个案工作者的主要任务是核实、甄别案主的身份与资料的真伪程度，以确定案主应接受的救济或补助的品类与数量。第二阶段：20世纪40年代到第二次世界大战前夕，个案工作发展到运用心理学方法阶段。个案工作者受心理学、精神病学和精神分析学的影响，认为在处理案主的问题时，除了帮助案主解决经济上、物质上的困难外，更重要的是要医治他们在心理上、感情上的挫折与创伤。第三阶段：第二次世界大战后，社会个案工作发展为环境改善与心理治疗并重的阶段。社会个案工作者认为，个人问题的产生受社会环境和个人心理因素的影响，在调查、分析和解决问题的过程中，应同时从这两种因素着手。社会个案工作的知识和理论日趋完善和专门化，越来越需要与社会团体工作、社区工作和社会行政管理等方面工作相结合。

任务二
建立个案工作的专业关系

学习目标

1. 了解专业关系的含义、意义和建立的基本条件。
2. 能与服务对象建立良好的专业关系。

工作任务描述

王某是一位单亲妈妈，有三级肢体残疾，王某女儿5岁。前几天在小区门口，王某的女儿搭乘的别人的摩托车与一辆小区里另一位居民李某的小汽车发生了剐蹭。经过检查，王某女儿没有受伤。但过了两天，王某带着女儿找到李某家中吵闹，认为这几天女儿很容易哭闹，是当时车祸的后遗症，要求李某赔偿。李某向社区社会工作者求助。

社会工作者介入后，他首先要做的是什么？他在与王某、李某接触过程中要注意些什么？

工作任务分解与实施

一、认识专业关系

专业关系是社会工作者与服务对象之间态度与情感的互动，帮助服务对象与环境之间达到更适应的合作关系。专业关系提供了服务对象与社会工作者之间一种有意义的纽带，能激发服务对象的动力，使得服务对象愿意接受协助，自觉接受社会工作者的影响。个案工作专业关系是一种职业关系，其关系有独特的含义：第一，专业关系有明确的目的性。其目的是解决服务对象生活适应上的困难，以增加他的生活适应能力。第二，专业关系是一种职业关系。工作者必须严守专业自我，始终明确与服务对象的关系是助人与被助的关系。第三，工作者与服务对象之间良好关系的形成是手段，而不是目的。工作者不能无原则去讨好、取悦服务对象，有时为了协助服务对象的成长，必须冒冲突抗拒的危险去面对服务对象。第四，专业关系必须坚持以服务对象的利益为中心，不允许工作者在个案工作过程中获得个人的心理满足。第五，专业关系的存在有时间的限制。

第六，建立良好专业关系的主要职责在工作者。

二、良好专业关系的意义

(一)良好的专业关系是个案工作达成助人目标的基础

良好的关系能够使案主产生舒适、确定、愉快、信任、安全感，案主容易减除防卫心理，产生开放的态度，这就可以增加工作者对案主的影响力，有助于案主学习的意愿和效果。同时只有在良好关系下，工作者才能够冒挑战、冲突和不愉快的危险，指出案主不适当的或矛盾的行为，从而进一步协助案主成长。否则，在没有建立良好关系的情况下，案主会有不信任感、威胁感等负面情绪，案主就会产生逃避心理，无法开放坦诚地沟通，难以达到改变的目的。

(二)专业关系不仅是助人活动的基础，同时也是个案工作治疗的重要手段和中介

良好的关系本身就有治疗的作用。会谈的过程既是建立与加深专业关系的过程，也是对案主教训治疗的过程，建立良好关系的技术，如同感、接纳、真诚等，本身对案主的情绪与心理具有治疗的作用。

三、建立专业关系的基本条件

个案工作过程是工作者与案主建立专业关系的过程，也是一个助人的过程，良好专业关系的建立与助人功效的取得是同一过程的两个方面。在个案工作开展之初，个案工作者应着力于良好关系的建立，为此必须认识与实施达成良好专业关系的基本条件。这些基本条件不仅是建立专业关系所必需的，而且其本身就具有治疗的功能。这些条件主要不是一些技巧，而是工作者的态度。

(一)同感

在个案工作中，同感是指个案工作者能够体会到案主的感受，也能够敏锐地、正确地了解这些感受所代表的意义，并且能够把这种了解传达给案主。

同感的出发点是案主的感受，案主的感受就是案主看事物的眼光。不管这种看待事物的眼光是积极的还是消极的、正确的还是错误的，对案主来说都是实实在在的，这就是他眼中的世界，就是他所真真切切感受到的，所以把握住案主的感受是进入案主内心世界的必要步骤。

同感则必须体会到案主的感受、体察他的思想，也就是说必须站到案主的立场上，与案主达到一定程度的感情共鸣；还需要了解案主背后的意义，也就是为什么案主会具体这样的感受，这样才能完整地探索案主内心世界。

为了达到同感的了解，个案工作者首先要放下自己的参考标准，设身处地地以案主的参照标准看待事物，将自己放在案主的地位和处境中来尝试感受其喜怒哀乐，经历其所面对的压力，并体会其作决定和采取行动的原因。

同感要求工作者能够从案主的语言与非语言沟通中推断出其内心的感受、信念和态度。他强调的是对于语言背后所隐藏的信息的把握，即从案主说话中体悟到言语背后所包含的意义。

常常个案工作者用自己的经验和感受来做判断，以致无法与案主达成同感，无法接纳案主的看法和立场，因此，个案工作者必须不断反省，澄清自己的内心感受，以达到相当程度的自我了解和自我控制。但摒除偏见并非易事，也是有限度的。当个案工作者发现自己无法控制偏见，从而可能妨碍专业服务的提供时，应该及时回避，更换其他工作者继续提供服务。在此有必要把同感与同情分开。仔细体会同情这一概念，我们发现它既含有感情上过分投入与认同的意思，又包含着怜悯的意味。这两点都会损害个案工作的专业关系。

(二)尊重

罗杰斯在1957年的论文中提出了"无条件的尊重"，并认为"无条件的尊重"是促使案主产生建设性改变的一个重要条件。尊重的表达方式是多种多样的，而违反尊重原则的表现也是多种多样的，下面我们根据尊重的强度，分以下几个层面论述。

1. 尊重案主，最低限度是工作者不能指责，嘲笑和贬抑案主

案主被看成有价值的人，因而受到尊重，工作者不能嘲笑、贬抑案主。嘲笑与贬抑不仅会极大损害专业关系，而且是对案主人格的侮辱，将对案主的心理造成灾难性的影响。

2. 尊重表现为向案主表达身体的关注与心灵的关注

关注也是表示尊重的一种方式。相反，在工作过程中东张西望，心不在焉或随意浏览其他东西，不耐烦地打断案主叙述，都是对案主不尊重的表现。只有当工作者对案主有兴趣，强烈希望给予案主帮助，他才可能表现出全神贯注的态度，对案主的一言一行都细加体会。积极而热衷的倾听者通常会以一种有兴趣而且情绪高昂的姿势面对并靠近对方，似乎告诉对方"我正很有兴趣地用我所有的感官接收你希望传达给我的所有讯息"。专注的倾听者维持着兴趣盎然的表情，不时还做出一些鼓励的姿势(如点头，微笑，手势等)。这种肢体语言表达了对另一个独立个体的关注。

3. 尊重表现在对案主的思想，情感，行为的接纳上

案主的思想、情感、行为即使是负面的、消极的与破坏性的，但只要我们在总体上相信案主的本性是善良的，是有向好的动力与潜能的，而其此时此地的不良情感与行为是生活中的种种原因导致的，我们还是可以接纳案主的，只有这样，才能把案主本身与他的具体表现分开，在尊重其作为人的价值的同时，无条件地接纳其具体表现。接纳是容忍地理解，即相信案主的表现有其理由与无可奈何之处，接纳也表现在工作者对案主的非评估性、非审判性和非批评性的态度上。判断是非曲直是审判者的指责，而个案工作者不是法官。助人的个案工作者更像一个医生，关心的是如何救治病人，而不是调查导致病人伤害的责任。通过接纳，工作者给案主提供了一个安全的环境，让案主可以自由地探讨自己的内心世界，表达自我。在个案工作中，工作者有不同于案主的看法是常有的事。那么工作者是否允许表达这种与案主不同的意见，表达出来是否违背接纳原则呢？学者们在这点上的看法相当一致，认为在个案工作过程中，工作者可以表达其不同的意见。但有一个前提，就是必须考虑专业关系的强度是否能经得起这样的考验。在个案工作的后期，工作者与案主已建立了相当良好的关系，探索到某些核心问题时，工作者常采用对质的方法指出案主的不正确思想情感与行为。但在个案工作的初期，在专业关系刚刚建立还没有牢固，案主还抱着许多猜忌与疑虑时，工作者应先听案主的叙述。

而不是过早地下判断。接纳是建立专业关系的一条重要原则。但当专业关系相当稳固后，工作者是可以对案主的某些行为与思想进行反驳的。

4. 尊重也表现在对案主的温暖，关心与喜爱上

温暖、关心与喜爱也是表达对他人尊重的方法之一，并且温暖、关心与喜爱已经突破了一般性的尊重，是尊重的较高境界。温暖、关心与喜爱的表达都需要工作者相当的感情投入。一方面我们当然要防止情绪过分投入，以致干扰治疗过程；另一方面，我们也要认识到温暖、关心与喜爱在帮助案主重新感觉到自己的价值上的重大意义。温暖、关心与喜爱是工作者向案主表示尊重的积极方式，这不仅对案主建立自信有极大的好处，而且使案主在专业关系中有一种安全感，从而可以积极地面对自己和面对人生。

5. 尊重还表现在尊重案主的自决权上，不随意操纵案主

当我们意识到案主是一个独特的生命，有自己处理问题的方式和权利，这时我们就能尊重其选择，他有权利选择参与个案工作或放弃个案工作，他有权利选择治疗的目标与措施。操纵与控制，都倾向于把案主视为一个不成熟的，缺乏理性的，需要他人为其选择、定向的人，实质上表现出对一个独立存在的生命的不尊重。

在实际生活中，我们发现有些人的行为到了令人发指的程度，我们会觉得这些人像魔鬼一样可恶。由于这些人的行为，我们似乎很难相信人人都有善心，都有改变的潜能与动力，我们也很难尊重他们，但是个案工作的原则要求我们必须相信案主的价值与潜能。我们应该理解案主之所以变成这样的人是有其独特的原因的。如果我们不着眼于案主是一个"怎样的人"而只是看重案主是一个"人"，我们就可能会较容易接纳他，并对他表示出应有的尊重。

工作者只有相信案主作为人的价值与自我实现的潜能，才可能在与案主接触的过程中始终尊重案主，而不管案主的具体表现。个案工作者必须具有积极、正面的人性观，至少要相信人的可塑性和可改变性。工作者应该对自己所持的人性观经常进行反思，以符合个案工作的原则。

（三）真诚

真诚是指工作者在专业关系中能够以真正的自我出现，也容许自己的感受适当地在个案工作过程中表现。一个真诚的个案工作者，不会有防卫式的伪装，不会将自己隐藏于专业角色的后面，同时，更不会像一个技师一样完成例行工作。相反地，工作者会很开放、很自由而又个人地投入整个关系中，真诚是一种不设防的状态，俗话所说的"打官腔""玩深沉"正好与真诚相反。

在个案工作过程中，工作者很重视表现出真诚的态度。一方面工作者的真挚诚恳可以解除案主的面具与伪装，使案主不再害怕受到伤害；另一方面工作者的真诚提供了案主学习的一个良好榜样，使案主逐渐放下伪装，自由自在地表达自己心中的喜悦、兴奋或是伤痛与失望，而且开放和表里一致，可以促进彼此之间达成理想的沟通，而这种沟通，正是个案工作成功的重要因素之一。

真诚，还表现在适当的情形下工作者的自我表露。工作者与案主分享自身的经验，以及工作者表达自己的感受与看法。自我表露是真诚状态下的自然行为。工作者要勇于面对自己的感受，而不是压抑自己的感受。如果工作者的某些感受的出现妨碍了治疗进程，工作者应该坦诚地讲出来，与案主进行讨论。比如，案主某些轻佻的做派工作者非

常看不惯，工作者不妨说出自己的感受，这可能比压抑自己的感受更可取。

做到真诚并不容易，工作者对自己的了解和接纳，是真诚的基础。工作者必须要有一个健康的自我形象，要有一定的自信。一个有安全感的工作者不必分散精神，也不必花费精力去防御和防卫。由于工作者真诚待人，不加伪装，工作关系会发展得很自然和流畅，不会令案主产生混淆和错觉。

那么真诚是否意味着工作者可以口无遮拦想到什么就说什么呢？当然不是。真诚并不等于什么都可以随意说出来。真诚并没有要求工作者表达他所有的感受。而只是要求工作者不讲假话。除非我们所说的有助于案主的成长，否则不必将所有感受到的思想和感受与对方分享。我们必须牢记工作过程的目标是为了案主的利益，对于某些可能会伤害案子的话我们当然不应随意说。

总的来说。真诚是个案工作成功的关键因素。但真诚是不能强求的。是工作过程中自发自然的表现。达到真诚的关键是工作者能接纳自己，欣赏自己，有相当的自信，不要求自己全知全能，更不要求自己完美无缺，除此之外，真诚还需要工作者对案主有真心的喜爱，对人有乐观的看法与基本的信任。

(四)简洁具体

简洁具体的意思是指我们在工作过程中，用字措辞不但要适当，还一定要简单清楚，具体明确，要避免含糊不清，模棱两可的用语。案主说话往往相当杂乱和空泛，用词不够精确或过分概括化。这导致工作者无法精确理解案主的思想与感受，也导致案主无法分辨自身不同的感受和经验。所以工作者有必要协助案主清楚、具体、个人化地表述自己的问题和感受。

同时，为了具体化案主的感受与看法，工作者也可以用尝试性，探索性的语气来表达，征询案主的意见，并做出修正。为了保证达成正确的同感，工作者在治疗过程中有必要经常向案主询问自己所理解得是否正确，以便随时做出调整。工作员的试探性表达，可以澄清不正确的认识，达成对案主感受的具体而深入的把握，同时试探性的表述，表达了工作者达成同感的真诚愿望，这会促使案主更开放地自我表达。

而且，对工作者本人而言，在回应案主时，要尽量采用具体、清楚、准确和特殊的字眼，针对案主的特殊的、独一无二的困难和情况做出回应，这样案主才能继续对问题做更深入，更准确的探讨，从而对自己的问题有正确、深入和实际的了解。但实际上在治疗中，不少工作者喜欢做一些概括化的判断，给案主贴上标签。

四、了解案主在求助过程中的基本心理需求

即使是主动寻求协助的案主也会感受到一些个案工作过程的焦虑以及面对难题的心理抗拒，这种焦虑有些是根源于个案过程既存的本质，因为这个过程要求案主把自我以及生活有关的讯息与一个似乎是完全陌生的人分享，案主可能会暗自思忖一些问题，如这个人不知会怎么看待我透露给他的讯息？如果我很诚实地把我真正的问题，压力与怀疑说出来，不知道他会对我有什么印象？这些焦虑有部分来自不确定性，比如究竟接受治疗会在我身上发生什么事儿呢？

比斯台克把案主在个案工作过程中的基本心理需求归纳为下列 7 种。

(1)需要被视为独特的人，而非一个个案，一种类型或某类人。

(2)有表达内心感受的需求，包括负面、消极的感受，这些感受可能是恐惧、不安全感、怨恨、不平、敌意等。

(3)需要被视为一个有价值、有尊严的人，而不是一个依赖、软弱、失败或犯错的人。

(4)需要获得他人关切，了解与回应。

(5)对个人的问题，希望能不受批评或指责。

(6)对自己的生活，有自我选择与决定的权利与机会，不愿被人催促、指挥，或强迫行事，只希望得到帮助，而不希望被支配。

(7)期望与个人生活有关的隐私获得保密，不愿意让亲戚朋友及社区其他成员知道他的问题，更不愿因向机构求助而声誉受损。

案主也许会意识到这些心理需求，也许没有意识到，但这些心理需求是案主在求助过程中的基本心理反应，是不容忽视的。通常案主不会明确地以言语方式把这些基本心理需求表达出来，但这些需求会在案主的行为、表情、神态中显露出来。敏感的工作者应该能敏锐地捕捉到这种需求，并给予适当的回应。

五、个案工作者的基本原则

工作者只有深入理解互动过程中案主的基本心理需求，才能适当行为，达成良性的互动关系。与案主的七种基本心理需求相对应，比斯克提出了个案工作有七个原则。这些原则集中反映了个案工作的一些基本经验，是个案工作者与案主建立专业关系所应遵守的基本行为准则，对于个案专业服务来说，具有重要的指导意义。

1. 个别化原则

个别化原则就是将案主看成独特的个人，重视案主对待困难和问题的个人感受与看法。这一原则要求个案工作者认同和了解每个个案的独特性，并运用不同的原则和方法来帮助案主达成比较好的适应。

尽管案主的问题看起来很相似，工作者也很可能会把他们分类和组合，然后以一定的模式处理，但是，个别化的原则仍是重要的，因为只有靠个别化原则才能确保个案工作者对每个个案做出适当、精确以及有独特功效的诊治。个别化原则表明了个案工作的复杂性，个案工作的对象是人，而人的状况与问题是复杂的，所以个案工作不能以刻板的方式进行。从一定意义来说，个案工作是一门艺术，需要个案工作者具有敏锐的观察能力与灵活的处事技巧。

2. 接纳的原则

接纳的原则要求承认案主有自由表达情感（包括负面情感）的权利，个案工作者应投入地聆听，既不阻止，也不责备。在案主过去的生活经验中，这些感受未能充分表达，积压在心头，扭曲了案主对自己和他人的看法，因此，个案工作者应有意识地让案主表达内心的感受。接纳是一种容忍的了解。工作者应包容案主的感受、想法和看法，包括案主的优点和缺点，积极和消极的情绪，建设性和破坏性的态度及行为。接纳并不等于个案工作者对案主的意愿和价值判断持赞同态度，而是不采用否定，责备，拒斥的态度。工作者接纳的态度有助于形成一种和谐自由的气氛，使案主能畅所欲言地谈出自己的思想，表达出本人需要个案工作者知晓理解的感受与情感，以便个案工作者能够更有针对性地进行工作。

在接触之初，案主可能会将个人性格弱点或行为习惯投射到工作者身上，表现出敌意的怀疑、公然的或隐藏的愤怒、出现退缩的或自我隔离的反应，对此个案工作者必须意识到自己作为助人者的角色定位，接纳案主的感受与行为，并试着去寻找案主行为背后的深层原因。

3. 承认的原则

承认案主作为一个人的价值，他的发展的潜能以及改变的能力。社会关系适应不良的人常受指责并倾向自责，以致自我形象非常低劣，对自己的能力疑惑重重，经常表现出过分的敏感与自卫，尤其忌讳被人看成无用或失败的人。因此，个案工作者绝不能以轻视、反感、责备的态度对待案主，而应对案主报尊重的态度，帮助案主从防卫中解脱出来，以更切实的方法来面对自己和处理自己的问题。

4. 理解关怀的原则

在个案工作中，个案工作者需要适度的情感介入。工作者如果不投入一点情绪，肯定会表现出冷淡、冷漠与例行公事的态度，这种冷冰冰的、置身事外的态度是无法达成助人的功效的，助人工作是心灵与心灵的碰撞，没有相当的热情与投入，是很难产生成效的。

案主常常希望自身的感受或表达的情感能获得工作者的了解、支持与共鸣。工作者真诚的关心与期望给予案主心理上的支持，增强其安全感与信任感，是促使案主改变的动力。

5. 非评判的原则

工作者的角色是了解和帮助案主，而不是对案主做出非与对的评判。评判的态度也是审判的态度，其目的是得出某种价值判断，这会引起案主的紧张，从而阻止他的自我表达。因此工作者必须以非评判的态度了解案主及其问题，在适当的时候向案主说明工作者是工作时帮助他而不是审视他评判他，给他做结论。有助于案主客观地正视自己的问题，并做建设性的改变。

6. 案主参与与自决的原则

个案工作要取得成效，离不开案主的积极参与，个案工作不是包办代替，而是助人自助，与提供物质帮助相比，帮助案主建立适当的人格，感情与行为模式是更重要的，从这个意义上说，个案工作的真正目的不是外在的，而是内在的，所以只有案主积极参与，才可能真正产生功效。在个案工作实施的早期，案主参与的原则没有被充分认识，所以许多个案工作者一心只想"给东西和为他人做事"，虽然愿望很好，但效果却不好，甚至产生了很多消极影响，如增强了案主的依赖心理，使案主丧失自尊心等。

案主自决原则承认案主有自己选择和决定的权利，个案工作者不是救世主，也不是裁判者，而只是帮助的提供者。对于一个社会的正常运转，个案工作者可能是不可缺少的，但对社会中的每一个成员，是否愿意接受帮助以及希望接受怎样的帮助，必须由他们自己作出决定，不能强加于人，个案工作者应处于分担、支持、提示的地位，他可以告诉案主如何获得帮助，但该建议是否被采用则由案主自己决定。当案主求助时，并不意味着要放弃自我决定的权利，即使案主有放弃，逃避或推卸"自我决定"的倾向，工作者也应尽力使其恢复自我选择的能力。只有在案主不具备做积极和建设性决定的能力时，如年龄太小、精神不健全等，或者案主有违背法律、道德，对他人构成直接威胁的情况下，才考虑限制案主的自决权。

7. 保密性原则

保密性原则就是保守案主在专业关心中所显露的秘密，为了寻求帮助，案主需将自己的问题以及与生活有关的事项告诉工作者，其中可能包括案主内心不为人知的隐秘感受和先前的一些不良行为。因此，一方面个案工作者对不必要的事项不要深究，另一方面对必要的资料应注意保密。即使案主没有提出保密要求，工作人员也应对案主的一切资料予以保密，这是个案工作的基本准则。

保密的方式包括不向他人透露案主的姓名、资料，不向他人提及会谈过程及内容，不让外人旁观。另外还需注意避免让不同的案主在等待约谈时相互碰面。坚持保密原则能使案主产生安全感，从而敞开心扉。

上述七项个案工作原则是密切相连的，违反其中任何一项原则，都意味着整个个案工作专业关系的失败，只有七项原则的共同作用，才能使案主产生温暖、安全、尊重、自由和和谐的感受，才能成功建立起个案工作的专业关系。

项目二　接案与关系建立

内容导航

　　个案工作的基本程序，也称为个案工作的过程，是指开展个案工作的基本步骤。一般分为接案，资料收集与预估，诊断及制订服务计划，服务开展及介入，结案与评估等步骤。当求助者遇到生活中的适应、压力等问题前往社会福利机构寻求协助时，社会工作者对案主的协助一般是通过对案主具体的问题和需要，与案主共同寻求解决问题的办法，以达到助人自助的专业服务目标，熟练掌握个案工作的接案与预估环节为个案工作程序第一步，是社会工作助人过程中最为重要的环节。

任务一
接案与转介

学习目标

1. 掌握个案工作基本程序中的第一个步骤接案的内容和方法。

2. 通过与求助者的初步接触，协助求助者明确问题的可能性，在不符合接案条件的情况，掌握转介的技巧。

工作任务描述

小王为学校社会工作者，学校的辅导员刘老师来到了学校社会工作服务中心，刘老师向小王反映了班上的张同学近期的一些表现，情绪低落，甚至出现抑郁，可以连续几天不跟同宿舍的人说话，上课时常发呆，注意力不集中，成绩急剧下降。刘老师非常担忧，希望社工可以介入，了解情况。

问题思考：

1. 社工小王接到刘老师的求助，该如何开始社会工作服务？

2. 张同学初步诊断是否需要与机构的服务相一致？如果出现不一致，社工小王该如何处理呢？

工作任务分解与实施

一、初步了解案主自身的需求与问题

接案的工作重点是对求助者及其问题有一个初步的了解，并做出初步评估。了解求助者及其问题，需要收集求助者的基本资料，并进行初步探索。社会工作者要挖掘案主的问题，注意引导服务对象多说话，表达自己的想法与需求。通常包括以下几个方面。

(1)求助者是如何到机构的？促使求助者决定申请或者接受转案的原因是什么？

(2)求助者主要的请求是什么？

(3)求助者的需要或者对自身问题的看法是什么？

(4)机构和工作者能提供些什么，机构的功能或者工作者的能力是否适合解决求助者的问题？

(5)是否需要转案？如果需要，如何进行？

二、案主现实性的心理反应

现实性的心理反应是案主面临求助时的一种正常的心理反应。正如，我们与人交往时，常常是从第一印象开始的。心理学常常说"首因效应"，求助者是否愿意接受机构的服务，往往受第一次与机构接触、与接待他的社工接触的印象所影响。也可以说，求助者的帮助和治疗，专业关系的建立，是在没有进入正式的会谈前就开始了。因此，工作员在接待求助者时的态度以及对求助者带来的现实性心理反应的了解非常重要。工作员对求助者现实性心理了解得越多，心理准备越充分，就越有可能与求助者建立初步的专业关系。

(一)社会工作者需要对求助者的以下情况有所了解

(1)要自动地寻求协助不是一件容易的事情。

(2)承认自己需要改变是一件困难的事。

(3)由于求助者本身对于自尊、自我完整及独立人格的保护，接受他人的影响是一件困难的事。

(4)对一个陌生人坦诚且信任不是一件容易的事。

(5)一开始就清楚自己的问题并不是一件容易的事。

(6)有时问题似乎太大而无法克服，或太特殊而不容易加以处理。

(二)求助者现实性的心理反应可能由以下因素造成

(1)他可能不需要立即接受服务，仅仅是进行试探和咨询。

(2)面对陌生人讲自己的问题尤其是隐私的问题感觉非常难为情。

(3)求助者意识到要承认自己也是产生问题的一部分原因是很痛苦的，无法面对。

(4)求助者过去的一些成功和不成功的求助经验，对他的这次求助有影响。

(5)求助者求助能力不一样，有些人很容易寻求帮助，而有些人则很难。

(6)求助者是被迫来到机构而不是自愿寻求帮助的，所以不积极回应工作者。

诺森指出，在这一阶段求助者有三件最关心的事：第一，关心与社会工作者的关系。第二，是否被接案。第三，权力与控制的问题。

因此，社会工作者要表现出接纳求助者，同理心能力和真诚的态度与行为是影响求助者态度和信任感的主要因素。只有在全面了解了求助者现实性的心理反应后，才有助于与求助者建立初步的专业关系，鼓励求助者变成案主。

三、接案工作内容

当社会工作者了解到求助者的现实性反应之后，就需要做出相应的准备。

(一)准备工作

社会工作者适度的准备，可以增进会谈者的信心，减少他的焦虑，确保互动，能创造更好的开始，也可对案主表达关心和尊重。社会工作者在接案前的准备工作包括：

1. 仔细阅读服务对象在求助中留下的简单信息

如阅转案资料，阅读案主所填的申请表。预先思考与求助者见面时潜在的影响，想象求助者可能的期待。

2. 物理环境准备

比如会谈地点，会谈室内的布置是否干净整洁。社工穿着打扮，是否给人轻松的感觉。

3. 社工自身做好心理准备

检查自己的身体状况，体会自己的情绪状态，是否够冷静处理、是否做好可能发生的突发状况的应对准备。

(二)了解求助者求助意愿并进行适当的处理

求助者来到机构时，心态比较复杂，工作者必须详细了解并加以区分，对不同的求助者采取不同的处理方法。对于不需要立即处理的来访者，要对其问题进行一个简单的评估。看是否是真的不需要立刻处理还是别的原因，不同情况应该不同对待。对于询问信息的，工作者要尽可能地提供一些有帮助的信息，对于有求助意愿的，要鼓励他成为案主。

(三)促使求助者进入案主的角色

由于服务对象前来社工机构进行求助，自身会带有紧张不安的情绪，社工必须要进行一定的暖身，比如自我介绍等方式，在消除服务对象不良情绪后，再进行会谈。

对于那些有求助意愿的案主，工作者要给予鼓励，树立其解决问题的信心和对机构及工作人员的信心。初步建立信任关系很重要。工作者态度，机构具有的能够给求助者提供的必要资源等就是鼓励求助者成为案主的必要条件。

(四)澄清求助者的期望

求助者到机构后，并非都知道自己的期望是什么，也不一定知道在哪里能够满足自己的需要。他可能对机构抱有很大期望，希望能够解决自己的问题。但是机构有自身的服务范围和宗旨，不可能为所有前来求助的人提供需要的服务，有可能导致求助者产生失望沮丧的情绪，所以澄清求助者的期望对求助者来说是非常必要的，为此工作者需要做到以下几点。

(1)介绍机构的服务范围，以便不适合本机构的服务对象及时转介。

(2)工作者要清楚地告诉求助者，问题的解决需要双方共同努力。而不仅仅是机构和工作者单方面的努力。避免求助者产生依赖心理，应增强求助者对解决自己的问题的责任心。

四、社工需要注意的事项

(1)应该由案主自己决定从何处开始谈起。不能暗示求助者他们有问题。

(2)社会工作者对求助者的问题的初步了解和评估，必须仔细梳理，并与求助者分享，以保证结论的正确性。

(3)应该让申请者对机构的服务有合理的期望，避免过早、过多地进行承诺和保证。避免轻易接受求助者要求的服务。

(4)与求助者一起做简单的摘要，由双方共同确定问题是什么，依据求助者目前的情况确定是转介还是继续接受服务。如果求助者愿意接受服务，双方应签订初步契约，这个时候，求助者才真正成为案主。

必备知识

一、了解服务对象求助原因和求助过程

(一)首先要了解服务对象的来源

1. 主动求助者。

2. 由他人介绍或机构转介来的。

3. 外展工作而成为服务对象的。

(二)认知服务对象类型

1. 按寻求服务时的意愿又分为自愿型服务对象和非自愿型服务对象

(1)自愿型服务对象：自愿型服务对象是指那些认识到自己需要协助而主动向社会工作者求助的以及由他人介绍而接触社会服务机构并愿意成为其服务对象的人。这类服务对象具有主动性。

(2)非自愿服务：非自愿服务是指政府、法院，或者其他权力部门或个人将需要协助的服务对象转介给社会工作的服务机构以协助其解决问题。这类服务对象具有被动性。

2. 按照是否使用社工服务分为现有服务对象和潜在服务对象

(1)现有服务对象：主动求助、外展、转介的被称为现有服务对象。

(2)潜在服务对象：尚未使用或接受社工协助和社会工作资源，但未来可能需要服务资源和协助对象，被称为潜在服务对象。

(三)了解求助过程

大多数服务者求助以前通常都有过自己努力去解决问题的经历，当他们个人能力不足时，会通过使用非正式社会网络资源系统去解决问题。走进社会工作服务机构可能是服务对象尝试种种努力无果后最后的选择。

二、面谈

(一)初步评估服务对象问题

是否决定接案，就在于面谈，它是筛选机构的服务需要、筛选服务对象的重要一步。简单地说，面谈是社会工作者与服务对象之间一种面对面讨论问题以确定是否建立专业协助的过程，是一种有意识、有目标的人际互动。

(二)确定面谈大纲

(1)面谈要准备服务对象的资料、在此基础上定初次面谈大纲。

(2)面谈的目的和面谈场所的安排。

面谈目的在于了解服务对象最关心的事是什么。面谈场所要求舒适、安静，要求能够自由、随意，让服务对象可以与社会工作者无拘束地沟通。社会工作者与服务对象的位置在 $90°$ 到 $130°$ 之间，距离在 1 米到 1.5 米合适。对于不能外出的，要安排上门会谈。会谈时间和地点应听取服务对象的意见。总之，要布置创造方便和有利于会谈进行的环境。

(三)做好接案面谈记录

收集服务对象的资料、做接案会谈记录。接案的会谈记录一般用的是记叙性记录，

包括：社会工作者的行动及服务对象的反馈、使用的主要技巧、对面谈的总体评估、对以后的建议等。

（四）接案时的注意事项

（1）决定是否需要紧急介入。比如遇到自杀、性暴力问题、孩子离家出走、发现有虐待危险的孩子，都要提供紧急介入，直接进入干预程序。

（2）权衡是否有能力处理。

（3）决定问题的先后次序。社会工作者要与服务对象共同决定优先次序，要先易后难。

（4）保证服务对象所要求的服务符合服务机构的工作范围。

三、转案

转案是个案工作者常用的方法。当机构的服务或者社会工作者的能力无法有效地协助求助者时，通常就必须通过转案程序，帮助求助者解决问题。转案是以求助者的需要和有效自愿的评估为基础，而非推卸责任的方式选择。

转案时，社会工作者必须评估求助者的能力和动机，以诚恳的态度向求助者解释转案的必要性，避免求助者寻求帮助的信心受到打击，转案的情况包括以下几个方面。

（1）工作者判定求助者所需要解决的问题不属于本机构服务的范围。

（2）服务机构仅仅为某一区域的人提供服务，而求助者不属于该区域。

（3）对求助者的问题，因工作者的能力、时间，或者因工作变化等原因无法继续，或不能胜任而需要转介。

（4）转案时，有时仅需要让求助者知道如何去申请。有时需要帮助求助者。

（5）如何向其他机构申请，有时需要社会工作者陪同求助者前往欲转案的机构。进行转案时，社会工作者需要写好转交记录，向转案机构说明转案的理由和求助者问题的了解。

（6）海浦沃斯（Hepworth）指出做好转案工作必须做到：

①确定案主已经准备好转案。

②决定何种资源能最满足案主的需要。

③尊重案主的资源，提出你个人对他最佳利益的建议。

④避免对转案机构做不确定的承诺或不切实际的保证。

⑤虽然要澄清转案机构的功能和可能选用的方法，但避免明确指出转案机构将会如何做。

拓展训练

社工小刘在与来访者会谈过程中，了解了服务对象的求助原因，为了更好地帮助张同学，社工小刘还需要做哪些准备？

问题：

1. 小刘面对张同学的案例要如何做？

2. 社工小刘，想要进一步了解张同学，还需要做哪些准备？

任务二

收集资料

学习目标

1. 掌握个案工作中，了解资料收集的内容和方法。
2. 通过对案主资料的收集，掌握从多方面收集资料的技巧，全方面了解案主的需求。

工作任务描述

小王为学校社会工作者，通过学校辅导员刘老师了解到张同学的近期出现一些情绪和行为上的异常，开始介入对张同学的服务工作。为了更加全面地了解张同学的情况，小王通过与班上同学沟通，与其父母通电话，家访等多种方式来了解张同学的情况。

问题思考：

1. 社工小王需要从几个方面对案主的情况做详细的了解，以便于找出问题的症结之所在？
2. 小王收集资料的重点有哪些？他可以做哪些方面的工作？

工作任务分解与实施

当求助者成为案主之后，我们就进入了第二个阶段，这一阶段的主要目标是尽可能详细地收集与求助者所带来的问题的有关资料，从中了解问题的成因，确定问题的性质，发现解决问题的入手点。

一、收集资料需要遵守的原则

(1)联合：和案主一起收集。

(2)告知：案主必须知道资料收集的来源。

(3)相关：案主必须知道所收集资料与案主问题的关联性。

(4)全程：收集资料工作贯穿个案工作全程。

(5)理解：工作者要善于换位思考理解案主对收集资料的看法和情绪情感。

二、收集资料的内容

我们能否正确了解案主的问题，在很大程度上取决于我们得到的资料。

我们强调"人在情境中"，个人的行为是个人与外在环境互动的结果，个案工作的功能之一就是恢复个人与环境的适应能力。因此，了解案主的问题的重点是要把握案主个人与环境的情况以及案主与环境互动的情况。

特别值得注意的是，我们所收集的资料一定是与案主的问题有关的，不是对每一个案主都需要详细收集下面所有的问题。

(一)个人系统

包括案主系统：生理与智力因素、社会经济、个人价值观及目标、对现状的适应能力、发展性因素。主要收集以下几个方面的信息。

1. 基本资料

包括籍贯、年龄、性别、教育程度、婚姻状况、职业、收入状况等。

2. 生理方面

人的心理问题可以导致生理的疾病，同时，生理的疾病也能影响人的心理。因此，首先排出生理方面的因素是非常重要的，如对案主的病史的了解，有无残疾，遗传病以及长期性疾病，目前的生理状况如何等。

3. 心理方面

通过运用一些心理测量工具以及工作者的会谈和观察，可以检测和了解案主的智力水平、兴趣、人格特点、自我概念、自我防卫机制等。

4. 价值观

包括对人和实务的看法，案主的行为与其价值观是否一致等。

5. 能力

了解案主对问题的分析能力以及过往面对冲突困惑的处理能力。

(二)环境资料

这里包括案主的家庭环境、朋辈环境、社区环境和工作环境等等与案主问题相关的环境信息。

1. 家庭环境

家庭是案主最亲近的环境系统。主要了解案主与家庭成员之间的关系、家庭内的规则、家庭的历史等资料。主要包括家庭系统成员角色、家庭惯例与常规、沟通网络、家庭发展阶段、家庭次系统的运作、生理和情感需求、目标价值和期望等。

2. 延伸的环境系统

包括案主的群体系统，如朋辈环境、社区环境和工作环境等。工作者要对与案主问题有重大关系的人或系统(单位、社区)给予特别的关注。这些可能都是了解案主问题以及解决案主问题的重要资源。

3. 组织系统

包括案主的组织目标、角色分配、组织文化、沟通渠道、组织能力、资金充裕程度、社区中的组织、结构群体及联络方式、流动机会的多少、问题解决能力及运用的资源、其中也包括政府和非政府部门的关系。

4. 交互作用

交互作用是指个人与其环境发生作用的状况,案主的问题有时候会出现在环境的交互作用上,因此,工作者需要了解案主与周围人是如何建立关系的。当案主有问题的时候,他们可以提供帮助和支持吗?对这些问题的了解有助于我们更深刻地了解案主以及提供一些解决案主问题的信息和资源。

(三)收集资料的技巧

1. 直接收集资料

一般情况下,如果案主有求助的意愿,他会主动说出与问题有关的信息和资料,有时候,案主没有提及或无意识地提及一些信息,面对这些对工作者了解案主的问题很有帮助的信息,工作者可以直接提问。例如,案主说婚姻出现了问题,情绪非常不好,常常觉得全身乏力,甚至常常有自杀的念头。除了婚姻本身的问题之外,你就可以直接问她最近的身体状况、有无疾病、是否看过医生等,因为案主的心理困扰可能导致身体疾病,反之,身体的疾病也会加重情绪和心理困扰。

2. 间接收集资料

有些时候案主因为与工作者之间不够信任,或者因为本身一些顾虑,她并不能直接说出工作者希望了解的信息,而工作者认为这些信息对于了解案主的问题很重要,这种情况下,工作者可以间接地提问题。比如案主说自己希望离婚,但是无法让丈夫同意。自己对婚姻感觉到很恐惧等。工作者从说话的神态与其他非语言和语言中明显感到这个案主正经历家庭暴力,工作者可以寻求合适的机会间接地提及问题。如"据我了解,有些家庭常常发生家庭暴力,不知是否你也知道或者了解,你对此事怎么看?"等等。间接提问可以避免案主的尴尬,也能尽快了解案主的问题所在。间接收集资料的方式还包括注意观察案主的非语言信息来判断案主状况:表情、语调、姿态、位置、打扮等。

(四)收集资料的方法

在收集案主资料阶段常用的资料收集的方法有会谈、填写调查表、观察、文献搜集、环境调查等多方面。

1. 会谈

运用会谈的方法收集资料,主要包括:

(1)非直接式会谈。

即案主的自我陈述。最常用的方法。它允许案主以自己的方式和步骤讲出来。工作者应该仔细聆听并认真观察其身体语言,了解案主的困难处境、认知方式、应对策略、与他人的关系、对周围世界和人际关系的看法。

(2)直接式会谈。

指工作者事先准备好一系列的问题表,从开始提问到最后结束都严格按照既定步骤进行。可以防止遗漏或偏离问题中心。

2. 填写调查表

可以有各种不同的调查表,用于案主不能直接当面表述个人观点的情况下,如家庭个案工作,案主当着其他家庭成员的面,很难自如地表达个人的想法观点,就可以采用填写调查表来收集资料。对案主身边的一些组织和社区进行资料收集时也可以采用该方法。

3. 观察

通过直接对资料的感知和记录，分为参与式观察和非参与式观察。参与式观察活动社工是参与者和观察者，非参与观察中社工只是观察者，二者各有优缺点。观察法要求工作者具有的能力：第一，观察他人细小变化的敏感力；第二，熟悉自己的观察目标与判断、取舍能力。

4. 文献搜集

通过查找已经存在的文献来获取案主的有关资料，可以提高效率，有助于全面了解案主的情况。其不足包括：难以确定资料是否真实记载、反映了当时的情况，可能干扰工作者对当前情况的判断。

5. 环境调查

在案主家庭以外是环境中展开调查，如学校、医院、单位、居委会等。调查时应该防止损害案主的名誉和利益，事先需要征得案主的同意。

必备知识

一、收集资料面谈时的技巧

为确保接案工作有效完成，工作者需要适当地采用一些技巧。

1. 避免将求助者定义为"问题人"

注意在询问问题时，避免使用"你有什么问题吗？"这样容易使来访者产生不愉悦的感觉。应该尝试以"您有什么需要跟我谈？"等问句，让人觉得舒服，有安全感。

2. 专注和聆听是最重要的工作技巧

工作者需要对来访者表达关心、专注和聆听。需要借用语言沟通，或非语言的，如坐姿前倾，眼神关注等表达对求助者及其问题的关心。鼓励求助者提供必要的真实的信息和资料。观察求助者动作，关注隐藏在求助者语言后面的情绪和问题。

3. 简要回顾，总结问题

聆听之后，社会工作者必须简要清楚明确地向求助者表达工作者所了解的会谈目的，使求助者准确了解自身的问题及会谈目的，减少求助焦虑。同时，让求助者感受到工作者所明白了自己所陈述的问题，体会被尊重的感觉。

4. 表达同理心和无条件接纳

工作者只有对求助者复杂矛盾的求助心理以及所带来问题无条件地接纳，才有可能促使求助者进行无拘无束地自我袒露。

5. 激发求助意愿

社会工作者通过激发求助者的希望来增强求助者成为案主的动机，前提是将求助者的问题界定在能够解决的范围内。

6. 澄清服务，回应期待

二、社工应注意哪些问题

社会工作者要澄清所能提供服务是什么，避免做过多和过早的承诺，使案主产生错误期望。总之，在接受求助者成为案主前，社会工作者必须做到以下几点。

(1)充分确认问题，以便确定适合服务的目标和目的。

(2)使案主了解其问题的意义和性质，并能明确地允诺积极参与解决过程。

(3)确定求助者问题适合机构的方案，资源和服务。

(4)确定求助者的问题是社会工作者能力和技巧所能胜任的。

拓展训练

社工小刘在与来访者会谈过程中，了解了服务对象的求助原因，通过多方面收集资料，对张同学有了全面了解。张同学家庭近期发生重大变故，父亲突发疾病，在医院需要人照顾，母亲为了更好地照顾父亲，多次请假，已经被公司解雇，家中经济困难。

问题：

1. 小刘面对张同学的案例，还需要收集哪些方面的资料？

2. 小刘在接下来处理张同学的案例中有哪些注意事项？

任务三
建立专业关系

学习目标

1. 掌握个案工作中与案主建立关系的技巧。

2. 通过全方面了解案主的需求，对问题的初步预估，依据机构功能及与求助者商讨是否可以提供服务，与求助者建立良好的专业关系。

工作任务描述

小王为学校社会工作者，通过学校辅导员刘老师了解到张同学近期出现了一些情绪和行为上的异常，开始介入对张同学的服务工作。为了更加全面了解张同学的情况，小王通过问卷、家访等方式了解情况，并积极与张同学建立专业关系。

问题思考：

1. 社工小王为了更好开展以后的服务工作，该如何与张同学建立专业关系？

2. 社会工作者小王与案主张同学建立关系的基本条件有哪些？

工作任务分解与实施

个案工作的开展，建立良好的专业关系是服务效果的必要前提，建立良性的专业关系需要具备以下基本条件。

一、建立专业关系的基本条件

卡科贺大等人认为：治疗的效果主要不在于工作者的理论取向和技巧，而在于能否在专业关系中提供一定程度的促进条件，包括同感、尊重等。卡科贺夫的弟子特鲁克萨证实了其作用，并提出了具有治疗功能的三个条件：真挚、非占有式的温暖和准确的同感。罗杰斯提出具有治疗功能的基本条件：真诚、正确的同感和无条件完全的接纳。这三个条件被工作者所重视，至今在个案工作领域仍很有影响。

(一)同感

按照罗杰斯的看法，同感是能体验他人的精神世界，就好像那是自身的精神世界一样的一种能力。治疗者时时刻刻都应该是非常敏感的，对于每一个来访者都能够保持这种敏感，变换自己的体验。这种同感是特殊、个别的，是能够理解和分担对方精神世界中的各种负荷的能力，而不是进行判断和支持对方的能力。

1. 哈克尼提出准确的同感包括两个方面

(1)准确地感受来访者的世界，能够以来访者的方式去看事物。

(2)能向来访者表达你对来访者的理解。

2. 基本的同感与深度的同感

(1)基本的同感：是对案主的事件、感受与情绪的理解与回应，使案主觉得工作者了解他。

(2)深度的同感：工作者能够把案主内心深处、自己也不太清晰的感受和期望转达给案主，帮助他达到更高层次的自我理解。

3. 同感对社会工作者的意义

(1)是与案主建立良好关系的必要条件。

(2)是工作者了解案主的必要途径。

(3)是工作者协助案主自我表达、自我探索和自我了解的方式。

(二)尊重

尊重，要求工作者要能够接受对方，能够容忍甚至接受对方的不同观点、习惯等。在社会工作中，尊重包含以下几个层面的意思。

(1)最低限度是工作者不能指责、嘲笑和贬抑案主。

(2)向案主表达身体的关注与心灵的关注。

(3)对案主的思想、情感和行为的接纳。

(4)对案主的温暖、关心。

(5)尊重案主的自决权，不随意操纵案主。

伊根认为：尊重不单是一个态度、不单是一种看法，尊重是一种价值，是用行动表达出来的一种态度。工作者要有积极的人生观，相信人的价值及成长的潜能。

(三)真诚

真诚是要开诚布公地与案主交谈，直截了当地表达你的想法，而不要让案主去猜测你谈话中的真实含义或去想象你所做的一切是否还提供了什么别的信息。

真诚可信包含两方面的内容：工作者要真实地对待自己；要真实地对待案主。

(1)不要去扮演想象中十全十美的工作者，你就是你自己。

(2)这样你为案主树立了一个榜样。实际上也在激励案主以同样的态度对待问题，促使他们不用去掩饰、否认、隐藏自己真实的思想和感受。

(3)"你没有做作业，我也感到很失望，但你可能有自己的原因，能说出来吗?"

(4)真诚体现一个人的处世态度。

(四)简洁具体

指在工作过程中，用字措辞不但要适当，还一定要简单、具体明确，要避免含混不清、模棱两可。对于工作者：尽量采用具体、清楚、准确和特殊的字眼，针对案主的特殊的问题做出回应，这样案主才能继续有针对性地对自己的问题做更深入的、准确的探讨。对于案主：在工作过程中，案主往往说话杂乱、空泛、用词不够准确和过分概括，使工作者无法确切理解案主的思想与感受，也导致案主无法分辨自身不同的感受和经验。

所以，工作者必须协助案主清楚、具体、个人化地表达自己的问题和感受。为了达到此目的，工作者可以用尝试性、探索性的提问来征求案主的意见、澄清问题。

二、在治疗初期工作者容易犯的错误

(一)在个案工作的初期，工作者应该引导案主叙述问题并实现三个任务

1. 工作者了解案主生命中的事件，以及案主对这些事件的看法与感受。
2. 使案主通过叙述个人的问题而得到某种程度的情绪宣泄。
3. 使案主通过叙述个人的问题而对问题有清楚的认识。

(二)在完成上述任务中，工作者有时出现错误的回应

1. 急于解决案主的问题，忽略案主的倾诉和感受。
2. 责备、批评。
3. 企图大事化小，来安慰案主。
4. 做出不负责任的承诺。

拓展训练

社工小刘在与来访者会谈过程中，了解了服务对象的求助原因，通过多方面收集资料，发现张同学有严重的抑郁症。而抑郁症属于精神疾病领域范畴，不属于本机构服务的范围。

问题

1. 小刘面对张同学的案例要如何做？
2. 小刘在接下来处理张同学的案例中应该有哪些注意事项？

项目三　诊断及制订服务计划

内容导航

接案后，社会工作者最重要的工作就是对来访者问题进行初步诊断和预估，而这些判断将决定之后工作是继续开展还是需要转介。资料收集的方向和范围又是什么？这些也将进一步影响个案服务的整体计划。

任务一
诊断与预估

学习目标

1. 掌握个案工作中与案主问题预估的判断原则。
2. 通过全方面了解案主的需求，能够确定案主的问题，掌握判断问题的技巧。

工作任务描述

小王为学校社会工作者，通过学校辅导员刘老师了解到张同学的近期出现一些情绪和行为上的异常，开始介入对张同学的服务工作。为了更加全面的了解张同学的情况，小王通过与班上同学沟通，与其父母通电话，家访等多种方式来了解张同学的情况，并结合收集的资料，详细了解服务过程。

问题思考：

1. 社工小王为了多方面了解到张同学的情况，他可以做哪些方面的工作？
2. 如何判断张同学有什么需求，如何界定是否符合机构的宗旨？社工是否胜任？

工作任务分解与实施

在社会工作实践中，了解案主问题的过程称之为"评估"（有时也被称为社会诊断）。评估的目的是识别形成，延续案主问题的主客观因素及其与环境的关系，以便决定适合案主问题的服务。

一、问题判断的原则

1. 坚持个别化的原则

有时候，案主带来的问题似乎是一个很普遍的问题，比如，案主是一位下岗女工，面临下岗后种种生活压力。但是每个人下岗的原因以及对待下岗态度和应对下岗的能力都是不一样的，因此，我们判断下岗女工的问题也要个别化，不能用一个普遍的方法解决某个案主的问题。

2. 判断过程注重双方的参与

尽管工作者对案主的问题有自己的专业判断，但是对案主的问题的判断，需要有案主的参与和认定，既不能左右案主的判断也不能单方认定。

3. 判断过程中工作者警惕自己的价值偏见

尽管工作者对案主的问题有自己的专业判断，工作中需要警惕判断过程中是否有自己强烈价值观介入，从而影响对案主问题的准确预估。警惕的方法之一就是尽可能地用多种途径收集资料，以保证资料的准确性。在判断过程中尽可能地多反省自己是否对案主的问题认定过于武断，或者对案主的问题过于积极和热情。

4. 避免将问题简单归因

产生问题的原因很复杂，常常有很多的问题交织在一起而且案主的问题是变化的，因此，我们不可能将案主的问题归结为一个简单的原因，看到问题之间的相互关联对于解决问题是有利的。

二、判断的视角

判断视角是指社会工作者在评估过程中的立场和观点。不同的观点和立场会导致对问题认定的角度不同，从而产生不同的解决方法。可供考虑的判断问题的视角有：女性主义、家庭功能、人格系统、行为偏差、个人能力问题、人际互动障碍等。

如社工接待了一位女性案主，她目前遇到感情困惑，已婚但是夫妻关系不太融洽，在网上结识了另外一位男性，开始了一段新的情感，但是案主不愿舍弃家庭分手，案主感觉很苦恼，找到社工。持女性主义价值观的工作者可能会尊重案主独立的感情需求，而不仅仅将她作为一个家庭角色的扮演者。一个具有"家庭为本"价值取向的工作者可能会更多地考虑家庭的稳定而放弃和牺牲案主的情感需求。

因此，工作者需要了解自己在评估问题时的视角是什么，尽可能在一个问题的评估中多用一些其他视角考虑问题，因为单一的视角会产生看问题和解决问题的局限性。

三、确定问题的内容

在收集了足够的信息，并对此进行分析后，接下来便是确定案主的问题。

1. 案主的问题是什么

可能案主的问题有很多，而且多种问题相互交织在一起，但是我们不可能同时解决案主的所有问题。因此要与案主讨论，对问题划分出主次，先解决案主的主要矛盾。

2. 问题产生的原因是什么

导致案主问题的原因很多，需要找到案主首要问题所产生的原因，这样才可以对症下药。

3. 案主曾经做过什么解决问题的努力

从案主曾经所做的努力中我们可以了解到，案主是否有足够的解决问题的动力，用了什么方法，以及案主所用的方法的原因和效果等。了解这一点，工作者就可以对案主应对问题和解决问题的能力有一个简单的评估，为制订切实可行的服务计划做好准备。

必备知识

一、确定问题的技巧

对问题复杂的案主，确定案主的关键问题所在直接关系到我们提供的帮助是否有效。掌握确定问题的技巧非常重要，以下几点技巧可以帮助我们确定案主的问题。

1. 从众多问题中选择对案主来说最急于解决的问题

解决对案主来说最解决结局的问题，应该是一般的解决问题的原则。但有些时候，工作者根据专业判断感觉案给予解决的问题也许并不是案主问题的最主要矛盾。遇到这种情况，我们要坚守以案主为本的原则，与案主一起讨论并需要策略性地处理这个问题，既要照顾案主解决问题和看问题的能力又要本着对解决问题有利的原则，比如一个案主前来向工作者求助亲子关系的问题，但是工作者很快发现问题相关的还有婆媳关系，夫妻关系不和，这些关系中尤其是婆媳关系对他和孩子之间的关系影响很大。想解决亲子关系问题必须解决婆媳关系问题。想缓解婆媳矛盾，夫妻关系调节有利于婆媳关系的协调。但是，如果案主认为解决婆媳关系有难度，不愿意从婆媳关系、夫妻关系入手，只希望介入亲子关系的调节，这种情况下我们需要尊重案主的意愿，从多种关系中将焦点集中在亲子关系上。以此为中心寻求解决夫妻关系和婆媳关系的可能性。

2. 双方共同决定多个问题中的最主要矛盾

有时候案主认为自己的苦恼很多，但自己也不清楚什么是主要问题。在这种情况下，可能需要工作者与案主共同商量如何找到一个主要问题。比如某个案主认为自己最近很不幸，远在外地的父亲去世，作为长子自己没有尽到孝心内疚不已，从悲伤和愧疚中无法走出来。妻子留下了4岁的孩子到外地工作，自己又当爹又当妈，工作单位正在裁员，自己由于学历不高等原因很可能就是裁员对象。多种困境交织在一起，经过案主与工作者的讨论之后，将问题的焦点放在如何不被单位裁员上，案主也表示认同。假如单位将他裁减下来以后，失掉工作的他，不仅无法帮助他的母亲和孩子，而且自己的生活也会因此出现困难。

3. 从多个问题中找到对案主来说最容易解决的问题

有些情况下，案主和工作者都意识到解决问题的根源所在，但由于案主自己的能力或者其他条件所限，案主只能解决对他自己来说最容易的问题。比如某个案主认为她与男朋友之间发生口角，争执的原因是自己觉得男朋友婆婆妈妈，管得太多，像自己的母亲。她一方面觉得不能控制自己的脾气，另一方面也担心这样会失去男朋友，很矛盾地寻求工作者的帮助，工作者发现她与母亲的关系也非常紧张，因为母亲对她也管得很多，她很讨厌，以至于到不和母亲说话的地步。她把对母亲的不满投射到男朋友身上，把与母亲的沟通方式也投射到男朋友的身上。因此，要解决她与男朋友相处的问题，根源可能要解决她对母亲的看法和与母亲相处的方式。而这一点正是案主自己最不开心和内心最需要解决的。但是母亲并不在本地，因此她决定先将男朋友的问题作为主要问题，相比较更有条件解决。

二、问题诊断的分类

1. 动力诊断

分析案主各种环境中存在的错综复杂的力量，它控制了案主本身，案主周围的环境及案主和社会环境之间的一切，导致案主问题的产生。找出问题的生理、心理和社会的因素，对案主的影响程度、有哪些解决的办法以及案主可以利用的资源。

2. 临床诊断

是指通过发现疾病的本质对案主的情况做出诊断，包括人格不适应的特定形式、本质和功能不适应方面表现出的特定需要和行为模式。需要有人格病理学知识的专家一起工作。在做临床诊断时要对案主精神变态、精神病和人格行为失序方面的迹象或指标做出判断。

3. 病原诊断

分析案主人格形成的历史过程中出现的问题以及这些问题对现今问题的影响。更多关注问题的形成、发展的历史，较少关注直接的引发诱因。

三、诊断性陈述

指当案主有关资料收集得差不多时，必须将这些资料进行系统化的摘要和陈述，称为诊断性陈述。它必须包含工作者认为了解问所需要的重要事实，要求叙述清晰、简短，把握问题的要点。

1. 诊断性陈述

(1)案主遇到的问题是什么？

(2)有关案主的生理、心理、社会和环境资料的摘要。

(3)诊断摘要，对案主做出明确的诊断说明，并附相关资料。

(4)暂时性建议，对下一步的工作提出暂时性的措施和解决办法。

2. 诊断性陈述涉及的具体内容

(1)问题性质的确认。

有哪些问题、问题的性质、案主希望改善的问题、案主改善的动机、改善的能力、改善的方法。

(2)家庭环境与家庭心理动力。

包括经济、健康、文化生活、生活功能、成员心理动态与关系。

(3)案主个人生活经历与行为特征。

成长情况、学习经历与学校适应、职业适应、社会生活表现、个人特征和情绪、自我功能、人际交往。

(4)案主接受协助的意愿与能力的评估。

案主的意愿可以分为主动或被动，能力的评估，包括对困难的认识程度、对机构的认识、期待、对本身的认识期待、对机构协助的使用能力、面对和处理问题及接受协助的准备程度。

3. 在进行诊断时必须遵守的原则

(1)对困难和问题性质的分析，对受助意愿和能力的了解。

(2)鼓励案主参与诊断过程。

(3)诊断必须以提供服务为目的。

（4）随着情况的变化，诊断内容应该相应改变。

（5）诊断必须有助于提供服务的功效。

拓展训练

社工小刘在与来访者会谈过程中，了解服务对象的求助原因，又发现很多问题。小张父亲突遇车祸，需要人照顾，妈妈刚刚失掉工作，由于家庭条件困难，小张面临着辍学问题，最近同学还发现他开始出现抑郁，萎靡不振的情况。针对小张的情况，社工如何界定小张的问题？

问题：

1. 社工如何界定小张的问题及需要？

2. 判断案主问题的主要原则有哪些？

任务二
制订目标和工作计划

学习目标

1. 掌握个案接案中制定目标的原则、步骤。
2. 能够根据案例情况，在收集资料和预估的基础上，制订服务目标及工作计划。

工作任务描述

小王为学校社会工作者，学校的辅导员刘老师来到了学校社会工作服务中心，刘老师向小王反映了班上的张同学近期的一些表现：情绪低落，甚至出现抑郁，可以连续几天不跟同宿舍的人说话，上课时常发呆，注意力不集中，成绩急剧下降。社会工作者经过前期资料收集，初步确定了服务对象的问题及需求。

问题思考：

1. 社会工作者下一步的任务是？
2. 假如你是社会工作者小王，请制订出该案例的服务的目标和工作计划。

工作任务分解与实施

一、个案工作的含义及目标

个案社会工作是由专业社会工作者通过直接的、面对面的沟通方式，运用有关人和社会的专业知识和技术，对个人或家庭提供心理调整和环境改善等方面的支持和服务，其目的在于协助个人和家庭，充分认识自身拥有的资源和潜能，完善人格和自我，增进其适应社会和解决困难的能力，从而达到个人或家庭的良好状态。

定义中包含的几个要素：

1. 个案工作的实施主体

受过专业训练的工作者在社会服务机构内从事对个人和家庭的服务，他有别于一般的社会公益活动和志愿者。工作者必须拥有哲学、伦理学、社会学、心理学、法律等学科中关于人与社会的关系、人类行为与人际关系调整方面的专业知识，还要有丰富的个案工作实践经验。

2. 工作对象

面临各种社会适应不良问题的个人和家庭，这些问题影响个人功能的正常发挥或妨碍个人的成长。

3. 手段和方法

具备专业性的特点，工作者运用各种科学的助人的知识和活动，通过面对面的沟通来帮助个人或家庭。一方面直接帮助案主调整心态，激发案主潜能，改变案主行为；另一方面，通过向案主提供社会资源，改进其遭遇和社会处境，从而更好地促进案主改变和成长。

二、工作目标

(1)协助那些社会适应不良和社会功能失调的个人和家庭，增进其生存和发展的能力，帮助案主能独立应对以后生活适应上的挑战。

(2)工作者不是替案主直接解决问题，而是助其自助，和案主共同寻求各种解决问题的途径和方法，使案主能自主决定并采取行动健全自己的人格，改变自己的行为，从而充分发挥其社会功能。

三、个案工作目标与计划的制订

1. 目标制定的原则

(1)与案主共同协商。

(2)目标一致。

(3)目标可行。

2. 目标制定的步骤

(1)工作者重新陈述案主的问题。

(2)协助案主列出与问题相关的其他方面的困难。

(3)协助案主拟定解决问题的先后顺序。

(4)协助案主明确最终达成的工作目标。

3. 目标的种类

(1)直接目标：是针对案主提出的现实的问题进行探讨，促进案主的自我了解和自觉。直接目标与案主问题直接相关，是案主急需解决的问题，非常直观明了。

(2)中间目标：一般是协助案主认识自己、接纳自己和欣赏自己，建立健康的自我形象和适当的生活方式等。

(3)终极目标：是使案主能够自我认识、自我促进、自我接纳，也接纳别人，有良好和深入的人际关系，开放的态度、诚实有创造力、有责任感，达到现实的自己和理想的自己协调一致等。这是个案工作的最高境界，也是工作者最高的工作目标。

必备知识

一、计划的内容

(1)案主的情况简介：姓名、性别、年龄、家庭成员、职业、学历、首次联系时间。

(2)案主的需求(问题)：案主自述需求(问题)/诊断后重新确定的需求(问题)。

(3)计划达成的总目标及总目标下的分目标。

(4)针对分目标而预备展开的工作：工作内容、时间、地点、人员分工、经费。

(5)评估时间和方式。

二、工作协议

内容包括：

1.双方各自希望达到的目标或结果，这些目标或结果必须是具体的、可行的、可观察的。

2.双方各自的特定责任、拥有的权利及义务。

3.为达成目标使用的方法和技术。

拓展训练

社工小刘在与来访者会谈过程中，了解了服务对象的求助原因，双方达成共识，初步确立合作意向。

问题：

1.小刘面对张同学的案例要如何做？

2.服务协议的主要内容包括哪些方面？

任务三
签订服务协议

学习目标

1. 掌握个案工作签订服务协议的主要内容。
2. 掌握个案工作程序中签订服务协议应包括的内容及基本格式。

工作任务描述

小王为学校社会工作者，学校的辅导员刘老师来到了学校社会工作服务中心，刘老师向小王反映了班上的张同学近期的一些表现。情绪低落，甚至出现抑郁等现象，可以连续几天不跟同宿舍的人说话，上课时常发呆，注意力不集中，成绩急剧下降。刘老师非常担忧，希望社工可以介入，社会工作者通过面谈和沟通双方确定了服务关系，进入签订了服务契约。

问题思考：
1. 个案工作者服务契约的内容包括哪些方面？
2. 社会工作者小王可以采取哪些方式与服务对象签订契约？

工作任务分解与实施

一、工作协议的内容

工作协议是由社会工作者与案主共同承诺合作实现双方所同意的目标和计划，是促使双方关系具有承诺和责任要素的重要途径。签订契约对工作者和案主双方都有约束作用。对工作者来说，协议提供了案主参与服务的保证；对于案主来说，他可以明了工作者提供服务的内容以及工作者的期望，协议的内容包括以下几方面。

(1)服务目标。

(2)服务的内容以及采用的方法。

(3)双方应该享有的权利和义务，如工作者遵守职业伦理，对案主的问题保密，案主要完成工作者布置的家庭作业，保证个案辅导的时限等。

(4)服务的时间、地点、次数。

(5)双方签字。

(6)有些时候，协议也可以是口头的。

二、工作协议的作用

1. 约束

工作协议是由社会工作者与案主共同承诺，合作时对所同意的目标订立的计划，签订协议对工作者和案主双方都有约束作用。

2. 案主保证

对于社会工作者来说，协议提供了案主参与服务的保证。

3. 期待明确

对于案主来说，协议明确了机构和工作者的服务内容、工作者对案主的期望，在工作协议中，包括陈述双方期望，服务时间、地点、性质、次数。

三、协议的形式

协议的形式既可以是书面协议，有时候也可以是口头协议。

必备知识

协议样本

协议书

甲方：大学生心理辅导中心社会工作者　　小刘

乙方：张大同

本协议由甲乙双方共同签署，本协议的目的是帮助张大同完成学业，顺利通过20个学分，否则张大同将会面临被学校劝退或者不能拿到毕业证。

为了顺利毕业，乙方应做到以下几点：

(1)必须合理利用时间，减少浪费和拖拉。

(2)选课学分必达到20分，成绩要求合格以上。

(3)缩短玩游戏的时间和次数，最好能在1年内实现自我控制直到戒除。

张大同本人和社会工作者各自履行本协议中的下述内容：

乙方：张大同

(1)周一到周五每天晚上在教室上自习，有课除外。

(2)宿舍拔掉网线，如需要上网学习时，到学校机房。

(3)保证不去网吧。

(4)请同学监督并提醒，督促。

(5)每周五下午见社会工作者，每次面谈1.5小时。

(6)说明自己的情况和感受。

甲方：社会工作者

(1)帮助张大同合理选课。

(2)每周五下午与张大同面谈。

(3)提供监督和建议。

备注：本协议在实行四周后，可评估后进一步完善。

本协议时间期限为2015年7月1日—2016年6月1日

案主签名：　　　　　　　　社会工作者签名：

项目四　服务实施及介入

内容导航

　　个案社会工作是由专业社会工作者通过直接的、面对面的沟通方式，运用有关人和社会的专业知识和技术，对个人或家庭提供心理调整和环境改善等方面的支持和服务，其目的在于协助个人和家庭充分认识自身拥有的资源和潜能，完善人格和自我，增进其适应社会和解决困难的能力，从而达到个人或家庭的良好状态。服务的实施的阶段是个案工作开展的重要阶段。社会工作者具体开展服务应具备哪些核心技术是本章重点探讨的内容。

任务一
服务计划的实施

学习目标

1. 掌握个案工作基本程序中服务计划的实施。
2. 通过服务开展，掌握服务计划实施中社会工作者的角色及工作内容。

工作任务描述

小王为某社区的社会工作者，社区张女士主动来到社会工作服务中心求助，张女士目前家中丈夫突然遭受车祸，儿子还在读书，张女士为了照顾瘫痪在床的丈夫，不能继续工作，最近儿子的学习也频频亮红灯，儿子情绪低落，甚至出现抑郁，成绩急剧下降。张女士非常担忧，希望社工可以介入，了解情况。小王通过前期调研，评估认为与机构服务的宗旨一致，双方协商，签署了服务协议。小王通过评估张女士家中的情况和需要，制订了服务计划。

问题思考：
1. 社工小王在社会工作实施阶段，主要担任什么角色？
2. 社会工作者小王在案主实施阶段，需要有哪些注意事项？

工作任务分解与实施

一、社会工作者角色

在个案服务实施阶段中，社会工作者的角色有哪些？

1. 联系人

社会工作者作为联系人，做好案主和机构各种资源的纽带。

2. 使能者

协助案主挖掘自身的潜能或资源，服务提供和治疗，使之改变。即社会工作者运用自身拥有的专业知识和技巧调动服务对象自身的能力和资源，发挥服务对象的潜在能力，促使服务对象发生有效改变。

3. 教育者

提供给案主处理问题的新方法、学习新技能、调整原有的行为模式。即社会工作者指导服务对象学习处理问题的新知识、新方法，调整原来的行为方式。

4. 倡导者

倡导是社会工作者向服务对象提倡某种行为。在服务对象必须采取新的行动才能有助于其走出困境但服务对象对新的行动又不了解时，社会工作者应该成为服务对象采取某种行为的倡导者。即向服务对象倡导某种合理行为，并指导他们以使其成功。

5. 辩护人

代表案主和他人或群体进行交涉。

二、服务提供和治疗的目标

在服务实施阶段，服务提供和治疗的主要目标有：

(1)协助案主对自身有个清晰的认识，认清自己所面临的问题，发展案主个人潜在的能力。

(2)促使案主通过个人的能力解决自己面临的问题。

(3)促使案主能够自己努力去改善个人的生活环境，必要时工作者可以给予一定的经济上或其他方面的援助。

(4)协助案主调整个人的社会关系，提高案主运用各种社会关系与资源解决问题的能力。

三、工作中的注意事项

(1)以计划和工作协议为基础，根据案主的实际情况及其变化情况开展工作，而不能困于计划和工作协议不做任何变动。

(2)善于运用案主和工作者本人的社会资源。

(3)进行阶段性检查和评估，检验工作成效，发现新问题。

(4)妥善处理和案主的专业关系，维护双方的相互信任与合作。

(5)对案主可能出现的新困难与新问题，工作者要作出预期并采取适当措施，善于运用个案工作方法与技术，促进案主能力不断提高。

必备知识

一、工作者的工作内容

虽然工作者面临不同的案主和各种不同的问题，解决问题的方法也千差万别，但是仍有一些基本的工作内容。

1. 支持与鼓励

大多数的求助者普遍缺乏自信，怀疑自己的能力，比较自卑，在介入工作中，社会工作者通过语言和非语言等方式向案主表达尊重、自信和接纳，对案主的每一个进步都给予及时的鼓励，以便案主放下自我防卫心理，鼓起解决问题的信心和勇气。工作者鼓励案主从两方面看问题，看到问题的消极一面也看到积极一面，同时，工作者作为案主有力的支持者和陪伴者，与案主一起走过生命中艰难的时光，可以说，支持和鼓励自始至终贯穿整个的介入过程。

2. 情绪疏导

有时候情绪的疏导比问题的解决更为重要，当案主沉溺在情绪中不能自拔时，常常不能形成对问题本身的客观分析。而让案主对事件所带来的情绪得到宣泄，案主对问题的看法可能就客观一些。因此个案工作非常重视对案主情绪的及时疏导，工作者凭借小小的鼓励，反映感受、表达同感、正面回馈等方式，及时疏导案主的情绪，如同在专业关系中不断加入润滑剂。有些情况下，我们也许不能解决案主的问题，但是疏导情绪可以让案主心情会好一些。

3. 观念澄清

在很多情况下，解决案主的问题不是改变发生的事件本身而是改变案主对事物的看法。因为产生问题的根源可能是案主对问题的认识和看法。因此澄清观念就是工作者利用多种方法如对质、总结、自我袒露、辨别非理性的信念等，协助案主反省自己对事物的看法和态度，检视自己思考问题的方式，使案主对自己的个性、情绪和问题有进一步的了解，澄清和修正以前非理性的信念，建立更合乎实际的逻辑思维方式。

4. 行为改变

当案主对问题有了一个合乎逻辑的认识以后，其行为也应该有很大的改变。工作者需要借助一些行为治疗的方法比如角色扮演、奖赏与惩罚来帮助案主减少或者消除不适当的行为方式，建立新的行为方式，与观念改变相比，行为改变更不是一朝一夕的事，工作者要注意案主的每一个进步，及时给予鼓励。同时，耐心地对待案主的行为倒退和维持原状，注意观察背后的原因。很多时候，案主应形成了多年或者自己意识不到的行为习惯，因此改变有一定困难，社工应具有足够的耐心和宽容度。

5. 环境改变

"人在情境中"是社会工作的一个重要理念，社会工作者认为案主的问题常常与环境联系在一起，因此环境的改变是个案工作者一个独特的程序，同时也是个案工作与心理辅导工作的主要差别所在。

这里的环境指案主的问题有直接影响的环境，如家庭、单位、社区、朋辈群体、文化、大众传媒等。工作者有责任帮助案主主动获取和争取合适的资源。积极协助案主改善产生其问题的环境，给案主有效的帮助。

6. 信息提供

介入过程中，案主有时需要工作者提供一些与自己的问题相关的信息和资源，使案主对自己的处境进一步认识，增强其解决问题的信心和能力。

7. 直接干预

直接干预也叫危机干预，一般在案主处在危机的情况下，在法律赋予的权力的范围内使用。有时候工作者在未得案主或其他家人同意的情况下，有必要进行一些直接的干预行动，如将受虐待的孩子与父母分开，或者对正在进行自杀行为或者企图自杀的案主进行干预等。

二、个案工作与心理辅导或治疗的区别

1. 从处理的问题看

心理辅导着重处理较严重的精神病疾患，如精神分裂症、人格异常等。个案工作处

理一般性的情绪不适或心理困扰性的神经症，如焦虑不安、抑郁等。

2. 从知识背景看

生理学、精神医学和心理学是心理治疗与辅导工作的主要知识基础。它强调对于案主所遇到的问题和所处的环境做出调整，而不以改变个人的生存环境为己任，所以较少触及挖掘社会资源和改变社会机制的问题。

个案工作处理的是个人社会功能发挥方面的问题，这些问题有些是心理方面的因素造成的，更多的则是环境方面阻碍个人正常发挥社会功能。社会学、社会心理学、政治学、管理学、文化人类学、社会医学等是个案工作者的主要知识基础。

3. 从工作手法看

心理辅导强调的是"攻心"术，"心病要用心药医"。个案工作除挖掘个人潜能，让个人做调适之外，还强调调动个人之外的组织和社区资源来解决问题。

4. 从工作关系看

在我国，心理辅导与治疗员在当事人的关系中多充当权威人物，以专家的身份面对当事人，他对当事人负有专业责任。个案工作员强调与当事人保持平等的伙伴关系。对人的价值、独特性、自决权的尊重，是社会个案工作关系强调的重点，工作员在这一关系里不仅负有专业责任，常常还肩负着社会责任。

拓展训练

社工小刘在与来访者会谈过程中，了解了服务对象的求助原因，并且了解到案主的基本需要。

问题：

1. 小刘面对案主的需要应该如何应对？
2. 社工小刘在帮助案主的过程中，可能会采取怎样的介入？

任务二
案主基本需要与社工对策

学习目标

1. 掌握个案工作中案主基本需要的内容。

2. 通过学习，掌握个案工作中社会工作者的常用的应对办法，具备一般个案工作的应对能力。

工作任务描述

小王为某社区的社会工作者，社区张女士主动来到社会工作服务中心求助，张女士目前家中丈夫突然遭受车祸，儿子还在读书，张女士为了照顾瘫痪在床的丈夫，不能继续工作，最近儿子的学习也频频亮红灯，儿子情绪低落，甚至出现抑郁，成绩急剧下降。

问题思考：

1. 案主可能会有哪些基本的心理需要？

2. 社会工作者小王面对该个案，该如何介入？

工作任务分解与实施

在建立专业关系的过程中，工作者和案主会有一些常见的心理需求和行为反应。对它们的了解，将有助于工作者消除双方关系中的不良因素，最终顺利地实现工作目标。

一、专业关系的动态性

个案工作过程是双方之间的感受和态度交互反应的动态过程。专业关系就是在这一动态过程中建立起来的。

成功的个案工作专业关系，由工作者和案主之间的三种互动构成，它们相互交错，时刻发生于双方的接触过程中，工作者只有把握其中的互动，对案主的心理需求做出恰当的回应，才能顺利达成个案工作的目标。

1. 来自案主对工作者的互动

案主带着问题来见工作者，自身存在恐惧、怀疑、自卑等负面情绪，他们会猜想工作者是否理解、尊重、接纳自己？是否对自己负责、保密？是否会强迫我？因而表现出不愿意开放自我的态度，采用不合作有时甚至是敌对的方式。

2. 来自工作者对案主的互动

工作者敏锐地觉察案主的需求与感受，并做出适当的反应：我了解你的问题；你的优点和缺点；并尊重你是一个人；我不批评你；我非常关心你；我愿意帮助你；但一切决定将由你自己做出。

3. 案主对工作者的再次互动

案主逐渐明白工作者的反应，于是开始以开放的心态配合工作者的工作，并通过语言和行为向工作者传达这份了解。

二、案主在求助过程中的基本心理需求

在个案工作中，案主会有一些常见的心理需求和行为反应，了解这些常见的心理需求和行为反应有利于专业关系的建立和维系：

案主常见的七种心理需求：

1. 倾吐感受

绝大多数案主都有倾吐感受的需要，这些感受可能是负面的如恐惧、担忧、沮丧、害怕、仇恨等，也可能是美好的。工作者应有目的地引导案主倾吐内心的感受，特别是不良的感受。

2. 寻找关爱

案主希望获得工作者的关心和爱护，希望工作者能够对他的倾吐做积极的、恰当的回应，对其行为表示理解。

3. 尊重

案主希望自己能得到工作者的尊重，认为他是有价值的、有独立人格的个体，而不是一个无能的有个人缺陷的失败者。

4. 自我决定

案主希望有自己做出决定的权利和机会，不希望受到工作者的限制、强迫、控制。即使案主有放弃、逃避等倾向，也要加以引导。

5. 害怕批评

案主面对自己的问题，会表现出一种困惑、迷茫、自责的心态，对来自他人的批评特别敏感，而且他人的批评会加强案主的困惑和自责的心理。

6. 保密

案主希望其个人的隐私能够得到保密，不愿意让其他人知道。

7. 案主希望被视为独特的人，而不是一个个案、一种类型或某类人

案主的这些心理需求他们有时会意识到，但有时不会意识到。但这是案主求助过程中的基本心理反应，是不容忽视的。案主通常不会把这些需求以明确的语言表达出来，这些心理需求会在案主的行为、表情、神态中显露出来。工作者应该能够敏锐地捕捉到，并给予适当的回应。

必备知识

一、案主对工作者的现实的态度和行为反应

案主在处理与工作者的关系时，也会表现出不同的态度和行为反应。对于那些常见的、为人们所理解的态度和行为反应，我们称之为现实性态度与行为反应。

案主常见的现实性态度和行为反应有：

1. 焦虑—敏感

案主在问题无法解决时，可能会意识到自己要承担一部分责任，工作者要讨论自己不愿涉及的问题，所以案主常常因害怕而不愿去机构，但还想解决问题又不得不去，这时案主会产生焦虑，变得十分敏感，容易产生愤怒、指责、抗拒等行为。

2. 矛盾—逃避

案主的矛盾心理主要源于假想，他认为需要依赖工作者的帮助才能解决问题，这意味着承认自己有缺陷，所以心里非常矛盾，一旦出现某种加强案主依赖感的情景，案主矛盾心理也会得以加强，案主可能会采取逃避或抵制行为，来证明自己的独立性。

3. 刻板印象—抵制

刻板印象是指案主对机构及工作者形成的固定看法。源于案主的直接或间接经验。如果案主的刻板印象是不良的，就可能产生抵制和敌意。

二、案主的非现实性反应——移情

移情又叫情感转移，是指案主将早年情绪生活经验里对某一个特定人（通常是父母）的特殊感受或反应，投射到工作者身上，把工作者当作自己早年情绪生活经验中的某一特定人一样看待。这种情感转移是潜意识的，是案主本人不能觉察的，是非理性的，因此又称非现实反应。

（一）移情是精神分析术语

精神分析认为，每个人的行为都有其内在的潜意识上的意义，一个成年人对别人的态度和行为反应常常受到其早年生活经历的影响。案主在早年生活中和那些对其心理影响较大的人接触时的态度和反应模式，将会带到其随后的成年生活中。在移情过程中，由于对象的错置，案主的态度和行为反应常常是不适当的，妨碍了专业关系的建立。

（二）情感转移分为两种

1. 正向情感转移

当作父母、恋人。会使案主过分迷恋于情感上的依恋或理想化，偏离了专业关系原有的目标和性质，案主常常以维持专业关系为借口寻找情感上的依托。

2. 负向情感转移

敌意或攻击，使专业关系很难建立，案主常常拒绝排斥工作者。情感转移虽然对专业关系是一种干扰，但并不是没有意义的。移情是案主不健全的心理机制的一种反映，对于工作者了解案主与案主自我了解都有重大意义。工作者应该对移情的发生有足够的敏感，以便能够深入探究移情的深层心理意义。

三、必须重视正确处理移情

1. 及时发现移情的苗头、适时采取措施

移情可以在专业关系的任何时间产生，可以从案主的语言、眼神、姿态中觉察出来。

有时是瞬间发生的，有时则经过很长时间，甚至在工作关系即将结束时才出现。这就需要工作者具有较高的敏感性，在移情刚刚出现时就采取措施会取得较好的效果。

2.认识移情的性质

移情是任何人都可能出现的一种心理现象本身不意味着好或坏。工作者只有认识到它，才能对它持一种理性的态度并加以处理。移情往往与案主的个人问题有关联，正确处理好移情将有助于发现案主的问题。

3.在具体措施上，可以通过两个步骤达到治疗和改变的目的

首先，促使案主表达其感受以利于作进一步的研究和了解；其次，工作者要有目的地提供机会给案主，允许他对工作者表达各种感受，使被压抑的情绪得以疏导和宣泄，以恢复平衡。

四、工作者的非现实反应——反移情

在个案工作的专业关系中，除了案主会发生移情外，工作者也会发生一种对案主的非现实性反应，即工作者将以往的经历以及与他人产生的感受和情感转移到案主身上。

（一）正向反移情

工作者对案主过分认同，有接近案主、喜欢和案主交流的冲动。使工作者不能客观地看待案主，只看到案主的长处，不能发现案主的问题。

（二）负向反移情

工作者对案主过分不认同，敷衍案主，拒绝、排斥、不愿意和案主交流。使工作者无法看到案主的优点，案主得不到温暖和支持，同样也无助于案主问题的解决。

反移情表明，工作者也是人，也会有自身的问题与心理需求；有时也会将自己的偏见、冲动等不自觉地带到工作中；甚至可能借案主的反应来满足自己的心理需要。反移情会严重影响双方专业关系的性质。

工作者应该进行自我反省训练，提高自己的敏感度、自我觉察能力，不断积累工作经验，有效地防范移情的出现。

布朗姆和萧斯通提出工作者自我检查反移情的19个项目和13项的自我反思检测问题：

工作者自我检查反移情的19个项目：

发现自己：

(1)昏昏欲睡，无法集中注意力与倾听。

(2)否认焦虑的存在。

(3)在座位上坐不稳，并且感到紧张。

(4)同情心多于同感，过分感情化地处理案主的困难。

(5)对案主所说的内容采取有选择的反应和解释。

(6)过早地做了不正确的反应和解释。

(7)不断地低估或遗漏案主的深层次感受。

(8)对案主产生莫名其妙的讨厌或喜爱的反应。

(9)过分祖护案主，对案主谈到受权势压制时产生冲动性的同情反应。

(10)无法为案主着想，对案主的烦恼不能产生有效的反应。

(11)倾向于与案主争辩，对案主的批评产生心理防卫或责难的反应。

(12)觉得案主是最优秀的或最差的。

(13)在会谈中自己的思想被案主的幻想所占据，甚至对此有夸大的反应。

(14)习惯性地延迟会谈的开始，或对案主有敷衍行为。

(15)借戏剧性的话题使案主发笑或产生强烈的感情。

(16)过分注意案主的隐私资料。

(17)强迫性地采取过早的解释和建议。

(18)梦到案主。

(19)借口太忙而不与案主会谈，并把责任归于机构的领导。

13 项自我反思检测问题：

(1)为什么对案主做出这样的反应？理由何在？

(2)做那些说明时有何反应？

(3)为什么向案主传递那些意念？

(4)为什么问那种问题？

(5)该行为是否符合协助案主的原则？是否仅仅为了好奇而问那些问题？

(6)为什么做这种劝告？是否自己感到案主期待答复所有的问题？自己是否有自作聪明的反应？

(7)是否因为主观的看法而影响那些问题？

(8)为什么对案主缺乏爱和缺乏安全感表现出感情化的同情和冲动？

(9)为什么(不)要求案主的丈夫或妻子同来会谈？是不是由于我过分关注案主而对有关人员产生拒绝感？

(10)为什么在首次会谈自己说得太多，而较少让案主说其发生的事情？会不会想使案主认为自己知识丰富而希望他继续前来？

(11)为什么对案主未能前来赴约感到特别烦恼？是不是对自己的专业能力没有信心？

(12)当案主应该终止辅导或应该转到其他机构时，为什么不愿意让案主走？

(13)是否在利用案主以满足自己个人的需求，或让案主在利用自己？

拓展训练

社工小刘在与来访者会谈过程中，发现案主张女士长得特别像自己去世的妈妈，进而对张女士多了几分好感，对于张女士的困难也上心，希望尽快帮助张女士摆脱困境。

问题：

1. 小刘面对张女士长相像妈妈，而多了几分好感，社工面临的这个现象是个什么现象？

2. 社工小刘应如何正确处理这一问题？

任务三
个案访视

学习目标

1. 掌握个案访视的必备尝试。
2. 具有个案访视要求的工作能力及访视中应对突发事件的应变能力。

工作任务描述

小王为学校社会工作者，学校的辅导员刘老师来到了学校社会工作服务中心，刘老师向小王反映了班上的张同学近期的一些表现。情绪低落，甚至出现抑郁等现象，为了进一步了解情况。小王进行了家访。

问题思考：

1. 社工小王接到刘老师的求助，该如何开始社会工作服务？
2. 社会工作者小王，可以通过哪些方式进一步了解到张同学的需要？

工作任务分解与实施

（一）个案访视

指在个案工作过程中，工作者为了了解案主的问题或促进案主的适应，到案主平时生活过的环境中拜访有关人员的一种专业性访问。

因场所不同分：家庭访视、学校访视、单位访视、社区访视。

（二）访视可以在个案工作的全过程中实施

1. 在关系建立阶段

目的是收集资料，了解案主的有关情况，运用专业眼光对资料进行分析、判断，试图发现案主问题的主要原因。

2. 在服务提供和治疗阶段

得知案主情况改善的程度，从而了解治疗的效果；和有关人员进行沟通，取得他们的配合。

3. 最后阶段

多是为了工作成效提供可以鉴定的资料，并为案主将来的发展寻求周围环境的帮助。

（三）访视的意义及目的

（1）了解案主的适应情况；协助有关人员了解案主的困难；案主的家庭人员、朋友等往往不知道案主的困难或问题，应到单位、社区去了解。

（2）协助有关人员对案主的适应产生积极的支持。

（3）协助案主增强适应能力，为案主争取更多的社会资源。

（四）个案工作的访视一般应该遵循的原则

（1）确定访视对案主的影响和需要。

（2）认清访视的目的和内容。

（3）选择适当的访视形式。

（4）和案主进行访视前的沟通。

（5）访视过程中根据不同的访视形式和对象，运用相应的访视技术。

（6）对访视结果进行记录与评估。

必备知识

个案访视的注意事项

一、明确访视目标和目的

（1）目标：看什么、听什么、问什么、问谁。

（2）目的：为了什么、改进什么等。

目标和目的不同，安排的时间和技巧也有不同。案主的家庭环境访视在晚上；单位访视要在白天。

二、做好访视准备

目标、目的、撰写提纲、了解案主的背景：姓名、职业、年龄、文化程度、宗教、籍贯等。受访人的地址、电话等；还要充分估计访视过程中可能出现的问题。

三、注意访视仪表

访视是正式的专业性访问，到自己不熟悉的环境，双方第一次会面，给对方的初次印象非常重要。一般第一次印象往往把仪表作为参考。

仪表要符合特定的访视时间、地点、对象，体现出美感。总之，打扮应给人以端庄、舒适和美的感觉。

四、把握访视态度

访视是一种正式拜访。要体现个案工作尊重人的理念和工作者谦虚的态度。工作者还应该表达对受访对象的歉意；同时注意体现接纳、关怀、真诚的态度；体现社会工作者的专业形象——严谨、有修养、合乎文化习惯、使用受访人的语言，以促进双方更好地合作。

五、第一次家庭访视要注意的问题

（1）工作者本人受过家庭访视技术的训练，能熟练运用专业知识和技术解决家庭访视中常见的问题。

（2）访视前应该进行充分准备：事先了解家庭的一般情况，如家庭成员情况、居住状况、成员性格、成员关系等；做好访视前的预约工作；对可能出现的问题做好应对准备。

（3）第一次家庭访视应该采取的态度：

①以友好、关心、诚恳的态度出现在案主及其家人面前；

②保持中立的立场，不做批评或表扬；

③多替对方着想，保持公正和客观，不要特别偏袒家庭某一成员。

拓展训练

社工小刘在与来访者会谈过程中，了解了服务对象的求助原因，为了更好地帮助张同学，社工小刘进行了家访。

问题：

1. 小刘在家访中应做哪些准备？

2. 社工小刘第一次家访过程中应该有哪些注意事项需要特别注意？

任务四

会谈技术

学习目标

1. 掌握个案工作会谈技术的必备知识。
2. 具有独立开展会谈的能力，掌握会谈常用技巧。

工作任务描述

小王为学校社会工作者，学校的辅导员刘老师带张同学来到了学校社会工作服务中心，刘老师反映了其最近情绪低落，甚至出现抑郁等现象，可以连续几天不跟同宿舍的人说话，上课时常发呆，注意力不集中，成绩急剧下降。刘老师非常担忧，希望社工可以介入。

问题思考：

1. 社会工作者在与张同学面谈中应注意哪些会谈技巧？
2. 社会工作者小王常用的有哪些会谈技术？

工作任务分解与实施

一、沟通

是双方当事人借助语言或语言符号彼此互相交换观点、感受、态度、资料、情感等内容的双向互动过程。

(一)沟通的基本要素

(1)沟通的主体：双方当事人。

(2)沟通的媒介：语言、非语言符号。

(3)沟通的内容：观念、感受、态度、资料、情感等。

(4)沟通的性质：双向互动过程。

(二)沟通方式

(1)语言沟通：谈话、会议、电话。

(2)文字沟通：信件、公文、E-mail。

(3)身体符号沟通：身体姿势、语言动作。

(三)工作者对人际沟通应有的态度

(1)不能强迫他人与自己沟通，也不要轻易放弃与他人沟通的希望。

(2)不能急于求成。

(3)保持信心不要轻易灰心。

(4)保持真诚的态度。

(5)防止敌对情绪的出现。

(6)保持和发挥幽默感。

(四)熟悉人际沟通中常见的困难

(1)语言及方言的差异：表达及用词不同容易造成误会。

(2)对身体符号的不同理解：不同文化、种族、个体有所不同。

(3)模糊性语言的使用：容易造成对方的曲解。

(五)掌握人际沟通的技术

(1)先向对方说明沟通的动机、理由以及感受，然后再问对方的感受，以此打开沟通的序幕。

(2)经常审视处理自身的内心感受。

(3)尽量表达自己的内心感受并告诉对方以取得了解。

(4)善于领会对方的内心感受，并给予适当的回应。

(5)当对方难以表达自己的感受时，要试着向他提问，提示一些可能的情况，以让对方选择或肯定。

(6)多做澄清和肯定，少作猜测，以免产生曲解。

(7)尽量避免用"why"，而用详细提问的方法，如 when，how，where，how long。

(8)语言尽可能简明了、精确和直接，避免造成误会。

二、会谈

(一)会谈的含义

会谈是一种特殊的谈话方式，双方为特定的目的、关注某一特定的内容，并剔除与主题无关的内容。会谈双方的角色是高度明确的，并受会谈目的和性质的影响。会谈是一种有目的的谈话，该目的被会谈双方共同认定和接纳。

专业会谈包括：

(1)社会工作会谈。

(2)心理咨询会谈。

(3)职业辅导会谈。

按人数多少分：

(1)单独会谈。

(2)家庭会谈。

(3)团体会谈。

(二)社会工作会谈有四个最主要的特征

(1)有计划：预先确立会谈的内容。

(2)有目标：有目的和方向的指引。

(3)受一定约定的限制：时间、地点、服务与被服务。

(4)有特定的角色分工：角色区分。

(三)会谈的基本原则和注意问题

(1)注重案主的个别化，从案主会谈过程中特有的神情，了解其独特的内心感受和需求。

(2)工作者应该主动积极地向案主表达观察与了解到的信息以建立案主会谈的信心。

(3)引导案主的不良情绪，促使案主做冷静、理智和创造性的思考与反应。

(4)以非评判的态度澄清案主面临的问题。

(5)对案主保持有控制的感情介入，有效处理移情和反移情。

(6)不能因为案主沟通困难、理解和反应慢、自我调适能力低而拒绝与其会谈，应该进一步查找其原因。

(7)善于运用专业判断力，帮助案主尽快察觉自己的不良态度和偏差行为。

(8)尊重案主的自由选择和自决权，但如果案主的自我决策对其自身不利时，工作者应该运用专业职权保护案主。

(9)工作者与案主会谈的内容，除了专业上的需要外，均应该采取充分的保密措施。

(10)每次会谈结束前预留时间给案主询问，并对会谈做简单总结，同时做好下次会谈的约定和准备。

(四)会谈的准备

1. 场所的准备

专门的会谈室的选择、布置要有利于与案主的沟通，具体做到：

(1)室内外环境要清静，不受噪声的干扰。

(2)室内光线充足，空气新鲜，使双方身体舒适。

(3)家具布置简朴，避免空间过分空旷或狭小。

(4)具有保障个人隐私的隔间或单间，防止外人随便进入，具有隔音效果。

2. 时间安排

应该灵活掌握，一般在办公时间，如需要可以安排其他时间，时间安排应该注意：

(1)每次会谈时间40~50分钟为宜，最好在工作时间。

(2)不同案主的会谈时间应该有15分钟的间隔，使工作者有片刻休息，也使案主对机构的保密有安全感。

(3)每次会谈中应该设法安排两至三次较为轻松的话题，以缓和会谈气氛。

(4)会谈后，预留部分时间记录会谈的一些细节内容。

(五)会谈技术

1. 表达技术

包括语言表达、非语言的身体表达和心理表达。

身体表达：

(1)面部表情要轻松，不皱眉。

(2)眼神与案主接触时，不要逼视案主。

(3)保持令双方舒适的距离，二人斜坐或正面对坐。

(4)手势要自然、松弛。

(5)身体端正，略微前倾，保持一种关注的态度。

心理表达：

(1)注意倾听案主的用词。

(2)注意观察案主的手势、表情、身体动作、语气、停顿等方面的特征。

(3)发现案主的语言表达和身体表达相互矛盾之处。

语言表达：

(1)多用鼓励案主继续倾诉的语句。

(2)用简短扼要的口语反应，面带微笑，点头等接纳案主所表达的话语。

(3)尽量使用案主能够了解的用语与其沟通。

(4)使自己的语言与身体表达尽量一致。

2. 询问技术

(1)使用开放式的问题：不用是否回答的问题，有 why，how，what 等问题，使案主有思考的余地。如"你和同学相处得怎么样？"

(2)避免诱导性问题：问题本身包含了答案或判断，容易使案主做出不正确的选择。如"你不喜欢和父亲在一起，是吗？"

(3)适当提问进行核对：工作者对案主的陈述进行总结，并反馈给案主，征求案主意见。如"我刚才好像听你说……""我这样理解对不对……？"

(4)避免直接问为什么：why 意味着要求案主对他的行为做出解释。暗含压制和指责，很难让案主接受，因此可以改用"如何？""怎么样？"来代替。如"你为什么逃课？"改为"你如何看待逃课？"。

3. 共感表达技术

社会工作者要真正做到共感的表达可以采取以下步骤：

(1)放下主观的参照标准。

(2)进行有效的观察、聆听和辨别。

(3)尝试以案主的参照标准来看待事物和了解其感受。

(4)将自己认识的感受有效地传递给案主。

4. 安慰技术

就是通过向案主表达同情、关心和了解，减轻案主心中的焦虑与不适。

5. 消除案主矛盾心态的技术

常用的语句有：

(1)"和不相识的人谈论自己内心的事，有时是很不容易的。"

(2)"讨论你的这些内在矛盾心理会有助于你。"

(3)"很高兴听到你以前那种矛盾心理减除了不少，这就是进步和成长。"

6. 沉默引导技术

沉默是在会谈中经常出现的情况。一般时间超过 1 分钟，沉默包括敌意、退缩、迷茫等很多情况。沉默的形成大部分是案主的原因，也有工作者的原因。工作者对沉默要善于进行引导。

常见的引导语句有：

(1)"你一定有很多话说，不知道你能不能告诉我?"

(2)"烦人的事情总是很难说下去。"

(3)"很难说出你想说的——不是吗? 给我一点暗示，也许我可以帮助你找出一些话来。"

(4)"我想帮助你，我需要知道你目前的想法和感受，让我们试一下好吗?"

(5)"我不知道你为什么不想说，你认为——"

(6)"我只是从旁边帮助你，主要靠你自己的努力，说下去，请说下去，好吗?"

必备知识

会谈中常见情况的处理

一、案主延长会谈时间

可能有两种原因：一是案主害怕会谈的终止；二是案主希望工作者能很快解决问题。

处理：工作者可以直接说："时间到了""我们今天没有时间了""下次见面时再继续讨论"等，如果案主还是依依不舍，可以进一步说："你是否觉得很难离开这里，如果是，我们下次再继续讨论这个问题，好吗?"；如果不行，工作者可以站起来打开会谈室的门。

二、案主早退

原因：案主极度焦虑、不舒服、感到愤怒而希望早点结束会谈。案主觉得比较难堪或觉得工作者无能力处理自己的问题。

处理：工作者要说服案主留下来共同了解案主要求早退的原因。有些案主隐藏其愤怒和焦虑以"无话可谈"或"没有什么事好讲"作为理由，工作者可以这样回答："你好像相当气愤或焦虑，虽然无话可讲，你能不能想一些问题来谈谈?"或"逃避不是一种解决问题的方法，我们不妨谈谈它好吗。"

三、案主迟到

原因：因工作原因无法按时到达；案主习惯性地处理情绪冲突的方式。

处理：工作者与案主共同重新安排适当的时间。

案主会说：我经常迟到，我也不知道是什么原因。工作者不能强迫案主做出解释，而应该加以引导，如"我们双方都注意一下这个问题，同时注意你来之前与你来之后的各种感觉，这样我们就能够获得究竟是怎么一回事的线索。"

四、案主哭泣

有些案主哭泣后，因感到窘迫或担心暴露弱点而向工作者道歉，工作者可以对案主说："哭有什么不好呢?"但不能用身体接触来安慰成人案主，工作者可以选择沉默或说："什么事会让你流泪呢?"

假如案主描述最近或过去的悲痛经历，哭泣的现象是想象得到的，工作者可以说：

"你是不是有想哭的需要？"

有时案主的哭泣达到不能控制的地步，工作者也不能说："你能不能控制一下，你是不是太过分了。"可以说："你好像对——感觉非常强烈。"

有的情况会使工作者无法控制自己的反应，忍不住想哭。这是非常危险的，它可能会使案主因害怕工作者伤心而强行抑制感受的表达，同时，也使工作者放弃了自己的专业地位，而处于朋友的地位。

当工作者不能有效控制自己情绪时，应该向机构寻求帮助。

五、案主向工作者询问私人性的问题

工作者不应该将个人的有关资料提供给案主。如果案主询问工作者的私人问题，工作者要尽量了解案主关心的理由，如好奇、想接近工作者、将工作者当成朋友、想改变话题等。

工作者如果过快或过分热心地提供自己的个人资料，会谈焦点很可能从案主转移到工作者身上。

有时案主问的目的是对工作者的能力产生怀疑，"你是个学生？""你结婚了吗？""你有没有小孩？"这时可以向案主反问："这对你来说是否有所区别？"如果工作者决定回答私人问题，应该简要回答，然后将会谈重点重新转移到案主身上。如果案主对工作者的能力产生怀疑而影响到案主与工作者的关系时，工作者应该让案主知道会谈中最重要的因素是案主的自我了解。

六、说谎

案主不诚实的陈述会使会谈进行异常困难，不利于工作目标的达成。如果工作者对案主的说谎不加理会，案主会产生各种不良感受，如羞耻感、焦虑、愤恨等。当案主说谎时，工作者一方面要接受及尊重案主；另一方面应很有技巧地向案主询问矛盾之处，使案主面对现实，以防止案主继续撒不必要的谎。

同样，工作者也不应该向案主说谎。

七、赠送礼物

当案主要向工作者赠送礼物时，工作者必须了解案主的动机以便决定是否接受。如果案主的动机是企图建立私人关系，工作者应该拒绝接受并详细解释拒绝的理由，可以直接告诉案主机构禁止接受礼物。一般情况下，案主是在双方关系即将结束时赠送礼物，这时，工作者可以接受一些不贵重的小礼物。

八、邀请

案主有时会邀请工作者参加各种特殊的庆典或其他纪念性的场合如结婚、生日聚会等，工作者能否接受，主要看他与案主的专业关系的性质与辅导的目标。在接受之前，双方应该讨论参加该活动的意义及如何向其他人介绍工作者，如果案主不愿意让他人知道真相，工作者不宜接受邀请。

有时一些案主为了发展私人关系或其他目的邀请工作者吃饭、看电影、唱歌等，这时工作者应该抓住时机了解案主的想法，可以问："这究竟是为了什么？"

一般情况下，在会谈开始时案主不会邀请，即使邀请也较容易拒绝，但如果双方关系建立时间较长，则对于邀请就较难处理。

拓展训练

社工小刘在与来访者会谈过程中，了解了服务对象的求助原因，为了更好地帮助张同学，社工小刘与案主进行了深入会谈。

问题：

1. 小刘针对服务对象比较健谈的特点采取哪些会谈技术？
2. 社会工作者在对服务对象开展会谈中有哪些注意事项？

任务五
危机介入

学习目标

1. 掌握个案工作基本程序中的第一个步骤接案内容和方法。
2. 通过与求助者的初步接触，协助求助者明确问题。

工作任务描述

　　小王为学校社会工作者，学校的辅导员刘老师来到了学校社会工作服务中心，说他发现班上有同学有自杀倾向。刘老师非常担忧，希望社工可以介入。

　　问题思考：

1. 危机介入的步骤有哪些？
2. 面对这类案例，社会工作者应该有哪些注意事项？

工作任务分解与实施

一、危机介入的步骤与方法

　　危机介入对工作者提出了更高的要求，要在很短的时间内取得案主的信任，了解案主的主要问题，迅速制定目标并采取有效的行动。所以工作步骤必须各个步骤同时展开：

(一)了解主要问题

　　了解问题应该采用开放式问题：有助于引导案主叙述自己面临的问题和困难。

　　集中了解案主最近的生活状况：

　　人际关系：婚姻状况、与同性与异性的关系、对配偶的看法、与家人朋友的关系。

　　长辈方面：父母对案主的态度、父母的关系、案主对父母的看法，祖父母或其他长辈、老师对案主的态度。

　　工作与学业：工作历史、工作状况和成就感、学业成绩、与同事、领导的关系。

　　背景资料：成长过程中发生的意外、特殊事件、分离、疾病等，均会影响案主对危机的态度。

　　认知功能：案主的思考能力包括解决问题的方法、叙述问题时是否一致、对事件的评述是否合乎逻辑、对工作者提问的理解能力。

冲动控制力：理解案主对情绪的控制力对于评估一度愤怒或情绪低落的人是否会做出暴力行为帮助极大。可以从案主的背景、历史和他对事件的看法中洞悉其冲动控制力。

(二)迅速做出危险性判断

1. 危险性判断

指危机的危险程度，即案主对他人、自我的生命及社会环境采取破坏行为的可能性。可能性高，危险程度大。工作者应迅速做出危险性判断，对危险性程度较高的案主相应延长会谈时间，给予更多情绪支持，必要时要直接向案主的家人或医院寻求帮助。

2. 危险性判断可以根据以下三方面的信息做出

案主的陈述："不如死了算了""要死大家一起死""我肯定不会放过他"，说明案主已经有了采取破坏行动的念头。

案主的非言语姿态：有时案主把自己的想法深藏于心底，可以从眼神、语气、表情等姿态中看出。

以往的经验：案主如果曾经有过危险性行为，再次采取该行为的可能性更大。

(三)稳定案主情绪，获得案主信任

案主情绪稳定是危机处理模式能否成功的关键。稳定案主情绪的主要目标是：消除案主的无助感、焦虑感及容易冲动的情绪状态，力求获得案主的信任。

工作者稳定案主的情绪时要注意：

(1)案主可能多次尝试解决危机，因为失败而气馁，会认为工作者帮不了他。

(2)要对案主的情绪、自我价值特别敏感和注意，并且以同感、聆听等技术处理案主情绪。

(3)明了案主的期望，尤其是对工作者性别、年龄、形象、知识等方面的要求。

(4)向案主保证会尝试跟他一起解决问题。

(5)工作者应该就案主的需要及本身的专业知识说出有意义的话，并且简明易懂。

(四)协助案主解决当前的问题

分析危机，确定危机发生的主要原因：原因可能有：单一原因，多重原因。

案主对原因的解释也因人而异：清楚原因，但缺乏解决的办法，分不清哪些是主要原因，没有对原因进行分析过，简单归为"运气差""命不好"等。

(1)工作者与案主一起分析原因，有三种分析方法：启发式、协商式、权威式。

(2)寻找解决危机的办法：与案主一起寻找方法，工作者应该协助案主。

(3)详细列出所有可能的解决方案；进行方案筛选；确定几种方案的先后顺序；简述工作计划，增强案主的希望和自信心。

(4)根据情况制订详细计划。

二、危机介入的原则

工作开始阶段，以集中解决案主迫切需要解决的问题，消除案主当前危机状态为首要目标。但要使案主的问题得到根本解决，必须制订详细实施计划，通常在案主情绪基本稳定情况下，就可以考虑制订详细计划以指导以后的工作，制订详细计划要坚持以下

原则。

(一)案主积极参与的原则

否则可能造成案主的依赖感，会增加案主的无助感。如果案主不愿参与，也不可强迫，向案主说明、解释计划的重要性后让案主自己作出决定。

(二)以解决当前紧迫问题为首要目标

首先考虑消除案主的危机状态。

(三)计划要具体，有可操作性

明确每一步人员分工、时间安排、联系方式等，可以增强案主的自信心，提高案主参与的积极性。

(四)尽早寻求关系人的帮助

关系人参与的越早，越有可能尽快了解事情的真相促进问题的解决。如果案主不愿意，工作者应该根据案主的情绪反应状况决定是否进一步做说服工作。

(五)计划执行的检查

确保案主能够按计划行动。另外，询问案主在每次行动中的感受并加以帮助和引导，也会有助于计划的完成。

(六)总结

在目标达成后，工作者应该协助案主进行经验的总结，包括：案主对危机的看法、取得的经验和教训、如何防止类似危机的再次发生、个人需要改善的地方有哪些、案主对工作者的看法和意见等。

必备知识

一、历史发展

1943 年 Linderman 对美国波士顿火灾难民及死亡家属是适应研究，他发现：在每个人的一生中，一定会遇到他觉得危险的情况而产生情绪危机，并且每个人都需要一段时间去接受和适应这个情况。

1946 年 Linderman 和 Caplan 在有关社区精神健康问题的研究中，提出了"危机调适"概念，他们认为，压力、紧张、情绪的调节与危机有很大关系。

后来，Caplan 继续从事精神疾病的预防性研究，并强调社区支持网络对精神疾病预防的重要性，Caplan 被称为"现代危机之父"。

20 世纪 40 年代美国军事精神医学开始兴起，重要研究作战军人的危机状态与适应方式。20 世纪 50 年代心理学家 Farberow 和 Shneimas 开始了预防自杀的研究，并与一批医务工作者成立了一所危机中心，倡导预防自杀运动；60 年代初，美国开始了精神健康运动，并推行社区精神健康计划。1974 年，美国联邦灾害救济法将危机调适模式与咨询协助列为应该提供的社会服务与心理治疗项目，危机调适模式成为重要的辅导或解决问题的方法，并逐步推广成为个案工作的重要模式之一。

二、基本概念

1. 危机

指一个人在正常生活过程中突然出现了意想不到的危险事件，带来个人无法克服的困难，可能导致个人身心混乱的一种状态。

2. 危机调适

是指对危机状态下的个人、家庭或团体提供一种短期治疗或调适的过程。

3. 危机调适模式

是以危机调适作为重要工作方法的社会工作模式，它是一种短期的简略治疗模式。

Caplan 将危机调适模式的重要观点概括为：

(1)每一个个人、群体或组织在其发展过程中都会有危机出现。

(2)危机主要是由一些事变所导致的问题或一系列困难所引发的。

(3)这些事变有的可以预料如结婚、青春期成长、搬迁等，有的不可以预料如火灾、地震等，它们给案主带来压力和紧张。

(4)个人无法解决事变所导致问题或困难时，危机就会出现。

(5)问题或困难持续得不到解决，会导致个人、群体或组织的负面反应和结果。

(一)危机调适的目标

分为两个层次：初级目标：又叫基本目标，即避免危难的发生，具体包括：减轻案主生理和心理的不适感，如紧张、焦虑、抑郁等；帮助案主恢复到危机前的状态，甚至比以前更好；协助案主自己了解危机的原因；协助家庭及社区支持案主。终极目标：指危机调适所达到的理想目标。包括：协助案主进一步了解现在危机状态和曾经经历过的危机、冲突之间的联系；案主能够开始一种全新的思考及处理危机的方式。

(二)危机调适的原则

1. 及时接案与处理

危机是一种由危机、转机和有限时间构成的混合体。为避免案主受到危机的伤害、避免建设性转机的错过，必须及时处理。

2. 有限的目标：基本目标是避免危难发生，解决案主目前最关心的问题。

3. 输入希望：感到没有希望，所以必须输入希望。

4. 提供支持：利用案主的人际资源如父母、子女、朋友、同事等为案主提供支持，使案主能发挥潜能渡过难关。但支持要适度，否则会削弱案主的自我独立与自尊。

5. 自我印象：案主来求助时，通常会伴随内心的焦虑、不安及自我尊重感缺乏等，社会工作者要善于了解案主的这种自我印象，协助其恢复自信，才能解决其危机。

6. 自我独立：该模式的整个过程，社会工作者必须随时注意培养案主的独立生活能力，尽量减少案主的依赖感。

(三)危机的种类

1. 成长危机

Erikson 认为，在人的一生中，每一个成长阶段都可能出现该阶段特有的危机：

婴儿期：缺乏适当的照顾、被抚养者拒绝、疾病等。

幼儿期：入学、学习问题、与父母、老师、小朋友有冲突、疾病、搬迁。

儿童期：学习问题、与父母、老师、小朋友有冲突、转学。

青少年期：青春期、自我寻找、学业前途、朋友关系。

成年初期：择偶、结婚、怀孕、父母亲角色、子女教育、学业、工作。

成年中期：经济、事业、子女问题、疾病、生理衰退、失业、夫妻问题。

成年晚期：与子女冲突 、更年期、退休、疾病、丧偶。

老年期：经济、疾病、朋友死亡、孤独感、人际关系减弱。

情境危机：是指案主外在情境变化所引起的危机，常见的有：

自然环境危机：如地震、火灾、水灾等。

社会环境危机：如亲人意外死亡、车祸、受到生命威胁或攻击。

个人危机：如疾病或自杀等。

(四)危机的发展阶段

1. 危机发生

指某一事变突然出现在案主面前，案主体验到紧张和压力，并努力采取措施以消除紧张和压力，当措施无效时，危机发生。

2. 危机应对

危机发生，案主会运用资源去解决问题和困难，以消除危机的影响。

3. 危机解决

有两种方法：

消极退缩：当案主无法解决危机时，可能停止解决，用逃避的方法如自杀、精神失常、性格压抑等方式。

积极过渡：案主能积极面对危机，重新对危机形成新的、客观的看法，采取措施消除紧张和压力，形成新的应变策略，包括行为上的改变，适当运用资源，采取有效的办法等。

危机产生后通常在 4～6 周内，经过紧急治疗处理，一个新的身心平衡状况会出现。心理卫生水平提高、社会功能水平提高、适应能力增强或水平相同，或水平降低，甚至人格解组，家庭失散。

拓展训练

社工小刘接到一起校园自杀个案，面对危机介入，小刘需要作哪些准备？

问题：

1. 危机介入的步骤有哪些？

2. 危机介入中，社会工作者应遵循哪些原则？

任务六

个案记录

学习目标

1. 掌握个案工作中个案记录的方法。

2. 能够熟练进行个案工作记录，了解个案记录中必备的内容。可以独立进行个案记录。

工作任务描述

小王为学校社会工作者，学校的辅导员刘老师来到了学校社会工作服务中心，刘老师向小王反映了班上的张同学近期的一些表现。情绪低落，甚至出现抑郁等现象，可以连续几天不跟同宿舍的人说话，上课时常发呆，注意力不集中，成绩急剧下降。社会工作者经过2个月的跟进服务，张同学有明显好转。

问题思考：

1. 社工小王在服务开展过程中需要如何进行个案记录？

2. 社会工作者小王在进行个案记录中应包括哪些内容？

工作任务分解与实施

一、记录

指社会工作者在工作过程中，采用不同的方法或手段，以专业知识判断为基础，选择适当内容，详细记录与案主有关的资料及工作的过程。

二、记录的必要性和作用

记录在个案工作中起着非常重要的作用，一个好的资深的工作者常常在记录上花很多时间，平均占工作时间的10％～30％。

1. 作用

（1）促进工作者思考、提高工作成效。记录有助于记下新的发现和想法，也有助于工作者对工作过程的反思、总结经验、发现不足，有利于以后工作的顺利开展。

(2)有利于服务的持续。同时对多个人进行帮助，容易遗忘，记录帮助记忆；同时如果需要转介或转案，也为其他工作者提供资料。

(3)有利于正确地诊断。对案主的诊断必须依据详细的记录资料，尤其当案主情况复杂时，如果没有记录有可能做出错误的诊断。

(4)有利于督导。对工作者本人的工作方法、内容进行指导；对工作者的工作进行评估；对工作者进行培训和指导，记录成为其依据。

(5)有利于检验服务计划和目标；记录是计划和目标完成情况的依据。

(6)促进和案主的有效沟通，维持良好的专业关系。认真记录使案主认同工作者的态度，提高对工作者的信心，记录是双方沟通的工具，看记录后案主能够更放心地倾吐心中秘密，记录会使案主进行思考，配合工作并承担一定的责任，修正工作中的错误理解和看法。

三、记录的方法和原则

1. 方法

文字记录、录音记录和录像记录。以文字记录为主要手段和方法。在实际工作中，录音和录像记录是文字记录的辅助手段。

2. 基本原则

(1)记录案主完整的基本资料。

(2)会谈后记录为主。

(3)有选择地记录；客观事实性的有助于诊断的内容事件。

(4)简明扼要。

(5)记录基本要件：时间、地点、人名、机构名称、工作者签名。

(6)撰写会谈评价和服务计划，每项记录后撰写对本次会谈的评价：工作中的主要感受，未来采取的措施与努力方向，下次的工作内容。

(7)进行摘要。每阶段结束后，应该对该阶段的工作做摘要，以方便以后的查阅和资料分析。摘要有诊断摘要、计划摘要、服务过程摘要和评估摘要。

(8)注意资料保密。

必备知识

记录的主要形式

一、叙述记录

又称过程记录，是常用的一种记录方法，主要用于某些特殊的情境。必须要详细记录所有的资料以使工作者或者督导能够对该情境做出诊断、评估。工作者和案主的互动过程，对于刚刚从事社会工作的专业人员，叙述记录有助于提高工作者的能力。

叙述记录的内容：

(1)基本资料：时间、地点、参加人姓名及第几次会谈、会谈目的。

(2)会谈内容可以用对话式、也可以用概述总结式。

（3）双方的任何语言或非语言行为的描述。

（4）工作者对会谈内容的感受、观察及分析。

（5）会谈摘要。

（6）下次计划的开展及主要内容。

二、问题取向记录

目的是使记录易于阅读和理解，用 S、O、A、P 的方式来撰写，记录的内容包括：

S——主观因素，即案主对自己所处状况的看法，包括认为问题在哪里，哪些因素造成的，最迫切需要在哪里。

O——客观因素，指客观的事实和案主周围的环境。

A——诊断，分析案主问题的真正原因。

P——计划，协助案主处理问题的方式和步骤等。

三、摘要记录

一般是按明确的大纲与标题将各种资料组织起来，表达工作者对某一工作内容的基本观点或看法。有几种形式：

1. 接案摘要

主要阐明案主到机构的根本原因、现有问题的本质和案主对机构的要求。一般在第一次接触或会谈之后采用，工作者不可能也没有必要对案主的情况做全面而详细的了解。

2. 转案和结案摘要

此时，工作者要对以前的工作情况进行总结式摘要，同时还应该包括案主的反应以及对案主未来的建议。

3. 联合摘要

针对案主在长时间的接触后没有发生大的改变，此时工作者应该将这段时间的工作内容联合起来进行一个简短的摘要，并分析原因、提出未来促进案主改变的计划。

4. 阶段摘要

指个案工作程序开展的每一阶段完成后进行的摘要。包括对该阶段的工作情况的总结和下一步发展计划。

拓展训练

社工小刘针对一起校园危机介入案例。进行了跟进服务，目前案主已经放弃自杀想法，投入正常工作，社会工作者小刘为了保持个案的信息完整，进行了个案记录。

问题：

1. 个案记录的方式有哪些？

2. 个案记录有什么作用？

项目五　结案与评估

内容导航

　　结案和评估是个案工作的最后一个环节。一般情况下，在案主的问题得到了解决的情况下，或者案情满足其他需要结束工作关系的条件时，个案工作就将进入结案阶段。本项目将重点探讨我们和案主的工作关系在哪些情境下需要解除以及在结案阶段案主所可能产生的情绪反应及工作者的合理处理方式。同时，本部分还将探讨结案工作者仍需进行的工作，包括对个案的评估及跟踪等。

任务一
解除工作关系

学习目标

1. 了解结案的类型，了解结案应具有的指标和条件。
2. 能根据社会工作的专业伦理判断是否可以结案。

工作任务描述

王小朋友今年 7 岁，生活在单亲家庭中。他的妈妈犯盗窃罪被判刑半年，由你机构负责为王小朋友提供安置服务。现在半年已到，王小朋友的妈妈刑满释放。

问题思考：
王小朋友的个案现在是否可以结案？

工作任务分解与实施

一、结案种类的认知

个案工作不是一个永久的过程，社工与案主的工作关系在一个合适的时间要选择结束，此时进入个案辅导的结案阶段。结案阶段通常是事先计划好的，在个案开始的阶段就已经设定了结案。这个阶段是助人过程加以综合整理的过程，帮助案主在结案后能将辅导过程中所获得的信息和经验成为生活的正能量。结案以后，案主恢复原有的功能，增强个人的能力，并能自己应对此后类似的个人问题。或者结案以后，案主被转介给另外一个更加适合他问题解决的工作者或机构，以使案主的福利得到进一步的满足。

当满足以下几种关系的时候，专业工作关系可以解除。

(1)工作者和案主都觉得目标已经达到，并且案主没有其他的需要。

这是个案辅导中最为常态的一种情况。

(2)服务目标没有达成，但双方都认为案主离开工作者后有能力解决自己的问题。

案主在接受服务过程中，不断地与工作者讨论自己的问题，在这个过程中，他对自己的问题的产生和发展不再混沌，能理清头绪，思考问题的能力得到提升。在这种情况下，虽然案主的问题可能尚未得到全部解决，但是案主已经很清楚自己的问题所在，也找到了解决问题的方法，并相信依靠其自身的力量足以解决问题，这个时候，也可以选择结案。

（3）工作者和案主的专业关系不和谐，双方无法进一步开展辅导工作。

在有的情况下，工作者和案主双方都觉得在服务过程中始终无法建立良好的信任的工作关系，案主无法进入工作状态中，这个时候，应当选择结案，或者将案主转介给其他工作者。

（4）工作者感到在辅导过程中，案主出现了一些新的需要和问题，这些问题并不属于工作者的工作范围，或工作者无法提供此类的服务，需要其他的工作者继续为案主提供服务的必须转介。

社会工作者将应当相信，一个社工不可能解决案主所面临的所有问题，当案主出现的问题的确不属于社工所在机构的服务范围，或超过社工个人的工作能力时，社工应当考虑将案主转介给更合适的社工或其他的机构。比如辅导中发现案主存在严重的心理疾病，需要将其转介精神科医生。

（5）其他不可测力导致社工必须结束工作关系。

这种情况的出现常常是因为某些不可测的原因导致工作者或案主的一方要离开原地而使原来的工作关系无法继续，比如说搬家。在儿童青少年社会工作中，一旦儿童青少年的父母发生搬家，往往就导致个案工作关系不得不结束。又如社会工作者离职或调任至其他社工机构服务。

结案分为有计划的结案和计划外结案两种。通常是有计划的，这个时候案主的情绪会比较稳定。少数特殊情况下会存在计划外的结案，没有心理准备下的结案会带来情绪波动问题。但如果是短期的处遇，专业关系还不深厚，结案情绪可能尚不明显。比如医院急诊社工接了一位企图自杀的案主，前后处理两个钟头后，病人出院，医院社工不需要再提供后续服务，也就是突然结案不太会有明显的情绪。

二、结案指标的认知

结案前，社工应就案主情况审慎研判，事先与案主和其家人商议，做好心理准备。如果要结案通常需要评估是否存在以下情形。

（1）案主的主要问题已经解决；

（2）问题的解决告一段落，案主或其家人有能力自行解决；

（3）所余问题非本机构服务范围，应由其他机构提供协助且已经安排妥当（填写转介单）；

（4）除以上情形外，如需结案，社工应当请示督导或机构主任。这些例外的情形包括案主等拒绝联系机构，案主失联超过 3 个月，案主死亡，案主已由相关资源接手并担任个案管理角色等。

三、任务解决

前述王小朋友案例中，应按照结案指标逐一评估。如果王小朋友的妈妈出狱后认为自己可以完全承担抚养孩子的责任，无须机构继续安置，则应当结束个案。如果王小朋友的妈妈认为自己刚出狱，自己生活无着落拒绝接孩子回家，则此个案暂时不能结案。

必备知识

结案的指标，详见前文。

拓展训练

宋同学是你的案主，原计划提供 5 次会谈辅导，每周一次。第二次会谈后，宋同学全家搬家至 100 千米外的另一城市。

请问此时是否可以结案？

任务二
结案时服务对象反应及处理

学习目标

1. 了解结案时服务对象常见的情绪反应。
2. 能处理结案时服务对象常见的情绪反应。

工作任务描述

陈先生出狱后因为没有工作生活困难，你机构负责为其提供服务。听到社工说即将结案后，陈先生情绪激动，高声责备社工是骗子，除了浪费他的时间什么都不会，并扬言说还不如继续待在监狱里。

问题思考：
(1)陈先生现在发生了什么反应？
(2)社工应该如何处理陈先生的这个反应。

工作任务分解与实施

一、了解案主结案时的正向反应

个案工作不是一个永久的过程，社工与案主的工作关系在一个合适的时间要选择结束。如同母婴依恋一样，社工与案主互动中，有时候也会产生情感的依附，当社工与案主发展为伙伴关系时，双方都满意又骄傲。案主满意于问题的解决和能力的提升，社工则对案主的改变和自己的助人技巧感到欣慰。其他的正向反应有成就感、成熟感、良好的助人经验、充满信心等。社工们通常都有强烈的正向经验，对案主和对自己都感到满意，鲜有负面的反应出现。

二、了解案主结案时的负向反应

结案过程中，案主容易出现以下几种情绪心理反应。

1. 案主矛盾的心理

一方面，案主为自己的问题得到解决或者自己的能力得到提升而高兴，另一方面，因为要结束一个可以信赖的工作关系而感到难过，也对将来自己能否独立面对问题感到信心不足和焦虑。案主出现比较矛盾、焦虑，或者愤怒、沮丧等心情。

2. 案主的行为退化

有些案主面临结案时，表现出行为的退化，一些原来已经解决的情绪和行为问题再次出现。儿童、老人都有可能出现这种情况，这很可能是因为案主拒绝结案，希望以这种消极的方式挽留自己信任的社工不要离开自己，或者因为失落而忘记了已经取得的辅导效果。

3. 否认结束或者拒绝接受结束的提议

虽然社工必须始终坚持我们和案主的关系是专业的关系，但是站在案主的角度上，他可能不是那么想，当案主发生了移情（如案主要求和社工成为朋友），则这种情况将会加剧，案主对社工的依赖加深。这将使得案主变得不那么愿意结束结案，从而选择拒绝或拖延结案。这个时候，案主可能会声称他们的能力没有得到增长，不能独立面对问题。很多情况下，他们会变得愤怒、悲伤，甚至指责社工不负责任，对他弃之不顾。有时案主会故意制造突发事件给社工难堪，以便社工收回结案的决定。

表：案主对结案的反应与因应方式

案主的反应	案主的因应方式
假装还没有要结束	企图否认
回到早先的行为状态或制造新的问题	借着制造新问题，来试图控制社工和结束的情境
冲动地说社工错了，因为他还没有好到可以自己处理问题	直接对社工这表达被抛弃的感觉和愤怒的情绪
双方关系冻结，不让社工有离开或结束的借口	以逃避、缺席等方式，间接地表达其愤怒

三、处理离别情绪的方法

当我们了解到案主面对结案所表现的心理后，社工应当对这些矛盾的心理进行处理，以帮助案主顺利面对结案，下面的工作有助于处理离别情绪。

1. 提前告知

工作者根据服务的进程对结案的时间有个大概的把握，一旦确定，就应该提前告知案主结案的时间，以便让案主有充分的思想准备，避免案主在毫无思想准备的情况下结案，导致前功尽弃。工作者可以用这样的话：还有两次的会谈，我们就会结束这样的工作关系，你要作好结束的心理准备。

2. 巩固案主在辅导过程中的改变和进步

帮助案主回顾个案的全过程，从经验中肯定案主日后处理问题的能力和适应生活的能力，巩固案主已经获得的成就，增强结案后案主面对自己的问题的信心。

工作者可以用这样的问题询问和启发案主：

——你能回忆一下自从我们在一起会谈以来你的变化吗？

——你觉得哪些方面你有变化？比如你对问题的处理方式？

——今后你仍需要做些什么来巩固你的进步？

3.进一步探讨影响问题解决的因素

为案主结案之后独立面对问题做好准备。进一步讨论对案主有影响的影响，有助于协助案主更深刻地认识到离开社工之后要面对的环境，对未来有更多的把握和信心。

社工可以启发案主说：

——今后你认为会有什么因素影响你已经取得的进步？

——你想好有什么应对的策略和方法吗？

4.鼓励案主表达离别情绪

社工要鼓励案主适时表达离别时的情绪，以便社工准确判断案主的状况。

四、任务解决

(1)前述案例中，陈先生很有可能发生了离别情绪。社工需要把握这个时候陈先生的愤怒有可能出于对个案关系即将结束的焦虑。

(2)针对陈先生的反应，社工应按照"工作任务分解与实施"的内容，循序渐进地和陈先生讨论结案的问题。

必备知识

1.离别情绪，详见前文。

2.Dorfman(1996)提出的协助案主准备结案时的迹象参考：

(1)所有之前的约定目标都达成。

(2)协助案主表达他们的感受，不论是正向的还是负向的。

(3)服务结果显示所有的时间和精力都是值得的，社工者要特别指出好的成果。

(4)案主问题解决能力提高。

(5)案主更了解自己的行为和动机，也更知道如何讨论和观察自己。

(6)案主感受到自己的成长和信心。

(7)案主觉得自己有价值且受人尊敬。

(8)如果需要，发展一个维持成果的计划。

(9)做整体的服务成效评估。

拓展训练

谢女士是机构的社工，她有长期被丈夫拘禁和殴打的历史，在接受服务期间，谢女士变得开朗起来。在听到社工说这是倒数第二次会谈后，谢女士离开了服务机构，她给机构打了一个电话，但电话里却一句话也没有说。

请问：

(1)谢女士现在有哪些离别情绪？

(2)社工针对这些情绪应当如何处遇？

任务三

结案记录

学习目标

1. 掌握个案记录的目的，记录的类型，记录的方式。
2. 能对个案辅导做清楚的记录。

工作任务描述

　　林太太是医院社会工作的案主，她非常担心住院期间她孩子的照顾问题，为此社会工作者提供了服务。

　　请以 PAP 方式将林太太的个案辅导记录下来。

工作任务分解与实施

一、个案记录的形式认知

　　个案记录通常指文字记录，是工作者以专业知识为判断基础，对与案主互动过程中的有关情况进行条理性文字记录的活动。

　　实施个案工作的记录者主要是工作者本人，但如果是教学模拟个案或实务个案工作的观察，一般是观察员做记录。工作者做文字记录主要是在会谈之后书写，因为会谈中忙于书写会影响案主的情绪及案主与工作者的互动。一般要求观察者的个案记录要详细，包括工作者与案主说的话、身体语言、环境因素及观察员即时的感受和思考。工作者的个案记录应从专业知识角度出发，加上对访谈内容的归纳、选择和判断。

　　除了文字记录之外，个案记录还有录音记录和录像两种方式。录像记录是通过录像设备，将工作者与案主接触的过程录下来，可以是全程录像，也可以是重点环节的录像。录像记录的优点是可以再现工作过程，有声音、有图像，有利于工作者对自己的会谈技巧和处理方法进行检讨和评估，了解自己的长处和不足，从而提高个案工作的技巧；录像记录也有利于督导员对工作者督导个案工作进行督导，能够有针对性地分析工作者个案处理的得失；录像记录的最大价值是有利于示范教学活动，可以作为教师在讲解、分析有关方法与技巧的极好素材。但是，录像记录也有局限性：一方面，录像记录需要的设备和器材费用较高，资料存放和保管不方便，因此一般情况下，都没有必要做全程的录像记录；另外，录像记录只能保持原始资料，无法做重点提示和归纳摘要。因此，单纯的录像记录是不够的即便做了录像记录，也仍然需要文字记录和配合和补充。

录音记录是通过录音设备，将工作者与案主的谈话录音下来。录音记录的设备虽然比录像设备费用低，但也存在资料不便管理的问题。录音记录的限制比录像大，录音记录只能记录声音，不能记录图像，无法再现工作者与案主的身体语言，而这些信息对个案工作有非常重要的意义。实际的个案工作中，录音记录通常作为文字记录的辅助方式。另外，需要特别说明的是，录像记录和录音方式的运用，牵扯一个专业伦理操守的问题，个案工作要求，除非征得案主同意，工作者不可以录音或录像形式记录与案主的谈话及影像。

与录像记录和录音记录相比，文字记录既简单又抽象，包含了工作者对个案工作过程及对案主谈话内容的诠释和创作，不可能完全地再现原始信息。但是，正是这种创作的空间，给了工作者记录当下内心感受和想法的机会，使得个案记录不是一个简单的再现或重复，而是对访谈原貌的整理和升华，这也正是文字记录的意义所在。

二、个案记录的功能认知

个案记录是个案工作不可缺少的基本环节和要求，也是个案工作的基本技巧。但是，不同的工作者对于记录的认识和重视程度存有很大的差异。缺乏经验的新工作者往往觉得记录是可有可无的工作，仅仅对衡量工作者的工作量有意义，所以，记录经常是只言片语、潦草应付。而资深优秀的工作者则非常重视记录的意义，他们总是在会谈之后，立即将会谈的重要内容记录下来存档，以免事后有其他的工作或事宜的纷扰而影响记录。迈尔斯(Miles)等人的研究指出，资深的工作者平均花在阅读和书写记录上的时间要占他全部工作时间的10%～30%。汉密尔顿(Hamiltom)认为，一个好的记录应该是一个弹性的工具，反映个案的类型、机构的功能及服务的实际情况，好的记录是基于良好的事实报道和良好的思虑。记录的目的包括行政、服务、研究和教学（黄维宪、曾华源等，1996）。许多学者对个案记录的功能和作用进行了不同的阐述，概括起来，个案记录的功能与作用表现在如下方面。

1. 个案记录是工作者执行工作的依据

通常而言，个案工作都不会是一次性的，而是需要工作者与案主多次的会谈互动才能完成，一般的个案都需要持续几周、几个月，进行十几次、几十次会谈，有的个案甚至需要持续几年的时间，需要上百次的会谈。在这么长的时间里，案主会发生很大的变化，会谈的内容也会有很大差异。如何将个案工作每次会谈的内容互相衔接，保证此次会谈是上次会谈的延续，唯一的依据恐怕就是个案记录了，工作者可以从个案记录里看到前次会谈的情况，依次决定该次会谈的计划。

2. 个案记录是工作者进行专业反思的依据

对专业的反思，是个案实务工作者必须要做的事情，只有在实践的基础上进行不断地反思，才能使专业得到发展和进步，才能为案主提供更适切的服务。因此，个案工作者的职责之一，便是根据个案记录，对专业活动进行深入地反思。工作者的专业反思可分为对自己工作的检讨和对个案工作实践专业反思两方面的内容，工作者对自己工作的检讨，就是依据自己的个案记录情况，对自己在会谈中表现出来的价值理念、对案主谈话的回应、对案主情绪的处理以及介入等情况进行总结检查。认真总结自己的工作得失、经验教训，从而确立努力的目标和方向。工作者对专业的反思是指，工作者通过个案工作的实践，对个案工作所规定的专业理念、所运用的理念知识和主要的介入方法进行检验，发现需要改进的部分，从而促进对个案工作的理论发展。

3. 个案记录是机构研讨和督导工作的依据

机构的个案研讨，是个案工作的重要环节，有声望的社会工作服务机构，都非常重视个案研讨工作。一般而言，个案研讨工作从时间安排上看，有固定的个案研讨日，如每周一次、每月一次，或出现了特殊案例时随时讨论。个案研讨的唯一依据就是个案记录，工作者依据个案记录向参加研讨的同事报告个案情况，或印发个案记录，参会者依据其资料发表自己的意见和看法。督导工作是个案工作实务的重要组成部分，也是机构管理的要求，每位工作者都有相应的督导。督导的任务是，阅读个案记录和倾听工作者的陈述，帮助、督导工作的推展。督导制度要求每位督导者都要对工作者的心理状况及其所担任的个案工作进行详细的跟踪和了解，对工作者表现提出具体的意见和要求。由此可见，没有个案记录，督导工作将无从下手。

4. 个案记录是接受转案的机构或工作者工作督导依据

个案工作中经常会有转案的工作。例如，工作者与案主互动了一个阶段后，发现案主有患抑郁症的可能性，需要转介到精神治疗机构，如果将此案主与其个案记录一同转介过去，接案的精神治疗机构就可以依据其个案记录，对案主的情况有详细的了解。再如，因某种特殊原因，工作者不能继续工作的情况是经常发生的，工作者手工没有完结的个案工作需要继续，必须将其转给其他的工作者，转案工作的交接中必须提供个案记录。

5. 个案记录是个案工作评估的依据

作为一项专业的助人活动，个案工作无论是对专业、对案主，还是对机构、对社会都要有交代，因此个案工作评估工作是必不可少的。无论采用什么样的评估方法，个案记录总是重要的参考依据。例如，结案时通过案主自己表达的感受和对自己看法，或工作者通过对案主的观察和感受，评估案主的情况是变好了，还是变化不大，其依据是个案记录中所记载的案主最初的情况及经过工作者帮助以来发生变化的情况。

6. 个案记录可用于教学的案例分析

个案记录的另一个重要的价值和作用是为个案工作教学的案例分析。社会工作是实践性很强的学科，个案工作的教学活动绝不可以仅仅是教师课堂上的讲授，而更多的、更重要的是案例教学及学生模拟以及实际的个案实践。案例教学需要有从实际个案实务工作中得来的个案记录作为案例。因此，个案工作实务中的个案记录非常重要，只有从实践中得来的案例，才是真实的、贴近生活的，才是真正对学生有帮助的。

7. 个案记录可用作有关社会研究的参考

案主们带来的问题是多样且具有社会性的，从案主个别、具体的问题可以透视出深刻的社会问题。社会工作作为一项助人专业、一门应用性科学，其产生和发展的最大动力就是出于对社会问题的回应；而个案工作是一种解决社会问题的微观方法，是以个别的方式，通过工作者与案主的深入互动，帮助具体的个体解决他们的种种困扰和困难。

对社会问题的处理和回应是建立在深入研究的基础之上的，社会研究除了要运用量化的方法，通过规模的问卷方式得出具有统计学意义的数据，从而发现问题；也必须重视质性研究的方法，通过深入访谈，了解研究对象的内心世界，发现问题的深刻原因和行为的内在动力。个案记录是最好的深入访谈的资料，通过对相关类型个案记录的研究，可以获得用其他的研究方法得不到的资料。

三、个案记录的原则认知

原则是对人行为的制约和约束。个案记录原则是指在记录的过程中，记录者必须遵守的基本原则。

1. 资料的完整性

个案记录要求个案记录的资料是完整的、全面的，而不是残缺的、片面的。一般来说，下列内容不可缺少：①基本资料：包括案主个人的背景资料，如案主的姓名、性别、年龄、籍贯、职业、住址、文化程度及特别的特征等；案主家庭的基本资料，如家庭成员的状况、年龄、收入、健康状况、与案主的关系等；个案基本资料，如个案编号、申请日期、个案来源、主要评估内容等；其他关系人或机构的基本资料。这些内容通常用固定的表格填写，不同的机构的表格可能有差异，但基本的内容要求都是不可缺少的。②案主"人在情境"资料：包括案主的生理、心理及社会适应情况，案主的社会支持情况等。③案主"问题情境"资料：包括案主问题的性质、程度、强度、问题的成因、解决问题的阻力和助力等。④工作者的评估、处理及介入情况等。

2. 资料的清晰性

个案记录要求所记载的资料是清晰可读的，而不是混沌不清、难以读解的。个案记录不只是记录者本人的事，而是对工作、对案主的交代，从个案记录的功能分析中我们已经知道，个案记录将有许多的用途，会有许多人分享。因此，必须保持个案记录的清晰。保持个案记录清晰的方法首先是要做到尽量工整地书写，如果可能，打印最好；其次是可以分段，根据谈话内容或谈话中的间歇，将个案记录分成几个段落；再次，要进行简要地归纳。

3. 资料的独特性

虽然个案记录有一定的要求，且有一些固定的表格，但并不是说个案记录都要具有千篇一律的样式。除了填写表格固定的表格，在具体内容的记录中，应体现不同案主及其问题的个性化色彩，也可以体现不同工作者的不同记录风格。在这一点上，任何一家机构都不应扼杀工作者的创造性和艺术性。需要说明的是，这种创造性和艺术性必须是建立在事实的基础之上的，创造和艺术化的是形式，而不是内容，内容就是事实的再现，是案主的相关情况及与工作者的互动情形，这些才是个案工作的真正依据。

4. 资料的真实性

保证记录资料的真实性是个案工作专业伦理的基本要求，工作者必须从实记录下来，不可以随意添枝加叶或歪曲记录，工作者保证所记录的资料是真实可靠的需要三个层面的努力：一是在认知的层面上，要求工作者认同并重视真实性的意义；二是在意志的层面上，持守真实性原则；三是在具体的行为层面上，努力认真把握，真实地记录会谈的有关情况。

5. 资料的保密性

保密性原则是个案工作最重要的原则之一，承诺案主保守秘密是取得案主信任、开展个案工作的基础。保密性原则在个案记录中的体现有两个层面：一是在会谈过程中，工作者无论是做录音记录、录像记录或文字记录，都必须先征得案主同意，向案主说明记录的目的和意义，并承诺案主为所记录的资料保守秘密，如果案主不同意录音或录像，绝不可以背地操作。保密性原则在个案记录中的另一个体现是工作者及机构要妥善保管好案主的个案记录资料，不得随意存放或丢失，阅读个案记录必须经过严格的审批程序，只有符合使用个案资料的人员及目的，方可取卷阅读。个案记录保密性原则的体现，是严肃的专业伦理的操守问题，也是检验工作者专业修养的重要环节。

四、个案记录的要求认知

在遵循如上个案记录基本原则的基础上，如下的要求可作为工作者在具体的个案记录操作中的参考和把握：

1. 以会谈后记录为主

个案会谈是工作者与案主一个特殊的会面，案主通常都是怀着忐忑不安的心情来面见工作者的，需要工作者谨慎、小心地陪伴和带领，才有可能使案主从不良的情绪状态中走向与工作者无拘束、无顾忌地互动。在这个过程中，需要工作者高度投入，如果工作者不是全神贯注地专注于案主的交谈，而是低头写字，这势必会影响工作者了解案主的信息，也会影响案主的表达。另外，案主看到工作者不停地记下自己所说的话，内心难免会担心自己隐私的暴露，产生不安全感。这样就会对整个个案工作的行进带来障碍。因此，工作者应该在会谈中不做记录，或少做记录，更不要低头书写不看案主。文字记录主要应该在会谈之后来做，而且是结束会谈之后马上做记录，以免遗忘会谈的内容。有的工作者会在会谈时尽力征得案主同意进行录音，便于会谈后进行文字整理，这是最好的方法。

2. 符合机构的要求

不同的机构有不同的服务功能，对个案记录的要求也会有不同，工作者应该依据机构的要求撰写个案记录。首先，应严格按照机构印制的个案记录表格认真填写；其次，按照机构要求记录的重点，详细记录相关内容。因不同机构的服务理念的差异，强调的服务着眼点也不一样，因而要求记录的重点也不同。工作者有不同意见可以进行记录，但机构要求的部分尽量保证记录。

3. 正确使用专业术语

为了保证个案工作的专业性质和便于专业间的沟通，工作者在进行个案记录时，应正确使用专业术语，这也是对工作者专业水平的要求。如果专业术语使用错误，不仅会影响工作者的专业形象，影响沟通，给工作带来负面作用，有时也会给案主造成伤害。例如，案主只是对自己要求高一些，想让自己更完美一些，工作者就下诊断为"得了强迫症"。或案主只是对异性工作者印象好些，就被工作者视为"移情"。这样的个案工作对案主的作用是适得其反的。

4. 可以简明扼要

详细地记录个案工作的过程，甚至工作者与案主的每一句话，这固然是好的习惯，但是，对于每天要接待几个案主的工作者来说，这是难以完成的事。因此，除非特别的需要，对个案服务的内容，可以进行简明扼要的记录，但重要的资料不可以省略。对工作者与案主及案主与相关人员的互动情形，不用无遗漏地记录对话，可以用具体的描述性的方式来记录，但一定要避免工作者的主观臆断。记录中需要表达工作者个人的看法、感受及建议的部分，一定要以事实为基础，且不要长篇大论。

五、个案记录的形式与方法

关于个案记录的具体形式与方法，每个服务机构都有自己明确的规定。一般情况下，机构管理的个案案宗包括四部分的内容：个案卡、个案记录、工作者的工作报告及其他资料。其中个案卡、工作者的工作报告及其他资料主要用于机构对个案的管理。而个案记录主要用于专业的分析、回顾、评估及存档之用。下面将对这四部分的内容进行简要的说明。

(一)个案卡

个案卡通常是一个质地较硬、便于管理和检索的卡片。个案卡记录着个案记录卷宗最精简的信息，包括案主的姓名、性别、年龄、职业、籍贯、住址、父母姓名、工作者的姓名、接案和结案日期、个案号码及简短的评估等资料。

个案卡

```
序号
姓　　名_____　年龄_____　　籍　　贯_____
住　　址_____　性　　别_____
父母姓名_____　职　　业_____
评　　估


接案日期_____结案日期_____
　　　　　工作员_____
```

(二)个案记录

在这里，个案记录包括摘要表和个案史两部分内容。

1. 摘要表

摘要表通常是一张与个案史所用纸张大小相等的硬纸，无固定的格式。摘要表上记载的资料有：个案号码、申请日期、案主背景、案主家庭成员背景、案主重要人际关系、个案来源、服务机构名称及记录内容简短摘要等资料。

2. 个案史

个案史就是个案记录的内容。记录个案工作的内容有不同的方法，常用的有过程式记录和摘要式记录。

(1)过程式记录。

过程式记录是指将工作者与案主在会谈过程中的互动内容详细记录下来。按照表达角度的不同，过程记录可分为叙述式记录和脚本式记录两种。

叙述式过程记录是指，记录者或工作者以第一或第三人称的角度，陈述个案会谈的过程。例如：

"在会谈的刚一开始，案主有些紧张，总是低着头，话不多，说话时不看我。我尽量表现出对她的友好和接纳，慢慢引导，渐渐地她的话也多了。当我问她是否记得从什么时候开始不敢当众讲话时，她便滔滔不绝地告诉了我她从小学到高中的经历，她说从小学到高中，她都是被老师表扬的好学生，几乎所有的说话机会都让她自己占了，课堂上老师总是点着她的名让她发言，各种活动中，她总是代表学生发言。可没想到，到了大学，第一次班里的自我介绍，就砸了……她可能对自己要求太高了……"

从如上的例子中可以看到，叙述式的过程记录，可能会因工作者把握上的差异，记录的详细程度有所不同，但是，一般而言，过程记录必须包括有关的基本资料、案主与工作者的谈话内容及身体语言、工作者的感受与反应、工作者的观察和思考等内容。

脚本式过程记录也可以叫作对话式的记录，如同剧本一样，将会谈过程呈现出来，使得记录有立体感，给人以真实的现场感受。脚本式记录更多地用在观摩个案实务中，由观察员进行记录。

对话内容	其他观察	案主/工作者分析	我的感受
张：跟着我们一起生活。			
工：他的处事方式更像谁？		想了解家人对孩子的影响。	
张：像他爸爸。但是，与他爸爸沟通很困难。其实，我爱人非常爱孩子，但是他……	长篇大论。	可能是做教师的职业病，喜欢表达。	说个不停，给人的感觉不舒服。在家里肯定是话多。
工：让黄先生自己说说好吗？		想让黄说话。	黄一直没有开口的原因一是刚才来时的不愉快。但主要原因可能是习惯了他夫人常常代他说话。
黄：（案主黄先生）这孩子也不知怎么个事儿，跟我没感情，我真稀罕他，要啥都给他买。	很重的东北口音。		一个不讲教育艺术的家长，简单行事。
张：是啊！他考上"七一"学校，他爸爸奖励给他1万块钱。	抢话说。		这种做法不合适，高中生支配1万块钱。
黄：可他不愿意和我接近，她妈妈若是不在家，他不和我在一个屋待着，我在这个屋，他就在那个屋，我在那个屋，他就在那个屋，不跟我说话。	工作者面向黄一脸的无奈。	鼓励黄说话，不想让其妻代替说话。	黄不懂如何与儿子相处，他简单地认为，只要我爱儿子，心里对儿子好就是个好父亲，儿子也会明白。但事实却不是这样，这令他很困惑。
张：他们两人难得有时间相处，他爸爸很少和我们一起吃饭，总是在外面喝酒，经常醉醺醺地回来，孩子已经睡了。一有时间在一起他对孩子不是打就是骂，孩子能愿意和他在一起吗？	责怪地不看黄。	对黄经常酗酒非常不满。	可能黄不仅对孩子有暴力行为，而且对其妻子也有暴力行为。夫妻关系可能存在问题，孩子的问题只是问题的一个侧面。

对话内容	其他观察	案主/工作者分析	我的感受
有一次，他爸在家把地拖得很干净，他放学回来不小心踩脏了，他赶紧蹲下来擦，但是，他爸爸还是大骂了他。我就和我爱人吵了起来，为儿子辩护。		心里对丈夫的不满和对儿子的心疼。	张不应该当着孩子的面与丈夫争吵。
工：你责怪你爱人时，你儿子是什么反应？			
张：他特别愤怒地看着他的爸爸。			
工：你刚才说孩子现在在外婆家不肯回来，那他和外婆的感情一定很好吧？			话题转得很快。
张：是的，他和我妈感情很好。我妈妈劝他回家，告诉他我们都很着急，可他就是不回来。		着急孩子不回家。	
工：这一个月他都一直没回家吗？			
张：回来几次拿东西，拿完就走了。这孩子以前比较听话，经常晚上我帮他复习功课(详细地叙述如何帮孩子复习物理、化学、英语、数学等)。		想起孩子的优点。	
工：你爱人打孩子，他外婆是什么态度？	打断案主的说话。	不关心孩子的优点，不关心案主的心情。	对案主缺乏理解。
张：认为不应该打。其实这孩子以前挺好的，有一年他用我们给他的压岁钱，给我们每个人买了一件礼物，以后就没有了。	不停地说。	总想说孩子的优点。	做母亲的心理，特别是孩子一个多月没有回家住了，每天想念孩子的心情可想而知，所以过去儿子的优秀表现都想起来了。
工：孩子出走你们一定很着急，但是这个信息孩子没有感觉到。你们沟通有问题，父与子的信息是通过母亲传递的。你们必须直接向孩子传达你们的关怀。			
张：是的。我爱人脾气不好，经常打他。			
工：他爸爸打他时通常你拉不拉着？		想知道背后夫妇双方教育孩子的态度是否一致。	

续表

对话内容	其他观察	案主/工作者分析	我的感受
张：不拉着。我想我们的态度应该一致。	犹豫了一下后回答工作者。	在为自己找借口。	我肯定不会这样。
工：这次你爱人打他时你在做什么？			
张：我还没起床，在床上躺着。	回答很慢。	有点不好意思。	这个女人可能不勤快。
工：你的小孩从小是谁带大的？		想了解孩子的成长环境。	这个了解很重要。

过程式记录对事情发生的先后顺序能够清楚地陈述，其对实习学生、新进社工的学习也很有帮助。

(2)摘要式记录

摘要式记录一般结构性很强，通过某种方式或角度归纳、组织资料，来表达工作者对某一工作内容的总结、概括及基本观点。摘要资料一般要设定一个标题大纲，将所要陈述的内容放于其中。我们可以把过程式记录理解为是原始资料的记录，而摘要式的记录是记录者对原始资料的分析、总结和归纳。摘要式的记录可分为接案摘要、评估摘要、阶段摘要、转案结案摘要等。

接案摘要：接案摘要是在与案主第一次会谈之后进行，主要阐明案主到机构的根本原因、问题性质及对机构的期望和要求。通常而言，案主向机构求助时，工作者都要与案主实施40分钟左右的接案会谈，了解案主的基本背景、求助动机、问题情景等情况。不同的机构安排的接案会谈人员不同，有的机构专门设置接案人员，接案员与案主会谈后，将接案摘要交付相关的领导或督导主任，督导主任会根据案例的具体情况，选派合适的工作者接受个案。有的机构没有设置专门的接案人员，谁接手谁来做。不管接案的是什么人员，都必须进行接案摘要的记录。

评估摘要：评估摘要是在工作者与案主有了一定的接触，资料收集到了某种程度的时候，需要对案主及其问题情境进行评估，以利决定案主所需要的服务。应该说，评估工作贯穿在整个个案工作的始终。随着与案主互动的深入，不断得到新的资料和认识，就要随时进行评估。因此，评估摘要是经常要做的工作。

阶段摘要：阶段摘要是指对个案工作每一个阶段的工作进行摘要记录。阶段的划分可以时间为标准，如一个月或两个月做一次摘要；也可以工作内容为标准，如收集资料的工作基本完成后或介入工作告一段落后进行总结摘要记录。

转介接案摘要记录：转案工作是经常遇到的，因某种原因，机构或当前负责某一个案的工作者不能继续为案主提供服务了，而案主仍然需要帮助，这就要将个案转介到其他的机构或本机构的其他工作者那里。这时，交付个案的工作者必须对以前的工作情况进行总结式的摘要，将其记录与案主一同交付给转介的机构或本机构的其他工作者。当个案完结时，结案摘要是一定要做的，工作者应该对整个个案工作的过程进行概括性的总结，反思工作的经验教训为以后的工作提供借鉴。

摘要式记录的特点是用最简明的文字做扼要的叙述，通常可先依照重点分类，之后再分段摘要记录。这类记录对工作繁重又人力不足的社工机构而言，常是较能保持服务记录的完成，以及服务结果的呈现。但是社工需要将其服务过程中有关的社工专业概念和理论，融入记录的字里行间，才能让阅读记录者了解其服务过程和成效。

六、摘要式记录格式简介

摘要式记录较常为社工所采用，不论以什么途径成为机构的案主，他们都有一个主要求助的问题，或必须帮助他们的问题。所以，个案记录的最开始都会注明"个案来源"，以及"转介原因"或"求助原因"。以下是常用的问题导向式（PAP）摘要式记录格式。

> 基本资料：
> 问题编号和项目：
> 转介来源或事由：
> 家系图或生态图：
> P（Problem）：问题陈述。
> A（Assessment）：心理暨社会诊断（需求分析）。
> P（Plan）：计划与处遇。

这种记录简洁明确，容易掌握重点。接案后，每一次接触，只要记上日期，再一次按 PAP 记录的概念推进。然后如果每隔一段时间（3 或 6 个月）还没有接案，则汇总一次，进行归纳。随时可以提供机构评估。

七、问题解决

> 姓名：林太太　　　　　　　　年龄：32 岁
> 转介来源：妇产科护士陈某某　　日期：2015 年 5 月 20 日
> 病情资料：子宫切除　　　　　　住院：2015 年 5 月 18 日
> 问题陈述：案主生病住院期间孩子的照顾问题。
> 　案主表示，目前在白天商请一位隔壁邻居暂时照顾 2 岁的女儿，晚上则由其丈夫和临时保姆照顾，但他们夫妻对白天的安排不放心。而案主至少还要住院 5 天，且出院后至少三个星期内家务需要帮手。
> 　诊断分析：案主的疾病适应良好，唯对孩子的照顾问题担心。虽然目前有邻居的资源可以用，只可视为暂时，还需要更适当和满意的安排。案主有沟通能力，且应该是一个非常关心孩子的母亲。她和先生关系良好，先生于工作之余愿意分担照顾之责，但也无法长期固定照顾。林家对社区有关的照顾资源并不知道。
> 　计划与处遇：从社区照顾资源中找出几项可以帮助案家的服务，与案主夫妇立即讨论往后三个星期可行的方式，一起拟定计划，并将林先生亦需考虑在照顾计划中。

必备知识

问题导向式（PAP）摘要式记录格式，详见前文。

拓展训练

1. 在同学中，两两做辅导，将会谈内容按照问题导向式（PAP）摘要式记录格式进行记录。

2. 记录下自己 1 个月的财务花销开支。

任务四
结案评估

学习目标

1. 了解个案评估的种类，了解个案评估的原则，了解个案评估的方法。
2. 能使用个案评估方法进行个案评估。

工作任务描述

女生张同学因为童年经历的原因，对男生存在恐惧感，在班级中从来不和男生说一句话。大三时，有位男生向其表白，希望和张同学交往，这使张同学非常紧张，以至于夜不能寐。社会工作者对其进行了情绪辅导。

问题思考：

辅导结束后，如何评估情绪辅导的成效。

工作任务分解与实施

评估是指对案主提供的服务的效果和效率进行评定。对工作者而言，要评估哪些工作目标实现了，哪些没有实现以及实现的程度。对案主而言，要评估案主的改变状况，包括哪些方面得到了改善或没有得到改善以及改善的程度。对机构而言，要评估服务介入的成本投入，包括服务介入的人员、时间、经费以及其他资源。

总结评估应注意的以下三个方面，一是要注意让案主参与，二是要坚持为案主保密，三是工作者要透明、坦诚。

一、评估的意义认知

个案工作评估是指工作者(机构)对个案工作目标和计划的设计、互动中工作者与案主的表现、案主的问题情境及个人功能、相关的个人及社会资源、计划实施的效果和效率等进行的评定。

根据上述对个案工作评估的界定，我们对个案工作评估应有下列理解和把握。

1. 个案工作评估的内容是广泛的

个案工作评估不仅是对个案工作目标、计划及结果的评估，也包括对案主的功能及问题情境、工作者的表现、相关的社会资源的评估。

2. 个案工作评估的手段是多样的

个案工作内容的广泛性决定了个案工作评估必须运用多种手段收集资料。会谈本身就是一种资料的收集，在会谈中，工作者通过倾听社工、观察案主，获取与案主相关的信息资料。个案工作结束时，也可以通过深入探访的方法，与案主进行描述性的谈话，让案主对自己的状况进行自我评估。除此之外，工作者还需要设计相关的问卷，通过向案主及相关人员发放问卷、回收问卷，获取相关资料。

3. 个案工作评估是持续性的

个案工作评估贯穿在个案工作的始终，例如，在个案工作初期，工作者通过与案主的互动、沟通，了解到大量的关于案主问题的相关资料，就要及时地对这些资料进行分析、归纳和评估；在个案工作进行的过程中，随着案主与工作者互动的加深，案主对工作者信任度的增强，以及工作者其他工作(如访视工作等)的展开，会不断有新发现、新认识，需要重新评定一些事实或问题；在个案工作终结时，要对整个个案工作进行整体的评估。

4. 个案工作评估渗透了专业判断

个案工作评估体现了一次又一次的专业评判和决策，如决定见谁、收集什么资料、如何介入等。作为专业判断，评估不可避免地会带有主观色彩。因此，作为工作者，要有自己的警醒，一方面要认识到专业判断不等于自己就是独一无二的专家、权威，要避免自己的主观性主宰了一切；另一方面要认识到，专业判断与决策一定要以事实为依据。

5. 个案工作评估需要案主的参与

个案工作评估不只是工作者和机构的事情，如上所述，工作者不可以假定自己就是解决问题、进行专业判断的独一无二的专家权威。个案工作评估必须要有案主的参与，尤其是个案工作初期和阶段性的评估，必须在工作者与案主的互动中实现，没有案主的参与，工作者的评估便成为无源之水、无据之论，成为工作者的主观臆断，这样的评估是毫无意义的。个案工作的整体评估也必须有案主的参与，只有案主自己才最清楚自己发生的改变。

二、评估的功能认知

评估内容的广泛性决定了个案工作评估具有多样化的功能：

1. 决定工作方向

虽然个案工作有明确的目标，即帮助案主解决面对的困难或问题、提升适应能力、挖掘生命的潜能，趋向自我实现。但面对每个具体案主时，工作者还需要通过深入的了解和准确的评估，才可摸索着带领案主朝向具体的目标前进。在这个过程中，不断而准确的评估是非常重要的，也是必不可少的。没有对相关资料不断地了解再了解、评估再评估，个案工作很难保持沿着对案主有利的方向发展。

2. 反馈调整办法

评估是对个案工作中所实施办法的评定和检验，通过评估，我们将知道什么样的方法是好的，是应该坚持的。评估的结果也会告诉我们什么样的方法是需要调整和改进的。只有通过对个案工作过程中相关问题、情况及回应方法的不断评估，才会不断地反馈信息，使工作的失误降到最低点。

3. 激发工作者热情

对工作者工作表现的评估，可以激发工作者的工作热情，激励工作者更关注案主，更投入地工作。个案工作是通过工作者与个别案主之间深入的互动和了解，对案主的困难和问题作出恰当的解决。在这里，工作者的投入状态和程度是一个软性的指标，无法量化地进行数字化的要求，只有通过激发工作者的内在动力，培养其工作热情，才能充分地调动工作者的积极性，挖掘工作者的潜能。通过对工作者工作表现的评估，及时对工作者的努力做出肯定和赞扬，有利于调动工作者的积极性，激发其工作热情。

4. 对相关方面交代

从制度层面上讲，个案工作作为一项专业服务，需要多方力量的支撑：社会及政府支持、专业授权、案主需求等，因此，个案工作必须对有关各方作出交代。首先，个案工作必须对案主有所交代。通过评估，案主能够随时知道或了解自己面对问题的真实情况、共商的策略是否已有效地付诸实施、问题是否解决及解决的程度、确定的目标是否实现以及自己的需要是否得到了满足。其次，个案工作需要对社会有所交代。社会个案工作是得到社会及政府的认可和大量资助的专业，它有责任对社会交代，证明自己在多大的程度上实现了专业目标和发挥了功效。通过个案工作评估，个案工作者要向财政来源、社会服务机构及向全社会表明社会个案工作的作用和社会功能（秦炳杰等，2002）。再次，个案工作评估也是对社会工作专业本身的交代。作为一项助人专业，我们需要确定介入与结果之间的关系，确定社会个案工作的理论、方法及工作者的操作实施是否具有功效。

5. 促进专业发展

个案工作评估的一个重要功能，便是促进专业的发展。虽然社会工作发展到今天已经具有一百多年的历史，但是，按照弗莱克斯纳、林德曼和格林伍德关于专业的标准，无论是业内还是业外人士，都还一致认为社会工作是一个处于发展中的专业，其专业化程度远不如医疗、法律等成熟专业（孙立亚，1999）。在社会工作专业方法当中，个案工作起源最早、专业化程度比小组工作和社区工作高，但是，仍然是处于不断发展和完善之中的。因为，人的需要是不断发展变化的，这也正是社会工作作为一种人文科学不同于自然科学那样精确不变之处。个案工作或社会工作这种专业的发展是需要专业评估来引路导航的，只有通过经常不断的专业评估，才能检验个案工作理论知识的正确性，不断促进个案工作的理论知识趋于完善；只有通过不断地专业评估，才能了解案主的实际需要，使专业服务更能满足案主意愿，得到社会的认可。

三、评估的种类认知

按照不同的标准或角度对评估进行分类，会得出不同的结果，例如，依据评估的内容，可以把个案工作评估分成问题（性质、程度）评估、阻力评估、动力评估、介入方案评估、介入效果评估等；如果仅从评估的效果角度看，个案工作评估可分为问题解决程度评估、案主改变程度评估和案主能力提升评估等。这里，我们从个案工作过程角度，把个案评估分为一般性评估、阶段性评估和总结性评估，这种划分的目的是要强调评估工作体现个案工作过程的始终。

1. 一般性评估

一般性评估是指，在个案工作进行过程中随时要做的对所收集资料的评估工作。从某种意义上说，个案会谈就是反复收集资料并进行评估的工作：在工作的一开始，工作者接待前来求助的案主，通过简短的结案会谈，就要评估此人面对的是什么问题，本机构是否可以接下此案；接下来，工作者与案主通过互动建立关系，工作者要随时评估与案主的关系怎么样并不断地进行调整；与案主建立信任关系之后，工作者通过进一步沟通，了解相关信息，就要对案主的问题性质、严重程度、解决问题的阻力、资源、案主所处的情境等进行评估；之后，对介入计划要进行反复比较评估，对介入过程中的相关因素进行评估；最后，工作者对整个个案进行总结性评估。由此可见，评估工作贯穿在整个个案工作过程的始终。

2. 阶段性评估

阶段性评估是指，工作者通过与案主及其相关的人员充分的接触、谈话，收集大量的信息资料，在此基础上对案主的问题性质与严重程度、解决问题的阻力和助力、案主所处的情境等进行专业判断的过程。在这里，阶段性评估是指个案工作的一个特定的工作阶段。从成功的阶段性评估可以发展出可操作的介入计划，"评估既是了解的过程又是了解的产物，评估是介入行动的基础"（Siporin，1975）。很多的学者将个案工作这一阶段的工作称之为"诊断"，"诊断"一词可以追溯到里士满1917年写的《社会诊断》一书。这里之所以不用"诊断"的概念，原因有二：其一，"诊断"是医学用语，有相当强的临床取向，着眼于问题，而社会工作强调"资源取向"，着眼于案主内在未被挖掘的潜能和社会资源，而不只是案主的问题；其二，诊断一词太过强调工作者的专家角色，而个案工作的评估工作，更强调案主的参与，评估更多地被理解为工作者与案主一起探查有关情况，以便发现问题出在哪个环节，它强调案主参与问题解决过程。阶段性的评估在本书第六章的个案工作过程技巧中有详细的讨论，这里不再赘述。

3. 总结性评估

总结性评估是指对个案工作实施程序和实施效果的评定。它包括效果评估和过程评估：效果评估是对个案工作目标实现程度的评估，关注的是通过与案主的互动及相关的行动，案主的问题或困难是否得到了解决，案主在多大程度上发生了改变；过程评估是对个案工作实施中运用的技术、方法和策略的评估，关注的是工作中的各种步骤怎样促成了最终的介入结果，而不是结果本身。如果说效果评估考察的是案主的需要被满足的程度，那么，过程评估考察的则是工作者的角色、工作者与案主的关系及环境在其中发挥的作用。此部分的内容，在本书的第六章中也有详细的讨论。

四、评估的原则

1. 主观性与客观性相结合

评估是一种主观判断，是建立在对客观资料基础上的主观判断。评估工作是一个过程，而不仅仅指得出来的结论，评估过程与科学研究相类似，包括三个步骤，即资料收集、资料分析与发现。要保证评估的准确性与科学性，就必须解决好主观性与客观性的关系。在这里，主观性与客观性的关系体现在两个方面：一是评估主体与现实资料的关系，二是工作者与案主的关系。无论评估主体是工作者、案主，抑或其他的人员，在评估工作的这三个步骤里都有一个价值介入的问题，收集什么资料、如何收集、用什么方法分析资料、从什么视角进行分析、从中发现什么等都不可避免地会受评估者本人价值观的影响。我们能够做的一是尽量学会全面地看问题，全面收集资料；二是运用科学的方法；三是提高意识警觉，时刻警醒自己，将主观影响降到最小。工作者一方面要警醒自己强烈的价值介入的影响作用，另一方面有责任提醒其他的评估者坚持其客观性原则。我们一直强调个案工作评估中案主的参与，因此，如何整合工作者与案主的不同意见、看法和感受，是评估工作中非常重要的问题。在工作者的"专业权威"面前，案主倾向于服从、认同和较小坚持己见，因此，工作者一定要多倾听案主的意见和感受，只有案主自己最清楚自己的变化和感受，工作者没有权力替案主评估自己。此外，虚假、欺瞒的报功是性质问题，为专业伦理所不容。

2. 全面评估与重点评估相结合

一般性评估的概念使我们理解到，评估工作渗透在个案工作的方方面面，需要工作者随时对所听到、看到、感受到的信息做判断。但这并不是说，事无巨细地都要运用科学的方法与程序对所有的信息进行评估，而是要有所选择、有所侧重，在全面收集资料的基础上对重要的部分进行重点评估。这就要求工作者清楚哪些是重要的，是需要重点评估的；哪些是次要的，只做一般性评估就可以。通常而言，案主的问题性质与严重程度、解决问题的阻力与助力、案主所处的情境、介入计划的可行性及介入结果等是需要进行重点评估的，工作者应敏感于这些方面的信息，仔细、全面地进行信息的收集，以便做出较为正确的评估。

3. 质性方法与量性方法相结合

质性方法与量性方法是原本是科学研究的概念，量性研究是一种对事物可以量化的部分进行测量和分析，以检验研究者自己关于该事物的某些理论假设的研究方法。量性方法要求有完备的操作技术。质性研究是通过研究者和被研究者之间的互动对事物进行深入、细致、长期的体验，然后对事物的"质"得到一个比较全面的解释性理解（陈向明，2000）。评估工作类似于科学研究，也是要通过收集资料、分析解释资料、做出总结评估（研究发现）。管理科学要求评估工作用数字说话，用指标说话，以量性方法对所要评估的项目或内容进行评估和测量。但是，个案工作作为专业的助人实践，其实践活动的对象是个性存有差异且处于不断发展变化中的社会人，对人的情况及其变化的评估，仅用数字说话是不足够的，有时也是不适合的。更主要的方法应该是通过深入的谈话和观察，在会谈的互动中，对有关情况得出解释性的理解，通过描述性的语言进行评估。质性方法另一个有利于个案工作评估的因素是，它是在自然情境中收集资料，而不是像量性方法在实验环境下收集资料，个案工作中工作者与案主之间是一种角色与个性的互动，工作者的角色要求就是鼓励、促使案主真实地表现自己，在自然的情境下收集资料。因此，个案工作评估应该是质性方法与量性方法结合运用。

五、评估的方法

个案工作评估的原则是要求个案工作评估结合运用质性方法与量性方法，在个案工作评估中经常用到的具体的方法有指标问卷、参与观察和深度访谈。

1. 指标问卷

指标问卷是指工作者要求有关人员填写设计好的问卷，以收集相关信息并作出评估。在这里，与一般性的问卷调查不同，个案工作的评估主要关注的是个体变化信息，而不是群体差异信息，所以，通常不会发放大量的问卷，问卷设计也相对简单。例如，在个案介入之后评估案主的情绪状况，可以在接触案主之初和介入之后，让案主分别填写同一份"情绪等级"问卷，如果在案主求助时选择的情绪等级是"2"，而结束个案工作时选择的是"8"，就可以看到个案工作的效果，案主的情绪提高了 6 个等级。

情绪等级问卷表

您现在的情绪状态是：

说明	糟糕透顶	←						→		非常好
等级	1	2	3	4	5	6	7	8	9	10
选择										
时间										

2. 参与观察

参与观察是个案工作评估最方便的收集资料的方法，因为自始至终工作者都在与案主面对面地互动。在个案会谈中，工作者可以通过观察案主的动作表情及语言的变化，对有关情况做出评估，例如，在刚刚接触案主的时候，你会观察到案主"眼睛无神，表情冷漠，不愿说话。"经过了一段时间的会谈之后，你发现案主开始"主动讲话，偶尔有笑容。"到工作结束的时候，你看到案主"眼睛发亮，脸上挂满笑容，积极地讨论问题"等。工作者还可以通过到案主的家庭、单位、学校及社区中参与案主的工作和生活，观察案主与人互动，了解有关的情况和信息。例如，星期天你来到案主家里，看到案主总是按照自己的意愿干涉 13 岁儿子的行为，而她求助的问题是孩子不听话，经常与自己发生冲突。工作者通过观察案主在实际生活中的表现，就得到了某些关于案主所谓问题的成因，而这种在自然情境下获取的观察资料比她自己的表述更真实。

3. 深度访谈

深度访谈是指，工作者访问相关人员并进行深入的交谈和询问的活动。个案会谈本身就是一种深入地交谈和询问的过程，因此，深度会谈是个案工作评估最重要的方法。对案主问题性质与严重程度的评估、对解决案主的问题阻力和助力的评估、对案主人在情境的评估都需要通过深度访谈来解决；对工作者与案主关系的判定也是要通过双方互动来完成；而评估个案工作对案主的介入效果，也离不开案主自己对自己的感受、变化的陈述和描述。

六、问题解决

该案例可以使用情绪等级问卷表，根据实验法，对张同学关于"和男生交往"的态度、行为进行前后两次打分，即所谓前测和后测，通过比较前后测的差异，评估辅导成效。

必备知识

情绪等级问卷表，详见前文。

拓展训练

请对本堂课进行打分。

	5	4	3	2	1
你对本堂课的总体满意程度					
你对教师的总体满意程度					
你对自己的总体满意程度					

第二部分

小组工作篇

项目一 小组工作准备期知识储备与工作技巧

内容导航

　　小组工作是社会工作的基本方法之一，它是一个由不同阶段组成的动态过程。对于小组工作阶段的划分有不同的做法，但比较普遍的做法是将小组工作的过程划分为五个阶段：准备阶段、开始阶段、中期转折阶段、后期成熟阶段和结束阶段。在开展小组工作实务时，社会工作者要清楚把握各阶段组员的特征、小组工作者的任务以及社会工作者的角色和地位。本项目将结合案例重点介绍小组工作准备阶段的工作事项和社工任务。

任务一

认识小组工作

学习目标

1. 掌握小组工作含义、类型及相关理论，掌握小组工作的特点和功能。
2. 能够运用小组工作理论，指导小组工作的开展。

工作任务描述

X市某老城区一社区内有贫困家庭150多户，贫困家庭青少年有50多人。这些青少年受到家庭经济状况和"低保"标签的影响，心理压力比较大，性格偏内向，与人交往不主动，不大敢表达自己。为促进青少年健康成长，防止困难群体家庭出现社会遗传，服务于该社区的社会工作者小王决定为这群贫困家庭青少年开展针对性的服务。

问题思考：

1. 你觉得社工小王可以运用小组工作方法介入吗？
2. 如果你是小王，将开展哪种类型的小组？

工作任务分解与实施

一、小组工作的含义

小组社会工作是由英文 Social Group Work 或 Social Work with Group 直译过来，简称为小组工作(Group Work)或团体工作。社会工作使用的小组概念，通常指由社会工作者指导下的、将两个以上且具有共同的需求或相似的社会问题的成员组织在一起而开展互动性活动的团体。正是由于需求和问题的共同性或相似性，组员一般会对小组产生认同感，组员之间具有较高的相互依存和相互影响度，进而形成特定的小组文化和社会关系氛围。

近代以来，随着社会工作实务与理论的深入发展，学术界对小组工作概念之内涵和外延的解释愈发多样化。概括来看，代表性的主要有以下几种定义。

柯义尔(Grace Longwell Coyle)于1935年的定义："小组工作的主要目的是以经验为

媒介，去满足个人的社会兴趣和需要；这种小组经验具有个人自我发展与社会价值的双重目的。"1937 年，柯义尔进一步概括提炼了他的小组工作定义，认为"小组社会工作是一种教育的过程，通常有各种志愿结合的小组，在小组工作者的协助下，在闲暇时间内实施。其目的是在小组中通过个人人格的互动，以促进个人成长；以及通过小组组员互动合作的集体行动，以创造小组的情境。"

克那普卡(Cisela Konopka)则强调："小组社会工作是社会工作的方法之一，它通过有目的的小组经验，协助个人增强其社会功能，以及更有效地处理个人、小组或社区的问题。"

美国社会工作者协会在 1965 年出版的《社会工作百科全书》认为："小组工作是一种在面对面的小组内以及通过此小组为个人提供服务的方法，以使在参与过程中促进预期的变迁。"

内森(Helen Northern)则是这样来定义小组工作的目标与功能："在社会工作专业目标范围内，社会工作实务中的小组工作的目标在于帮助组员利用小组来应对和解决个人的社会心理功能性方面存在的问题，预防问题的产生，或者保持一种功能性水平，防止问题的进一步恶化，小组工作还可以发展出更有效的小组模式，维护机构的功能性，消除环境发展障碍。"

法利(O. William Farley)等在其 2003 年出版的《社会工作概论(第九版)》中提出了一个简短精练的定义，即"小组工作指以小组的形式(两个或更多的人)助人的工作方式，以实现个人成长，改善个人的社会功能水平，实现社会性目标。"

比较以上论述，这些有关小组工作的定义，虽然各不相同，但大致涉及以下四个要素：一是小组工作是一种社会工作的专业方法；二是小组工作是以社会工作者按照既定的目标带领和引导的一个过程；三是小组组员在小组过程中面对面的互动，互相影响，共同解决所面对的问题；四是小组以组员之间经验的相互影响和分享，从而达到改善案主的社会功能，促进个人或群体的健康成长的社会目标。而这些要素总是这样或那样地在社会工作实务中被凸显和反映出来。

整合学术界各方的观点，本书拟对小组工作采取如下的综合性定义，即"小组工作是社会工作的基本方法之一，经由社会工作者的策划与指导，通过小组活动过程及组员之间的互动和经验分享，帮助小组组员改善其社会功能方面，促进其转变和成长，以达到预防和解决有关社会问题的目标。"

二、小组工作的类型

小组工作的类型划分与确定，是开展小组工作实务的基础。社会工作学科中有关小组的分类标准很多，一般依据小组的目标、服务对象的特点和实际需要、小组的形成方式、服务对象的参与动机以及小组采用的结构等，划分成不同的类型。因此，在不同的小组工作类型中，其所依据的理论模式、运用的具体技巧和最终实现的目标都是不尽相同的。本书从小组目标角度，重点介绍常见的四种小组工作类型。

1. 教育小组

在社会工作比较成熟的国家和地区，教育小组被广泛地应用于社区、学校、医院等场所。教育小组的宗旨在于，通过帮助小组组员学习新知识、新方法，或补充相关知识之不足，促使成员改变其原来对于自己问题的不正确看法及解决方式，从而实现小组组员的发展目标。教育小组在工作过程中，首先要帮助小组组员能够认识到自我存在的问题并有自我解决问题的需要；其次，促使小组组员能够确立新观念、新视野，从而改变看问题的角度；最后，开展干预服务，降低小组组员的问题行为特征，以达到改变自我的目的。在指导教育小组的活动时，社会工作者除了要重视成员的自助外，也应重视成员间的互助，鼓励小组组员通过讨论与经验分享与互相学习来增强组员的态度能力。如家长技能训练小组、农村妇女手工艺培训小组等。

2. 成长小组

成长小组大多运用于各类学生及边缘群体的辅导工作。成长小组的工作旨在帮助组员了解、认识和探索自己，从而最大限度地启动和运用自己的内在资源及外在资源，充分发挥自己的潜能，解决所存在的问题并促进个人正常健康的发展。成长小组的焦点在于个人的成长和正向改变。在社会工作者看来，每个人的人生都有一定的逆境，每个人都有其潜能，逆境是一种挑战性机会，在逆境中发展自己的潜能和提升自我的过程就是成长过程。成长小组的典型是近年来针对不同人群的需要而开展的"体验小组"，如青少年的野外拓展训练营。

3. 支持小组

支持小组一般是由具有某一共同性问题的小组组员组成的。通过小组组员彼此之间提供的信息、建议、鼓励和感情上的支持，达到解决某一问题和成员改变的效果。在支持小组中，最重要的是小组组员的关系建构、相互交流和相互支持。社会工作者的任务是，指导和协助小组组员讨论自己生命中的重要事件，表达经历这些事件时的情绪感受，建立起能够互相理解的共同体关系，达到相互支持的目的。因此，支持小组要充分发挥小组组员的自主性，鼓励成员分享经验并协助解决彼此的问题。在我国社会工作实务中，支持小组近年来发展很快，如"单亲家庭自强小组""癌症患者小组"针对吸毒人员的"同伴治疗小组"，等等。需要注意的是支持小组的动力源于小组组员的需求本身，社会工作者在小组形成以后一般处于"边缘化"的位置，扮演的只是推动者和协调者的角色。更有极端的学者认为，大多数支持小组属于自助类的，故社会工作者在小组建成后一般不必介入该小组的活动。

4. 治疗小组

治疗小组的组员一般来自那些不适应社会环境或其社会关系网络断裂破损而导致其行为出现问题的人群。治疗小组对社会工作者的素质要求比较高，不仅要求工作者具备扎实的社会工作理论和娴熟的实务技能，还要具备一定的心理学、医学等方面的学术训练和临床经验。社会工作者在治疗小组中的角色在于，通过小组工作的活动过程，帮助小组组员了解自己的问题及其背后的社会原因，利用小组的经验交流和分享，辅以一定的资源整合或社会支持网络，以达到对小组组员的心理和社会行为问题的治疗，从而改变小组组员的行为，重塑其人格，开发其潜能，促使其成为健康、健全的社会人。例如，为吸毒人员提供服务的"美沙酮治疗小组"，为社区矫正对象开展的"星星点灯小组"以及针对家庭暴力受害者开展的治疗小组等，均属于这一类的治疗小组。

三、小组工作的特点及特征

与个案工作和社区工作等方法相比，小组工作方法有其自己的特点。一般而言，小组工作的特点决定了其特有的功能，而其特有的功能则进一步反映了其不同于其他方法的特点。

1. 小组工作的特点

(1)小组组员问题有共同性或相似性。社会工作者开展的小组工作，是由社会工作者指导，将两个以上且具有共同的或相似的社会问题的成员组织在一起而开展互动性活动的团体。正是由于问题的共同性或相似性，组员一般会对小组产生认同感，组员之间具有较高的相互依存和相互影响度，进而形成特定的小组文化和社会关系氛围。

(2)强调小组组员的民主参与。虽然小组工作是由社会工作者指导与控制的，但这种指导与控制本身包含了对小组组员即服务对象的平等意识和民主参与精神的强调，注重发挥每一位成员的现实价值和潜在价值，注重所有成员在参与过程中实现自我的改变和成长。

(3)注重团体的动力。小组是个临时的社会团体。小组存在的价值在于组员问题的共同性或相似性，以及组员对解决问题的内在需求。因此，小组工作必然注重团体在解决问题中的发展动力，强调引导小组组员建立团结、互助与合作的关系，以便共同发现问题及其原因之所在，共同寻找和梳理解决问题的办法，共同见证和陪伴小组组员的成长。

2. 小组工作的功能

(1)塑造小组组员的平等意识和共同体归属感。专业社会工作的小组是一个临时性的社会共同体。小组组员彼此身上问题的共同性或相似性是小组形成的一个前提条件。但是，这个社会共同体在小组工作展开过程中得以维系的根本条件在于成员的"共同体意识"。没有"共同体意识"，小组工作的过程是不可想象的。因此，社会工作者必须主导小组组员的平等意识和主人翁意识，塑造平等基础上的被接纳的文化感受。在这种文化背景下，小组组员就会彼此认同，感觉到自己存在的价值，从而对小组产生归属感和认同感。

(2)提供小组组员自我改变及"被肯定"的社会场景。小组如同一个真实的社区，在某种程度上反映了小组外的真实世界。在这一模拟社区的互动过程中，小组成员任何新的改变和提升都会被大家接受、肯定和分享，从而会激发他们对外在的真实社区、现实社会的信心，会激发他们以同理心的态度去理解现实的社区和社会，进而以改变了的自我去融入社区和社会。

(3)创造相互帮助、共同成长的学习机会。小组工作提供小组组员帮助他人和被帮助的机会。小组组员通过诚实和真诚回应其他成员的成长，表达的是对他人的接纳和肯定。这种接纳和肯定，使得小组组员彼此之间愿意和乐于相互学习、相互帮助，从而实现共同成长。当然，在小组工作过程中，社会工作者作为指导者同时也是所有小组组员相互帮助、相互学习和共同成长过程中的合作者和同伴。

(4)打造增能的社会支持网络。参加小组的成员，不少人原来因为缺乏社会支持而对自己所处的环境感到无助、无力和悲观。而小组这个临时的社会共同体，则因其赋予了平等意识和社区归属感、被肯定的社会场景以及相互帮助、共同成长的学习机会，事实上又打造或改善了小组组员增能的社会支持网络。也就是说，在小组工作过程中，通过小组组员之间、组员与社会工作者之间的互动分享，在每一个人的周围必然会形成一定的相互支持网络。不言而喻，这种支持网络对于每一位小组组员潜能的发挥、自我改变和提升的影响，一定是持久而又深刻的。

四、任务解决

任务中，社工小王面对的是一群社区贫困家庭青少年，他们都面临着同样的问题和需求——心理压力比较大，性格偏内向，与人交往不主动，不敢表达自己，小王完全可以采用小组工作的方法为这一群体开展服务。根据青少年的发展特点，可以举办以"快乐成长、少年先锋"等为主题的成长小组活动。

必备知识

小组工作模式的特点及实施原则

模式		社会目标模式	治疗模式	互动模式	发展模式
理论基础		系统论、生态系统论、教育理论、社会学	源于精神医学、心理学、咨询理论与技术，尤其行为修正学、社会化理论、学习理论	发展心理学、社会关系、社会结构理论、小组动力学	发展心理学、社会关系学、社会结构理论、小组动力学
特点	目标	总体目标——培养组员社会归属感，实现社会整合：1.提升社会意识、挖掘潜力，提高责任心；2.发展社会能力，与社会环境互动能力；3.培养社区领袖，推动社会变迁	通过治疗，促进个人行为改变。以治疗个人行为作为的主要目标，1.帮助组员在心理、社会和文化适应方面康复、发展和完善；2.预防消极因素	促进组员产生社会归属感，形成相互支持。基于人与环境和人际关系而建立；重点集中于组员与组员间的互动过程。目标焦点：既在个人，也在环境	目标是促进组员和小组共同成长（强调以人的发展为核心。以关注人的社会功能恢复，预防社会功能缺失，发展人的社会功能为目标）
	组员	组员有民主参与社会生活的动机和潜能（同一区域、社区、阶层的人群，特别关注弱势人士）	组员有较严重情绪和行为问题；获得矫治性治疗，而非发展性和预防性帮助	组员在团体中有平等互惠的动机和能力（平等、独立性）	组员通过互动、学习和经验分享获得自我成长
	社工	初期和结束：使能者、倡导者（引导）中期：资源提供者、榜样（多用于社会小组和组织小组）	治疗者（临床心理学家、临床社会工作者）、专家	中介者、使能者（协调者）（协调小组组员互动、支持、帮助）	协调者和使能者（支持者）

续表

模式		社会目标模式	治疗模式	互动模式	发展模式
其他		最早的小组模式，主要在社区层面，核心的理论概念是社会责任和社会变迁，强调培养公民的社会责任感、社会良知和社会意识，与社区工作有许多相似之处（动员民众参与、形成社会共识和共同任务的完成）	1. 临床模式、康复模式 2. 社会工作传统模式在为服务对象提供治疗和康复时与个案工作有许多相似之处。强调通过小组工作技巧来解决成员的心理和行为问题	交互或互惠模式 原则：小组目标的实现依赖组员间的相互作用和影响，小组存在和发展的动力是组员间"面对面"和密切的互动关系	1. 过程模式，较晚发展起来的小组工作模式 2. 应用对象和范围极其广泛。关注人的社会功能性而不是有关病理的因素，重视自我实现而不是治疗过程，强调发掘个人的潜力寻求解决解决的方式

拓展训练

长期病，俗称慢性病，主要指以心脑血管疾病、糖尿病、恶性肿瘤、慢性阻塞性肺部疾病等为代表的一类疾病，具有病程长、病因复杂、健康损害和社会危害严重等特点。B社区为一个典型的城中村、老社区，辖区内患有慢性病的老人比较多。调查发现，B社区很多长期患病老人都是独自居住的，由于儿女不在身边，很难得到良好的照顾，加之社区邻里之间也缺乏相互支持，使得长期患病老人的康复面临很多的困难。

问题及思考：

1. 你觉得能为这些患有长期病的老人开展小组服务吗？

2. 如果你是社工，你会开设哪种类型的小组？

任务二
小组准备阶段工作流程

学习目标

1.掌握小组准备阶段和核心任务，熟练掌握针对不同组员，设计小组计划书。

2.能够熟练设计小组策划书，根据小组需要采取多元化招募手段，招募组员并遴选合适的组员。

工作任务描述

X市某老城区是典型的城乡接合部，外来务工人员较多，出租屋较多，道路交通状况不是很理想，小孩子被车撞事故时有发生。为增强本社区青少年安全意识。本社区派驻吴社工计划针对外来务工人员子女开展一期青少年安全教育小组。其计划招募5~12岁的小组成员12名，招募方式采取张贴海报、入户动员。

问题思考：

1.除确定招募对象和招募方式外，吴社工在开展本小组还需要做好哪些策划工作？

2.招募小组成员时，社会工作者需注意哪些因素？

工作任务分解与实施

一、确定小组目标

基于小组组员问题和需求分析，确定小组目标。小组目标是什么？对小组目标的说明比较宽泛，可以包含不同的个体目标，同时还需要有针对性，能够界定小组的独特目标。对小组目标的清晰说明，能帮助组员回答这样的问题："我们在一起要干什么？"还可以避免小组没有方向感。小组没有方向感，很容易使组员感到无所适从，小组很难取得成效。

小组目标一定要明确说明这些问题，一是小组需要处理的问题；二是需要完成的个体和小组目标；三是个体和整个小组协作的方式等。

1.小组目标

一般情况下，一个小组应该设计总体目标和具体目标。

（1）总目标：指组员希望参与小组中能够达到个人目标的基本要求，是宏观的、广义的和原则性的目标，而不是具体的目标。指导思想和总体任务。

（2）具体目标：具体目标围绕小组工作的总目标，主要包括沟通目标、过程目标、实质目标（或问题目标）和需求目标四部分。沟通目标是促进小组组员之间相互理解、接纳从而实现互动和分享的重要环节。实质目标或问题目标，是小组工作能够解决的问题及其具体范围。过程目标是指在小组各个阶段的分目标。因为过程是动态的，因此，过程目标也是发展变化的，是随着不同阶段的问题产生的。需求目标是遵循个别化原则、针对每一个小组组员的具体需求而设计的任务。

2．小组目标确定原则

①目标清楚，可以测量和评估。

②要有明确的时间限定，以便小组组员清楚在什么时间完成什么目标。

③目标要适合小组组员的实际能力。

④具体目标之间的相容性，不能相互冲突。

⑤目标的表述尽量使用正面的肯定性语言或词汇，以便小组组员明确知道他们需要做的事情，而非强调不该做什么事情。

二、组员的招募及遴选

组员招募和遴选是小组工作准备阶段核心工作之一。社会工作者能否招募到小组计划书既定的小组成员和选出契合小组目标的小组对象，将直接影响小组目标的达成和任务的实现。为此，社会工作者须充分掌握组员招募和遴选的技巧。

1．组员招募

（1）组员来源。

一般情况下，小组工作的组员来源主要为一是主动向本机构寻求帮助的某些人员；二是已由本机构服务的某些对象；三是其他机构转介来的特定服务对象；三是通过互联网、社区宣传栏等载体得知信息而主动报名参加的某些人员；四是社区居民向本机构介绍的某些人员。在组员招募工作中，社会工作者要区别分析不同来源的小组成员。如主动向本机构寻求帮助的小组成员其参与小组的动力远高于被动推介过来的小组成员；机构转介的小组成员其参与小组的经验高于第一次参与小组的成员。区别分析来源不同的小组成员，对社会工作者策略性建设小组动力和小组规范具有启发性。

（2）招募组员的方法：

① 通过访谈或者电话的方式直接联络准组员。

② 联络网络中准组员的关键人物。

③ 直接通过邮件散发广告。

④ 在社区机构中张贴广告。

⑤ 运用网站宣传小组。

⑥ 在公众聚会、广播电台和电视节目中介绍小组。

⑦ 发布新闻稿、在机构和协会的通信上发布小组的消息。

2．组员遴选

通常情况下，开展一类小组服务。报名参与的小组成员要么多于计划人数，要么少计划人数。为此，在小组工作准备阶段，组员遴选意味着在较多的报名人员中选出符合小组的组员，或者评估潜在符合小组的组员，鼓励邀请其参与小组。遴选小组成员须注意以下事项：

①分析报名者是否存在共同或相似的问题，或者有共同的兴趣和愿望。

②分析组员年龄和性别特质。

③分析组员文化水平及对某些问题的认识。

④分析组员家庭状况。

⑤分析组员职业状况差异。

⑥分析参加者对小组的要求差异。

三、组建小组

在招募和遴选小组成员后，社会工作者即可按照他们的需求以及整个小组完成任务的需求的要求确定组员，这样小组就意味着组建完成。但在小组组建时社会工作者要按照事先确定的一系列规则来进行。需要考虑这些原则：组员在目标和个人特点上的同质性；组员在应对策略、生活经历和专长上的异质性；总体结构上包括了组员的一系列素质、技能和专长的差异性。具体如下。

1. 同质性小组

同质性的原则意味着，组员应该对小组的目标有一个比较类似的认识，在个性特征上，也会有一些共同之处。同质性能够促进沟通，协助组员彼此之间建立联系。组员应该认同和接纳小组的主要目标，这样他们在小组聚会中才能有所收获。工作者需要评估在多大程度上组员之间的目标是一致的，组员的个人目标与小组目标在多大程度上是一致的。如果缺乏对目标的共同认识，组员在小组中的互动就缺乏起码的基础。

组员之间还需要有一些共同之处，例如年龄、教育水平、文化背景、完成小组任务所需要的专长、沟通能力和问题类型。工作者需要确定组员具有足够多的共性，从而可以促进小组工作的深入开展。组员在多大程度上应该有共同之处，取决于小组的类型。在给刚做父母的人开设的教育性小组中，所有的组员需要具有中等以上的教育水平，能够阅读英文文献，这样才能理解小组安排的课后阅读作业。在治疗中心开设的青少年活动引导小组中，最重要的因素可能是他们的生活条件。而给酗酒者、吸毒者和罪犯开设的小组中，基本的共同点就是组员都面临同样的问题。

2. 异质性小组

在大多数小组中，组员在应对策略、生活经历和专长水平上存在着较大的差异性。在支持性小组中，特别有益的是，组员可以了解到其他组员采用了哪些有效的应对措施，以及自己可以学习哪些策略来解决问题。在某些小组中，为了促进组员间的相互学习，工作者特意选了一些拥有不同社会经历的或者不同性格特征的组员。例如，成长小组中的组员可能来自不同的文化、社会阶级、职业或者地域，这样组员就有机会来了解不同的观点和生活方式，组员间的差异会提供更多的机会，让组员获得支持、自我确定、互相帮助和彼此学习。

工作者在任务型小组的组员选择中，要考虑刻意建立异质性，以确保小组在处理复杂的任务并进行劳动分工时有足够的资源。例如，机构的理事会通常是由那些来自不同专业背景、不同机构或职业的人组成的。这些理事们会将法律、财政、市场推广和其他专业专长带入理事会。还有一些任务性小组，例如代表委员会的成员代表了不同的选民和不同的利益群体。再如，为了研究青少年犯罪问题而成立的一个联合小组，其成员可能需要来自城市的各行各业，例如商业区、旧城区和郊区等。这种异质性就成为小组完成任务的一个重要财富。

3. 小组结构

选择那些够互相满足需求并完成小组任务的组员的过程，就是工作者为小组搭建架构的过程。组员选择指南：

(1)在小组中有与他人沟通的能力和愿望。

(2)能够互相接纳彼此的行为。

(3)尽管大家的观点和看法存在差异，但还是可以友好相处。

(4)有能力理解他人的行为。

(5)有较强的动机在小组中开展工作。

在小组中，成员如果不能有效地与同伴沟通，可能就会对其他组员产生敌意，而不是获得支持，因此最好将其从小组治疗中排除出去。同样的，一个人如果不能接受他人的反馈，或者给他人提供反馈，或者被他人认为主观、很难听取他人意见和建议，也不适合参加治疗性小组。理想的状态就是，招募那些参与动机很强的组员。当然，社会工作者都会遇到一些对小组有抵触情绪的组员，还会遇到非自愿参加小组的组员。社会工作者还可以寻找一些很具有合作精神的组员。无论组员专长水平如何，如在任务型小组都可能会因为缺乏合作精神而受到影响。虽然我们很难来预测组员的合作性怎样，但在组建小组时，工作者还是需要考虑这个因素的。

4. 小组规模

对于不同类型的小组而言小组规模，没有一个理想的标准，社会工作者可根据小组目标和组员的特点来确定小组规模。一般而言小组不要太大，这样才有利于实现自己的目标，也不能太小，足够的小组成员有利于组员获得足够的令人满意的经历。小组的最佳规模是 5 名、7 名或者 9 名成员。社会工作者在设定小组规模时应考虑以下两方面的因素。

(1)大小组还是次小组。

大小组的优势是可以给组员提供更多的想法、技巧和资源；可以完成更加复杂的任务；可通过角色示范给组员提供更多潜在的学习机会；让组员有更多潜在的机会获得互相支持和建立友谊；允许组员暂时性退出小组并反思自己的参与；即使有组员缺席，也可以确保小组有足够的组员并行有意义的互动。不足是因小组成员较多，社会工作者可能照顾不到每个小组组员的变化；小组民主决议很难较快地实现。

次小组的优势因组员有限，社会工作者可给组员提供高度的关注；可以进行面对面的互动；可降低形成破坏性次小组的几率；可降低组员退组的几率；社会工作者比较容易管理小组；可以进行更多的非正式的运作程序；有更多的机会来建立凝聚力；较容易达成共识。

(2)开放性小组还是封闭性小组。

在小组工作策划组建时，社会工作者还要决定自己的小组是否在小组过程中接纳新组员的加入。开放的小组一般允许有小组成员离组后能够通过新组员的加入保持一个稳定的人数；封闭小组则相反，自始至终都是同一群体，共同走完小组的整个过程。选择开放小组或封闭小组取决于小组目标及客观因素的影响。社会工作者要根据小组目标需要谨慎选择，无论选择开放性小组还是封闭小组，都要充分预测到其可能给小组带来的不利影响。

四、引导组员前期熟悉小组

在招募了准组员之后，工作者需要对他们进行筛选，以确保他们适合这个小组，然后将他们导入小组。如治疗性小组中最合适的导入方法就是接案访谈。一般来讲，接案访谈需要个别进行。接案访谈非常重要，因为它给工作者和组员提供了彼此建立第一印象的机会。另外，将治疗性小组的组员导入小组，也可以通过集体观看录像资料、回顾前一个小组的录像、启发式的讲解、练习小组技巧来进行，例如练习如何有效地向他人表达自己的思想和观点等。还有一个方法就是角色诱导策略，常被称为组前培训，可以用半个小时或者几个小时的聚会来进行。组前的培训可以提高小组的产出，降低组员的中途退组率，提高组员对未来小组活动的满意度。

如任务性小组的组员导入小组，有时是以次小组的形式进行的。例如，可以邀请新的理事会成员参加一个理事会培训活动，其中包括几次小组活动，来讨论机构的管理和规则、财务责任、筹款和公共关系等问题。

在引导组员前期熟悉小组工作中社会工作者的任务主要有三项：

1. 解释小组的目标

社会工作工作者在将组员导入小组时需要说明小组的目标。在说明中，要特别清楚、具体，允许组员们对小组产生期望。当然，说明还需要足够宽泛，从而可以邀请组员提出反馈和建议。这可以帮助准组员参与讨论，澄清他们参与小组的矛盾心理。

2. 让组员熟悉小组程序

组员比较关心的问题是小组的运作是怎样的。通过这些问题，组员试图理解小组运作的某些规则。在导入性工作中，工作者需要向组员解释参与的程序和小组活动的过程。

如治疗性小组和任务性小组的领导者在小组早期活动的策划和主持阶段，需要制定出一个聚会的常规程序。例如，某些治疗性小组的聚会在开始阶段会利用几分钟的时间来讨论、回顾上次聚会的情况，然后利用几分钟时间来讨论本次小组活动中某些组员的担心和顾虑。某些小组会利用最后几分钟的时间来总结本次小组活动，讨论每次的家庭作业，或者来谈谈小组的进程。

任务性小组常常会遵从固定的程序，例如阅读上次聚会的纪要，讨论没有解决的问题，提出新的问题。这些程序一般都是在早期聚会时由小组决定的，但是，在策划阶段讨论小组的程序，能够帮助组员了解自己可以怎样参与小组，并对小组发展作出贡献。

3. 进一步筛选合适的组员

在导入阶段，工作者要对组员须进行进一步筛选，确保组员的需要与小组的目标相匹配。工作者需要观察组员、并收集相关信息。工作者也可以运用自己发展的标准来筛选组员，决定到底谁适合加入小组。在导入性工作过程中，常常可以发现一些有功能障碍的组员，这样工作者就可看出他们参加小组是否合适。

影响组员参加小组的因素包括：(1)无法解决交通或其他实际问题；(2)个人特质，

例如社交技巧，与小组中绝大多数组员完全不同；（3）个人的需要、期望或者目标与其他组员完全不同。

五、签订服务协议

在小组正式开组前，社会工作者须与小组组员签订服务协议。服务协议建立在小组开始阶段组员与工作者的动态互动上，但是某些约定的程序始于小组开始之前。

1. 服务协议的形式

小组工作中有两种形式的服务协议：一类是约定小组程序服务协议；一类是约定个体组员目标的服务协议。在开始之前，工作者应该对小组的程序做出一个基本的决定，这些决定包括小组聚会的时间长短和频率，参与小组的要求，确保保密性以及其他的考虑，例如聚会的时间和地点以及是否需要收费等。工作者还需要与个体组员约定各自的目标，这种协约需在小组工作开始阶段进行。

在大部分任务性小组和治疗性小组中，协约是一种口头约定，例如，给领养父母开办的教育治疗性小组中，小组领导者同意小组有五次两小时的聚会，以说明如何成为领养父母以及如何承担父母责任。小组领导者还可能要同时阐明机构会给小组提供什么样的帮助以及如何保护寄养儿童的法律权利。组员可能会同意参加每次小组活动，运用小组中提供的信息来成为出色的领养父母。同样，一个治疗会议的小组领导者可能会口头上与组员达成共识，来讨论案例，决定在讨论过程中每个组员的职责以及在案例策划过程中所提的每个信息应该如何使用等。

有时也需要书面的协约。书面的协约可以帮助我们解释小组目标，还可以帮助组员澄清对工作者能够明确自己对组员的期望到底是什么。如果组员或者工作者需要不断记住小组的目标、期望或者责任，那么在小组聚会时，需要时时提及书面的协约。一般来讲，书面的协约可以明确说明小组参与的基本规则，而这些规则在小组生命周期中是不可以改变的。然而，协约的内容也可以在小组过程中，由于工作者与组员之间共同来协商。

2. 书面协议模板

作为小组成员，我同意：

1. 参加所有的小组聚会。

2. 按时出席每次活动。

3. 不对组外的任何人提及组内成员谈及的内容。

4. 按时完成阅读作业、练习和治疗计划，履行所有我同意的任务和责任。

5. 参加小组聚会中的各种练习、角色扮演、发言和其他活动。

作为小组领导者，我同意：

1. 为每次小组聚会做好充分准备。

2. 按时开始小组活动，并准时结束。

3. 为小组活动提供活动材料等物资。

4. 只与我的同事来讨论小组内容，而绝不与工作背景之外的人谈及小组情况。

5. 对每次活动进行评估，以确保小组能够协助组员解决自己的问题，并使得每个组员满意。

6. 为组员提供合适的机构和社区资源，以协助他们解决自己的问题。

组员签字：　　　　　　　　　　　　　　　日期：

小组社会工作者签字：　　　　　　　　　　日期：

六、准备活动场地

在为小组活动准备场所时，需要考虑三个因素包括环境因素，为有特殊需要的组员提供特别的安排以及确保财政支持。有时候，工作者对上述三个因素的控制能力非常有限，但是，在可能的时候将这些因素纳入策划过程，能够提高小组成功实施的可能性。

1. **场地准备需考虑到因素**

(1)房间大小：要适合小组规模和小组聚会的各项活动。

(2)家具：座位的安排、工作区和活动区，能够满足组员的特殊需要。

(3)技术：音响设备、电脑和通信工具等。

(4)气氛：灯光、暖气和空调，聚会场所的整体效果。

(5)特殊需要：聚会空间是否适合各种需要、协助性技术、儿童照顾、交通和翻译等。

(6)财政支持：小组活动和资料、技术、复印、广告、邮寄、招待(食品和饮料)以及其他的特殊安排等的费用。

2. **场地安排**

小组的活动场所会影响小组组员的行为和小组聚会的形式。房间的规模、空间、座位的安排、家具和环境等都需要仔细考虑。对小组活动场所的安排不周，可能会导致聚会早期的困难、组员的不合适行为以及在小组过程中难以预料的问题等。房间空间大小也会影响小组组员是否能够积极主动地参与小组活动，从而影响整个小组进程。一般来讲，小一点的房间能够促进组员之间产生积极的亲密感，较少分散注意力。大一点的房间会让组员间的距离感加大，还可能导致组员分心。如果小组活动在一个大房间中进行，组员的注意力就会被空旷的空间所分散，比较难以专心于小组的过程。

另一个方面，如果房间的空间过小，使得组员感到彼此之间没有空间，也会导致组员不安、易躁、焦虑、具有攻击性。某些人群可能对聚会房间比较敏感。例如，小孩子喜欢空旷一点的房间，这样他们有足够的空间活动。同样，残疾的老年人可能会喜欢一些有轮椅通道的房间，容易坐上去爬起来的舒服的高背椅子，明亮但不晃眼的灯光，以及良好的音响等。

要提供舒适的座位。有时候，组员们可能喜欢坐在地板上，这样可以形成一种非正式的气氛。地毯、台灯、工作台和其他家具也可以协助营造一种舒适的气氛。令人放松的场所会给组员们传递这样一个信息，即机构把自己当成了服务对象，处处为自己着想。

社会工作者要考虑环境对小组完成任务所能产生的方方面面的影响。如果小组要进行非正式的讨论，工作者最好提供一些坐垫或枕头，让大家坐在地板上，借此来营造一种非正式的气氛。如果小组要完成正式的任务，例如回顾过去五年的计划，工作者就要营造一种正式些的气氛。例如，针对会议最合适的安排，是将其放在一个光线很好的会议室内进行。

3. 财政支出

社会工作者应该关注小组所需的各种花费和支出情况。出于这个原因，工作者需要与机构负责人讨论财政支出的相关问题，首先需要评估机构的整体财政状况。如治疗性小组和任务性小组所需的费用是完全不同的，但是主要的支出内容还是要包括：聚会场所的费用、机构督导的费用等。其他的费用还包括：复印、电话、邮寄、茶点和交通费等。

掌握有关开销和收入的信息，工作者就可以决定从哪里获得这些财政支持。有些开支，如有些需要现金支出的开支，工作者需要事先向机构的财务部门提出预算。如果工作者有少量现金在手头，工作就比较灵活。

七、制订完整小组计划书

根据工作目标及人、财、物等方面的条件，精心制订可以实施的小组工作计划书。一般情况下，小组工作计划书内容应包括小组名称；小组理念；小组目标；小组对象；小组的特征（小组性质；时间；规模、人员组合；集体聚会的频率和时间）；小组节次安排；招募方式；经费预算；预计困难及解决办法；评估方法等 12 块内容。具体说明见下表。

主要环节	基本内容
小组名称	名称要特色鲜明
小组理念	机构背景；组成小组原因；小组的理论或概念架构
小组目标	总目标
小组对象	特征、年龄、教育背景；需要解决的问题
小组的特征	性质；时间（长期/短期）；规模、人员组合；集体聚会的频率和时间
节次安排	各具体时间
初步确定的程序计划和日程	每次集体聚会的计划草案；程序活动；日期、时间、每次聚会的特点；活动的具体目的；社工的责任；活动准备；需要的器材、设备；每次聚会需要的费用
招募方式	按机构的规定制定小组建立的程序；组员的来源；宣传、招募方法；允许的招募时间；招收方法
需要的经费	器材；地点和设备；人力资源；特别项目；有关人员
预计困难及解决办法	小组组员的问题；小组社工或机构的问题；其他来源问题
经费预算	程序、器材、交通等费用的总和；费用或小组组员会费
评估方法	评估范围；评估方法

八、任务解决

在任务中吴社工针对 X 市某老城区情况，开设为本社区青少年安全教育小组。符合本社区实际情况，吴社工招募对象和招募方式也符合小组准备阶段需要完成的任务要求。但除此外，吴社工还需要做好一是确定小组目标；二是组建小组；三是引导组员前期了解小组；四是准备活动场地；五是制订一份完整的小组计划书。另外，吴社工在招募组员时须注意六点，即分析报名者是否存在共同或相似的问题，或者有共同的兴趣和愿望；分析组员年龄和性别特质；分析组员文化水平及对某些问题的认识；分析组员家庭状况；分析组员职业状况差异；分析对参加者对小组的要求差异。

拓展训练

某家庭综合服务中心负责青少年个案服务的张社工在个案服务中发现，本地青少年普遍存在缺乏正确的性教育，为此策划组织一期青少年性教育小组。在招募组员时，报名者男性青少年居多，女性青少年只有 2 名。张社工从此小组的特殊性出发，选择了小组成员均为男性的开放性小组。

问题及思考：

1. 张社工选择小组成员均为男性的开放性小组是否合理，为什么？

2. 如果你是张社工，请为此小组拟定一份完整的小组计划。

项目二　小组工作初期知识储备与工作技巧

内容导航

从第一次聚会起，小组工作就进入了开始阶段。在这一阶段，是社会工作者与组员、组员与组员之间建立关系的阶段，也是小组规范的形成阶段。随着小组聚会的深入，会出现"进攻—回避"式的冲突，组员希望成为小组的一部分，但尚缺乏足够的信任从而与小组保持一定的距离，社会工作者要明确组员对小组的期望，协助组员探索他们在小组中的角色。

任务一
小组初期小组成员特质分析与需求评估

学习目标

1. 了解小组初期发展阶段的界定依据，明确小组初期小组成员会表现出的主要特征，掌握小组组员在小组初期的主要需求。

2. 有能力分析小组组员在小组初期的表现，掌握对小组成员的需求评估能力。

工作任务描述

龚铺小学有500余名学生，有大约一半以上的学生为留守儿童，在长时间"走进学生心灵"的访谈中，社会工作者发现部分留守儿童人际交往方面存在问题，表现为：没有可以倾诉心事的知心朋友，还有的学生因为学习成绩不好或性格内向而受到同学们的孤立。社会工作者通过筛选和面谈，选取了三年级、四年级、五年级共10名学生，开设了"与你同行"留守儿童人际交往能力提升小组。其中，六期小组聚会分别为"相见欢""我是谁，谁是我""我想更懂你""社交技巧(一)我来学""社交技巧(二)我来学""明天会更好"。

问题思考：

1. 哪一期或几期活动属于小组初期阶段？

2. 小组活动初期组员会表现出哪些特征？

工作任务分解与描述

一、小组初期阶段的基本认知

完成前期的招募与筹备后，小组就可以开组了。对于小组的进程可以用阶段进行划分，每一个阶段组员关系的状况、组员间的沟通、小组的领导与决策方式都呈现出不同特点，社会工作者需要全面把握这些特点才能协助组员在各阶段获得成长。

一般而言，小组初期大家首先有机会聚会并相识，其次通过几次小组活动形成了彼此认同的小组目标和规范，而且小组动力开始形成。我们认为小组初期应该包括小组第一次聚会和小组规范形成的过程。在实际工作中，第一次聚会活动往往包含了小组规范的形成。

二、小组初期小组成员的主要特征

在小组开始阶段，由于初入小组，组员往往不知道自己该做什么，故在心理和行为上容易出现矛盾困惑等问题。

1. 矛盾的心理与行为特征

他们既对小组充满好奇和期待，也希望与其他组员或社会工作者建立良好的互动，但又无不疑惑和焦虑，如怀疑小组的能力和价值、担心社会工作者和其他组员对待自己的态度等。这种矛盾使不少组员陷入对小组活动既投入又逃避的情感困惑中。

2. 小心谨慎与相互试探

大多数组员的行为十分拘束，说话做事显得小心谨慎、客气与礼貌。他们通常会以自己以往的经验去揣测其他组员或社会工作者，也会以此划定自己的好恶范围。通常他们会试探性地询问其他组员的姓名、居所、工作之类的问题，但不会询问更深入的家庭、收入、爱好等问题。

3. 沉默而被动

由于刚进小组，不懂小组规范，怕说错话与做错事，多数组员会表现为沉默、观望、等待的特征，大都希望在别人怎么说、怎么做之后再被动跟进。由此，整个小组显得沉闷，进程缓慢，缺乏自发性和流畅性。

4. 对社会工作者的依赖性

初入小组，小组组员不知道自己该做什么，同时又难以获得其他组员的支持，非常容易产生对社会工作者较强的遵从倾向。他们往往会依赖社会工作者，视其为权威，以其为中心，而忽视自己在小组中的角色和能力。

三、小组初期小组成员的需求评估

有很多的方法可以用来帮助社会工作者评估组员的功能性。最常用的一些评估组员方法有：(1)组员的自我观察；(2)社会工作者的观察；(3)组外能够观察到组员行为的相关人士报告；(4)标准化的测量工具。

1. 自我观察

自我观察是指组员对自己行为的观察和评价，也就是请组员回忆并描述自己的行为，然后在社会工作者和其他组员的帮助下检查和反思自己的行为。回忆性的自我报告和自我反思通常能够帮助组员理解自己的行为，发现自己行为的模式，检验环境对自己的影响。社会工作者需要注意的是，这种方法常常假定组员对自己的行为非常敏感且有自己的看法，所以并不适用所有组员。

2. 社会工作者观察

在小组活动期间，社会工作者可以通过观察组员的表现来评价他们的功能性。在很多实务中，社会工作者依靠的是在自然背景中的观察。但是，社会工作者还可以采用一些特定的活动，例如模拟小组活动等来评估组员的特质。

3. 组外能够观察到组员行为的相关人士的报告

除了组员写的自我观察报告和工作者的观察报告外，社会工作者还需要收集那些对小组非常熟悉的组外人对组员行为的报告。如小组活动中，社会工作者往往会邀请一名观察者或一名志愿者参与其中，则观察者或志愿者则可以将自己观察到的组员情况反馈给社会工作者。由于组外人员对小组过程的观察并不全面且带有一定的主观性，缺乏效度与信度，所以社会工作者需要更多地直接观察。

4. 标准化的测量工具

在小组过程中，通常采用简洁的，用铅笔和纸张就可以完成的"快速评估工具"。例如，在小组聚会中或者小组活动的间隔阶段，社会工作者可以请矫治小组组员花几分钟填写抑郁量表或性格焦虑量表。

四、任务解决

按照小组发展阶段的划分，"与你同行"留守儿童人际交往能力提升小组中第一次聚会"相见欢"属于小组工作初期阶段。在小组初期阶段，组员会表现出如下特征：矛盾的心理与行为特征、小心谨慎与相互试探、沉默与被动、对社会工作者的依赖性。

必备知识

同理　真诚　接纳

同理就是社会工作者应该站在案主的角度考虑问题，即国外许多学者所说的"同理心"。善于倾听也是同理心的表现。倾听和有效回应是一对孪生兄弟，在认真倾听的基础上能够给予有效的回应，让对方感到贴心、被理解了，这种状态是人际互动的最高境界。在小组中一个很重要的要素就是成员间彼此的同理心。工作者要使成员的同理心增强，一方面可以通过自己表达同理心；另一方面也可以通过训练提高。训练可以用"注意对别人言行的反应""角色扮演""给予及时回馈"等方式进行。对工作者而言，同理心不应作为一种技术训练，而应作为一种价值观或行为规范，随时进行培养，把它内化为自己生活的一部分，这样才能在适当的场合真实地表达出来。

社会工作者必须是真诚（坦白）的，并且会对小组成员做出诚实的回馈，使组员愿意说出自己的真实想法和感受。真诚包括诚实与开放的心胸。真诚通过对自我了解来实现。真诚的态度就是将自己的满意与不满统统说出，为了成员拥有开放的态度，愿意将自己"皮袍下的小秘密"揭露出来。真诚也应该包括工作者对成员不掺杂任何偏见，对成员和小组的意见及时指出。真诚的态度有助于消除成员之间的猜疑与增加成员之间的相互信赖。

工作者必须学会接纳。接纳就是接受，工作者应该抱有谦虚的态度，对组员的行为、语言和想法等接受，然后加以仔细分析，制订一套有效的援助、治疗方案，以便有效地工作。

拓展训练

组员小芳，三年级女生，在前期了解发现组员小芳比较外向，胆子也较大，在课下也经常与同学主动交流，特别喜欢在人多的场合发言，性情粗放，善于表现自己，但是小芳的人际交往中过于大胆，言语易中伤他人，同学都不愿与她交往，刻意孤立她。在"与你同行"留守儿童人际交往能力提升小组的第一次聚会中，社会工作者有意让小芳起来回答问题，但是小芳却表现得非常不自在，说话的声音也非常小。

问题及思考：

1. 小芳为什么会在第一次聚会中显得拘谨与不自在？
2. 面对小芳的不自在，社会工作者此时应该怎么做？

任务二

小组工作初期工作目标和关注焦点

学习目标

　　1. 了解在小组初期社会工作者应当关注的焦点内容，明确小组初期工作的目标。

　　2. 有能力评估与管理小组规范，能够支持和鼓励成员参与互动。

工作任务描述

　　某社工机构以残疾人作为主要的服务群体，在前期调研基础上发现所在街道有30余名残障儿童，其中有8名表现出了明显的社会融入障碍。为此，社会工作开设了"阳光天使"残障儿童支持性小组。小组活动第一期聚会安排如下：①工作者作自我介绍，重申小组的目的与意义，向组员介绍小组工作所采用的主要方式（如游戏等），说明工作者在活动中主要起的作用与承担的角色；②工作者向组员介绍"魔箱的指示"这一游戏规则，通过这种方式与组员共同讨论制定小组契约；③"介绍他人"，以有趣的方式促进组员的相互认识；④在已有的认识基础上，工作者带领组员参与"猜名字"游戏，通过猜名字与问问题进一步加深组员之间的了解。

　　问题思考：
　　1. 小组工作第一次聚会的工作目标是什么？
　　2. 小组工作第一次聚会中社会工作者应当关注哪些焦点？

工作任务分解与实施

一、小组工作初期工作目标

1. 建立小组关系

　　小组工作的新老社会工作者都会把小组开始阶段看成小组工作最艰难的阶段，因为这个时期组员们都在寻找小组发展的方向，但是又对所有的建议表现出矛盾心理。组员们一方面要确保自己的自主性，另一方面又要适应小组，与其他组员和平共处。社会工作者的最初目标就是协助组员走到一起来，以合作的、有效的方式来参与小组，同时还能让组员感受到自己小组的特殊贡献，能够得到他人的尊重和肯定。因此，小组工作初期就是促进组员的相互认识和接纳，建立小组关系。具体表现为：工作者和参加活动的组员相互认识；工作者向组员介绍小组工作，并进一步明确参与者的动机与期望，澄清小组目标；制定小组契约，初步形成小组凝聚力。

2. 形成小组规范

小组成员彼此认识并有了初步了解后，在后面的活动中小组组员开始扮演小组角色、形成小组规范和结构。规范是小组成员之间的互相认同和默契，它是在成员内部自发形成的，而不是工作者附加的。俗话说：没有规矩难以成方圆。规范有利于小组凝聚力形成，也是治疗的有力工具，规矩使小组保持一种动态平衡和活力，使个人的需求（给予的需求、获得情感的需求、控制与被控制的需求，以及包容与被包容的需求等）得到最大程度的满足。

二、小组初期关注的焦点

在小组工作初期，社会工作者应该关注以下几点。

1. 寻找相似性

在小组刚开始时，成员会以外表特征和经验基础来互动，例如相同的年龄、民族、性别、教育状况、宗教信仰、政治立场、爱好特长等因素都可以促进互动。此时社会工作者可以通过认真阅读成员的背景资料或向成员询问"谈谈你为什么参加这个小组"等方式来了解成员的相似性，以便制定工作目标和介入方法等。相似性是成员互动的基础。

在现实生活中我们明显地感觉到"似曾相识"和"同病相怜"是最容易产生互动的。所以，在小组聚会阶段，寻找相似性至关重要。有的成员在小组一开始就表现出异常的积极，其目的经常是为了奠定自己在小组中的地位。他们一方面可能是为了突出自己，同时也追求与别人打成一片，因为这样可以给别人一种领袖和楷模的印象，也可以展示自己的自信。不过，工作者必须明白，并非最早出现的领袖就是最有能力和影响力的人物。在中国人的小组中，仍然保持着谦虚和"真人不露相"的传统观念。这就要求工作者在确定小组领导时，应该非常谨慎。

2. 彼此交谈

在交谈中应注意两点：在这一时期的成员倾向与工作者谈话，所以工作者要试图转移话题，引导成员彼此之间交谈。例如，可以让成员自我介绍；给一个话题，让大家轮流发言等。成员此时只想听别人谈，而自己羞于启齿，工作者应该帮助成员梳理思路，鼓励他们大胆地开口说话。

3. 消除顾虑

成员在交谈中总有担心小组不能真实地了解自己的意图的顾虑。事实上，这是很容易发生的，因为我们每一个人很难仔细听别人诉说，对他人的意图难免误解，加之有些成员的口头表达能力有限，这样就更容易引起别人的误解。这时工作者应该积极与成员沟通，仔细倾听，引导成员之间最大限度地沟通。对表达能力欠缺的成员应该给予特殊的关注，积极引导他们发言，帮助成员梳理思路，鼓励他们大胆地开口说话。

4. 仔细聆听

成员在第一次聚会时，有些急于表达自己的观点，而有些又沉默不语。有的成员为了准备自己的发言而无法注意别人的表达，甚至有些人漫不经心，造成小组只是各个成员的表达会，而缺乏彼此互动。工作者应该要求成员注意他人的表达内容，学习聆听他人的心声。工作者本身也应该用聆听的技术来协助成员沟通。训练成员倾听的方法：工作者可以询问是否听懂他人所说的意思；或要求成员轮流做段落总结；工作者还可以问成员当别人不注意听你谈话时，你有何感想等。由此可以加强成员对别人谈话的回馈。对儿童来说，用奖赏来换取成员的注意力是可行的方式。

三、任务解决

在"阳光天使"残障儿童支持性小组中，第一次聚会的内容包括了工作员的介绍、组员的认识，旨在建立小组关系；而"魔箱的指示"这一游戏规则，通过这种方式与组员共同讨论制定小组契约，旨在形成小组规范。所以，第一次聚会的目的是建立小组关系与形成小组规范。在第一次聚会中，社会工作者应当关注的焦点为寻找相似点、支持与鼓励彼此交谈、消除组员顾虑、仔细聆听。

必备知识

评估和管理小组规范

规范的产生不是由工作者制定的，成员才是规范的制定者，同时也是执行者。如果成员违反规范，工作者应该要求成员按照规范执行，但绝不能强制命令，应该根据当时的情境加以疏导。对于小组行为偏差者，工作者可以直接对不规范的成员说"王瑞，我们刚刚才说过当别人在发表看法的时候，最好能注意听，不要在底下窃窃私语。""力明，还记得上次我们决定在小组中有些话可以不说，刚才永进不想再谈下去，你不应该强人所难。"

工作者可以用间接的方式点拨成员"你想知道当你发表看法时，有人不在乎的样子，你的感受如何吗""当有人谈话占用大家太多的时间，你的反应如何呢""说说当你讲话时被别人打岔的感受可以吗"。工作者还可以通过顺水推舟来增强小组规范的履行。例如，工作者可以说："我觉得他说得很有道理，大家觉得怎么样呢？"工作者还可以利用其他小组规范的执行经验，以加强自身规范的执行。最后，需要说明的是小组规范不是一成不变的，随着环境的变化，小组规范也会发生变化，不过，小组规范的修改应该由成员自己决定。

拓展训练

渝新街道内有留守儿童34名，集中在10～14岁这个年龄段。经过前期招募与筛选，社会工作者计划针对有不良生活习惯的7名留守儿童开展"精彩同行"留守儿童治疗性小组。5月13日，在渝新街道渝新社区居委会办公楼二楼活动室开展了第一期小组活动——"相聚是缘"。

问题及思考：

1. 留守儿童存在哪些普遍性的问题与需求？

2. "相聚是缘"第一次聚会活动的目标有哪些？

任务三
小组工作初期小组工作流程

学习目标

1. 掌握小组工作初期工作流程及每一个流程应当注意的内容。

2. 能够熟练运用在小组工作初期工作中每一个流程所需的技巧，灵活穿插使用游戏。

工作任务描述

汶川大地震后许多高校、基金会、社工机构都在重灾区设立了社工点，在汶川县某小学有社工 3 名。在前期调查的基础上了解到，由于学校重建、校园环境的变化许多学生出现了适应障碍。为此，社工招募了 10 名有破坏行为的三、四年级男生成立了"我的校园我的家"小组活动。7 月 17 日，第一次聚会"我们是一家人"在学校活动室开展。

问题思考：

1. 请设计第一次聚会"我们是一家人"的活动流程？

2. 在活动流程设计中，是否运用了游戏，运作这些游戏的目的？

工作任务分解与实施

一、小组工作初期小组工作流程

（一）介绍新成员

组员们到齐后，小组就可以正式开始了，社会工作者要做的第一项工作就是请组员做自我介绍。自我介绍能够帮助组员一起分享各自的担心和兴趣，由此发展成彼此信任。社会工作者可以告诉组员在自我介绍中主要介绍哪些内容，比如，除了介绍各自的名字之外，组员可以根据每个小组的目标来确定需要介绍的信息。

提供机会让组员充分讨论和分享各自的共同问题和担心，是小组工作实务的一个独特之处。例如，参加治疗性小组的组员通常相信自己是唯一受到某类问题困扰的人，在现实生活中，他们以封闭的方式忍受某种问题的困扰，但是，实际上有很多人也受到同样问题的困扰。小组的第一次聚会就提供了这样一个机会，让大家感到自己并不是孤立的，这样会让他们感到自在，感到获得了他人的支持。

1. 轮流发言

组员互相介绍的最常见的方式就是让组员轮流发言。使用这个方法时，社会工作者需要首先做自我介绍。在小组早期，组员会从社会工作者那里得到很多暗示，这时的社会工作者就发挥了示范作用，给组员展现如何介绍自己的个人特点。一旦组员听到了社会工作者的介绍，他们在介绍自己时候，就会仿效工作者的做法，来揭示自己的个性。

2. 分组访问

将组员的介绍与互动相结合，可以把组员分成两人一组。让组员分别访问对方5分钟，根据社会工作者的要求，要问对方一些具体问题。5分钟之后，组员互相调换角色，访问对方5分钟。时间到了之后，大家回到大组中，每个组员根据自己掌握的访谈资料，向小组介绍自己搭档。

3. 游戏运用

在介绍新组员时，"寻宝"是最常见的一种游戏，也是非常有效的。社会工作者要求组员发现其他组员身上的2～3个特点。这个活动提供了一个结构式的但又是非正式的互动，它能帮助组员克服小组初期的焦虑情绪。组员发现的这些特点还需要在大组中进行分享。

(二)界定小组的目的

在小组组员自我介绍之后，社会工作者需要就小组目的、社会工作者在小组中的作用等进行一个简单的说明(即"开场白")。如果组员不清楚小组的目的或社会工作者的动机，他们的不安情绪就会增强，参与小组活动的热情就会降低。尽管在小组组前访谈时工作者已经跟组员详细介绍过小组的目的，但是，社会工作者还是需要在第一次小组聚会时重申小组的目的。首先，社会工作者要清楚地说明，小组的目的就是要满足组员的需要，因为组员的需要最终决定小组的目标和目的。接着，可以邀请组员表达自己的目的和目标，并对社会工作者介绍的小组的目标和目的发表意见。在这个过程中，社会工作者要认真考虑组员的评论，并对组员愿意分享自己的感受和想法表示欣赏，同时还可以进一步鼓励组员提出反馈。

(三)讨论和明确组内的保密性

在小组的开始阶段，社会工作者需要引导组员认真讨论保密的问题。这可能对很多组员来讲，是第一次讨论需要将小组过程中的内容进行保密的问题。因此，社会工作者要特别强调保密的必要性以及泄密可能带来的危害。组员间的互相信任是小组凝聚力产生和小组顺利进行的重要保证。当工作者让组员相信，小组是一个非常安全的场所，是一个可以安全地讨论具有情感深度的问题的地方时，组员对小组的信任感就会加强，凝聚力就产生了。在治疗性小组中，组员通常比较担心的问题是社会工作者和其他组员会怎样利用在小组中自己分享的信息。组员在没有一个安全保障的情况下，是不会透露内心的担忧，建立信任感的。因此，社会工作者可以在整个小组过程中，时常提醒组员保密性的原则。这一点在一些院舍机构的小组中尤为重要，因为组员在组外的频繁接触，可能会造成泄密的情况。另外，在儿童小组和其他的一些特殊人群的小组中，由于他们可能很难遵循小组第一次聚会时做出的保密承诺，所以，工作者需不断提醒和强调保密原则，这是非常重要的。

(四)制定小组规范

接下来，社会工作者要协助小组设定一些原则作为小组中组员行为的规范，当然，这要得到全体组员的认可和同意。这些就是我们常说的小组规范。例如，组员可能会同意下列规范：

(1)按时出席小组。

(2)如果不能按时出席，需要事先向社会工作者说明。

(3)当其他组员发言时，要认真倾听，不要轻易打断。

(4)不要主导小组讨论。

(5)尊重每位组员的想法和感受。

(6)在表达自己的想法和感受时要真诚、诚实。

(7)在回应其他组员的评论时，要本着积极、合作、有益和信任的态度。

工作者不能将小组的规范强加给组员，相反，组员应该参与小组规范的制定，这样，他们才会有一种主人翁的感觉。

(五)协助组员感到自己是小组的一分子

接下来，社会工作者要协助组员感到自己是小组的一分子。要让组员知道，每位组员都是小组的一分子，要做到这一点，可以采取的一个方法就是指出组员的共同兴趣和目标。这样，组员会对彼此间的共同点比较感兴趣，他们知道自己不是唯一受到某个问题困扰的人，这样就能协助他们拉近与其他组员之间的距离。

指出组员之间的共同点，并不意味着工作者低估组员间的差异。在小组的开始阶段，工作者可以采用不同的方法让组员发现并欣赏他们之间的差异。工作者要指出组员的不同背景和视角都会促进小组的发展，这样可以鼓励组员来发现差异，接受不同的视角。工作者还可以提出一个非威胁性的、直接的话题，来帮助组员发现、理解和欣赏组员从不同的角度提出的各种看法。

一般来说，组员间的差异源于他们不同的背景和生活经历，对于这些差异既不能夸大，也不能视而不见。在聚会中，可以要求组员设计一幅"自我坦露的拼图"，从艺术的角度来呈现自己不为其他组员所了解的一面。社会工作者的任务就是协助组员欣赏并尊重这些差异。

(六)引导小组的发展

社会工作者在小组开始阶段不需要提供任何方向性，只需要鼓励组员就目标和目的展开一些探讨，直到最后大家能够达成一致的认识。在任务型小组和成长小组中，常常会采用一些非结构式的方式，来指导小组早期的聚会，使组员了解小组的目标，而非结构式的方法能够帮助社会工作者了解小组的动力关系和组员的互动模式。当然，需要指出的是，早期以非结构式的方式来探讨小组的目的和目标，可能会提高组员的焦虑程度。因此，社会工作者在使用非结构式方法时，尤其是在面对一群功能性水平不高的组员，小组的时间比较紧迫而小组目标并不是关注探索个人风格的时候，需要特别小心。

(七)小组工作中的目标设定

在小组工作初期，小组常常需要花时间来讨论目标。当社会工作者讨论小组目的时候，目标形成的过程就开始了。目标的设定实际上产生于个体组员与社会工作者、与小组功能性系统之间的互动过程之中。

影响组员目标设定的因素：

(1)他们对自我需求的评估。

(2)他们过去对实现某个目标所付出的努力。

(3)环境、社会和家庭对他们的要求。

(4)他们对自己能力和能量的评估。

(5)他们对社会服务机构赞助小组工作的印象和经验。

小组目标的形成需要经历一个组员和工作者之间互相探索和谈判的过程。在这个过程中，组员和工作者需要开放式地就各自的目标进行重复沟通。

(八)就工作达成协约

在小组工作中，协约是一种双方就具体的期望、责任和职责达成的协议。下面列出了可以发展出来的各种协约的类型。与整个小组有关的协约是在小组中发展出来的，个体组员的协约则是根据个体组员的治疗目标或任务来制订的。

第一种是个体组员协约、最常见的方式就是由个别组员与社会工作者签订。例如，组员可以与工作者签约保证不再抽烟，更加自我确定，结交更多的朋友等。

第二种协约可以在两个或者更多的组员之间进行，以协助这些组员实现某些目标。最常见的形式是组员邀请其他组员来监督自己，既可以在小组过程中监督，也可以在小组外监督。

第三种个体协约的方式就是单个组员与小组之间的协议。例如，某个组员可能同意给小组带来某些资源，希望自己能遵守并让其他组员感到满意。

(九)处理矛盾心理和抵制

面对小组初期过程中，组员不愿意正面回答社会工作者直接提出的关于期望和动机之类的问题，特别是当社会工作者在评估组员的期望和动机之前提出的关于"工作需要"之类的问题时，组员可能不太愿意把自己矛盾的、对于自己要实现刚刚签约的小组任务的能力的担心说出来，因为他们担心社会工作者可能会不同意。强制参加小组的组员不存在需要回应他人的问题。下面罗列了处理组员矛盾心理和抵制的技术：

(1)关注关于完成小组工作公开的和隐蔽的各种信息。

(2)承认组员的矛盾心理，对组员成功实现小组目标和改变提供一个现实的评估。

(3)协助组员处理他们自己的矛盾心理和抵制。

(4)帮助组员选择参与小组的各种活动。

(5)协助组员团结合作，发现组员可能会出现抵制的环节，克服阻碍他们全身心参与的障碍。

二、小组工作初期常用游戏

每次当聚会准备开始之前，可进行游戏活动来使组员作为破冰时间。"打开话题"可使组员在等待的时候不会觉得沉闷及不知所措，反会带出一个轻松和谐的气氛。善加利用此部分时间，可帮助建立一个聚会的好开始。特别是，在小组初期用轻松的形式进行聚会，让组员增加彼此的认识（如背景、喜好及性格），同时建立舒适开放的气氛，特别是开新的小组或有新组员加入的情况。下面，列举几个常用游戏：

游戏一，"波涛汹涌"。社工说"如果你心中有气，顶在胸口会好辛苦，我们为别人赶走这气好吗?"这时每个组员选择一个不同颜色的气球,并抛高自己的气球,尽力让气球停留在空中,同时尝试打下别人的气球,气球跌在地上的人即被淘汰,气球保持在空中最久的人便算赢。社工分享大家在游戏中的表现,激发大家的欢乐。

游戏二,"谁是密友"。社工先让大家围站一圈,一名组员站在中间,社工问"当你想找人倾诉时,在这个小组中,你会找谁",此时所有人都要闭上眼睛,站在中间的人走到心中密友面前时就说"OK",站在中间的人要分享选择的原因,被选者也要分享他的感受。

游戏三,"喜怒哀乐"。社工从成员中先选出 5 人进行传表情,其他人在旁做观众。主持人把表情字条如"怒火中烧""风情万种"等让最后的组员抽出一张,最后一名组员将表情向前面一位传递,不可发出声音,社工最前面的组员能否猜中所传表情的真正意思。通过游戏,增加欢乐气氛,也可带出非语言沟通的限制。

游戏四,"大风吹"。社工说"大风吹",组员就问"吹什么",若社工说"吹戴眼镜的",则戴眼镜的组员需要起身调换位子,没坐到位子的组员则玩"真心话大冒险",社工可以先列举几个真心话大冒险的经典问题如"如何向喜欢的人表白""现在你喜欢的人是谁""欺负你的同学正在你面前,你最想干吗"等。社工引导组员分享游戏的感受"大风吹,吹走了烦恼和忧伤,吹来了喜悦和快乐"。

游戏五,"记忆考验"。全部组员围成一个圈,从第一名组员开始说"今天我吃了AA",第二个接着说"吃了一个 AA,二个 BB"(AA、BB 为不同的食物名称),像这样一直传下去,每传一个人就必须重复前面的食物名,另加一个新的食物名,一直到有人中途讲错出局。

游戏六,"动物模仿"。首先,组员确定自己是何种动物,标准是"根据自己姓氏的第一个字母,若字母在 A~F 区间则为狮子、在 G~L 为老虎、在 M~R 为猫咪、S~Z 为热带鸟",然后由组员挑选另一位组员,彼此盯着看,目光不能转移,同时用嘴大声学动物叫,至少 10 秒钟。而后,由主持人分享:在这个简单的游戏中,你的感觉如何?你是否感到既幽默有趣又有些尴尬?这个游戏尽管开始时会感到不舒服,很可能结束时已是笑声满堂,因为不管你模仿的动物是什么,其中你的表现都是"傻驴"一头。主持人通过这个热身游戏引导组员认识到"在最困难的时候,不要忘记幽默可以使你保持乐观"。

游戏七,"气球小白兔"。社会工作者先用 PPT 简单地介绍制作方法与过程,然后在志愿者的协助下每两个组员完成一个小白兔的制作。每个小组选取粉色单根气球一个,先从兔子的耳朵开始,保持两只耳朵大小一致,再在脖子的地方折出一个小气泡做出腿与身子,将后腿接出一个空隙将前腿插入,就形成了一个下蹲姿势的小兔子,最后依据自己的想象添加眼睛与嘴巴。社会工作者将做好的小兔子展示出来,给每个组员发放一个小礼物。然后鼓励大家分享制作的感受,由此引申出与他人合作所带来的快乐、行为可以改变我们的情绪等。

游戏八,"造反运动"。组员们围成一个圆圈,社会工作站在中间,主持人说"右",全部人就将头转左,说"左",所有人就将头转向"右",说"前"则所有人的头向后,也就是要做和口令相反方向的动作。活动志愿者要仔细观察参加者,发现有人犯错,就要宣判出局。选取 5 名出局组员,要求他们分别唱一句歌词,其他组员要求给每一位歌唱者一个握手、拥抱之类的身体接触。

游戏九,"伦敦铁桥"。伦敦铁桥是儿时的常玩的游戏。主持人首先介绍了游戏规则,由两名志愿者搭成桥状，组员以火车过山洞的方式前进，主持人背对组员唱歌"伦敦铁桥垮下来，垮下来，垮下来……"当喊停时"桥"放下来抓人，抓到的就接受"奖励"，如此循环两次。被"抓"组员表演小节目或分享自己的感受。

在小组初期，社会工作者选取与运用游戏时需要注意以下几个方面：一是游戏要适合组员的特点，如针对老年人群体，所选取的游戏运动量不能过大；二是游戏时间不宜过长，在整个小组聚会的环节中，游戏只是很小的一部分，游戏时间不宜过长、内容不宜过于复杂；三是小组初期游戏既可是现成的有规则的游戏，也可以由社工结合生活改编的游戏，不需要过于拘泥形式。

三、第一次小组聚会设计举例

某乡青壮年劳动力依旧热衷于外出务工，在北京、上海、广州等发达城市从事商业服务业、建筑业，以此增加家庭收入来改善生活，但也形成了有 23 名留守儿童。其中，有 13 名留守儿童具有同质性，表现得最为严重，出了明显的厌学心理与逃学、迟到、早退、抄袭作业等不良行为。之所以出现不良的心理与行为习惯，首先源于监护人以老年人为主，文化程度偏低，无法适应当前复杂多样的社会环境，传统重吃穿轻学习教养、重身体健康轻心理成长、重人身安全轻行为引导，造成了不良习惯的养成；其次，父母对留守儿童的关爱不够，长期在外务工无法及时与儿童的班主任、任课教师进行沟通，不能及时掌握学生的学习、生活及心理动态，形成了重智力轻德行的行为习惯培养障碍；最后，家庭、社会与学校教育步调不一致，形不成合力，学校培养学生自己的事情自己做，可到家里爷爷奶奶则包办代替儿童的事情，使得综合素质教育半途而废。针对这 13 名留守儿童的不良习惯，单纯依靠儿童的自我调适很难得以纠正，而依靠家庭与学校的力量则会更加地加剧他们的逆反心理，亟须引入专业的力量介入。社会工作是一种注重人与社会环境交互关系来帮助人和解决社会问题的学科，被广泛运用于贫困者、老弱者、身心残障者和其他不幸者等弱势群体。

于是，社会工作者计划开展"健康成长"某村留守儿童社会工作服务项目。其中，第一期聚会的设计如下：

小组名称	"健康成长"某村留守儿童矫治小组
活动名称	组建"小小新家庭"
举行日期	20　年　月　日下午 3:30—4:30
活动地点	某某村活动室
服务对象	某某村有不良行为的 6～14 岁留守儿童
预期人数	10～13 人
活动目的	工作者和组员间的相互认识，制定小组契约和规范，增强团队凝聚力，制定队名，标志，队徽，队形口号，选出队长与组员一起订立小组规范，使他们对小组更有归属感和责任感。
活动负责人	某某社工
活动协助人	从村里招募志愿者 2 人

活动内容	1. 破冰活动 用组员间的名字，组合成地理地名。活动规则：按组员人数分成两个小组，然后哪个组在规定的时间内组合的地理名字越多就算赢家。 2. 介绍小组的性质和目标和内容；解答组员的疑问。 3. 小组成员在规定的时间内自行制定小组契约（如不迟到、不早退、不在小组活动期间嬉戏打闹，要听从工作人员的安排，特别是外出的时候，如果违反将自动离开小组或其几次以上自动离开小组等约定）工作人员给予引导并记录。 4. 小组成员在规定的时间内在工作人员的引导下制定属于自己的队名，队歌等。（选队长时要注意，是激发个人才能展现的时候，工作人员要适当引导）
工作者角色	发起人、引导者、带动者、观察者
所需物资	纸、笔(彩笔)、观察员一名、记录员一名
活动可能出现的困难及解决方案	1. 组员大多原本就认识，可能会形成小团体，针对这种情况，工作人员要制定相关的约束措施，比如在团队中要以整个团体为主，入座时尽量把关系较好的分开。 2. 组员中会有个别很活泼的，在小组活动中经常打闹嬉戏的，破坏小组秩序，根据这一情况，工作人员提前对这样的组员打预防针。 3. 小组活动时间不够，工作人员把握不好时间。针对这一可能出现的情况，可以适当征得组员同意延长 5~10 分钟，并让协助工作人员适当地进行时间提醒。 4. 协调小组活动过程中可能出现的临时情况，如相互不服气、主动做队长或不遵守小组规范。 5. 在用名字构造地理名称时，有的组员可能会把自己所在的地域名称写上去，这样的话会造成活动的不公平性，所以针对这样的情况，在活动开始前，工作人员要说清活动规则。

四、任务解决

(一)第一次小组活动设计

活动时间	活动目标	活动内容	所需物资
10分钟	组员相互认识	破冰活动(用学校的公共用品或者校园的一种设施来代表组员自己，并向其他组员介绍自己让别人记住自己的名字同时引导组员说出为什么叫这个名字这个被代替的名字有着怎样的含义。此环节包括组员对小组的期待)。工作员总结发现其中的优点以及不同点并给予小组成员鼓励与肯定。	纸、笔（彩笔） 观察员一名 记录员一名
5分钟	让组员更清楚小组的目的及内容解答他们的疑问。	介绍小组的目的及内容，并解答他们的疑问。	

续表

活动时间	活动目标	活动内容	所需物资
15~20分钟	制定契约形成小组规范	小组成员在规定时间内自行制定小组契约（如不迟到、不嘲讽组员、不在小组活动时间内嬉笑打骂，团结组员，如若违反将自动离开小组等。或其几次以上自动离开小组等约定）工作员给予引导并进行记录。	
20分钟	形成团队：制定队名，标志，队徽，队形口号，选出队长。 与组员一起订立小组规范，使他们对小组更有归属感及承担责任	在规定时间内小组成员在工作员的引导下制定属于自己团队的队名队形，创作队歌。	
10分钟	组员感受到自己的价值，从新的视角理解小组；让组员表达对这次小组的感觉，让工作人员明白他们对小组的看法和意见，使工作员能从中改善。	分享发言，工作员总结并给予队员鼓励庆祝团队的成立。邀请组员简单地说出对这次聚会的感受及意见。	
3分钟		约定下一次聚会时间地点。	

（二）游戏运用及分析

在"我的校园我的家"第一次聚会中，社会工作者运用了破冰游戏"用学校的公共用品或者校园的一种设施来代表组员自己，并向其他组员介绍自己，让别人记住自己的名字，同时引导组员说出为什么叫这个名字、这个被代替的名字有着怎样的含义"。游戏是基于活动目的与现实生活，由社会工作者自己设计，较好的贴近了组员的特征。同时，游戏的运用是用轻松的形式进行聚会，让组员增加彼此的认识（如背景、喜好及性格），同时建立舒适开放的气氛。

拓展训练

B大学是一所普通高等师范院校，面向全国21个省市招生，每年招收新生约4000余人。很多新生由于是第一次离开家、离开父母、第一次住校，需要独自面对这一陌生环境了，出现了生活、学习、心理上的适应性障碍。政法学院的学校社会工作站通过辅导员推荐，招募了10名小组成员，开设了"梦的起点"大学新生成长小组，其中第一期小组活动名称为"相识原来如此简单"。

请根据第一期小组活动的目标，结合新生的特点，设计第一期小组活动的详细计划书。

任务四
小组工作初期社会工作者的角色和任务

学习目标

1. 掌握小组工作初期社会工作者的主要任务，了解在初期阶段社会工作者所扮演的角色。

2. 能够帮助小组组员之间建立信任关系并完成初期阶段的主要任务。

工作任务描述

在"与你同行"留守儿童人际交往能力提升小组的"魔箱的指示"环节中，组员曾某一如既往地表现得十分拘谨，工作者对曾某进行积极的引导，并呼吁组员对其进行帮助与鼓励。在组员的鼓励声中，曾某的发言还是略显有些腼腆与害羞。随后工作者即使对曾某的发言给予了肯定，并且重点表扬曾某的优点。工作者向组员解释在众人面前发言会觉得紧张是一种非常正常的现象，即使最优秀的演说家在每次演讲前也会或多或少地出现紧张情绪，这是每个人身上都存在的问题。在讲到这些时，工作者发现曾某的表情明显轻松了许多，组员认真聆听了工作者的一番话，并给予认同。

问题思考：

1. 在第一次聚会中，社会工作者的主要任务是什么？

2. 在这一过程中，社会工作者扮演了什么角色？

工作任务分解与实施

一、小组工作初期社会工作者的任务

这个阶段的小组工作重点在于帮助小组组员之间建立信任关系。因此，社会工作者重点做好下列几项工作。

1. 协助小组组员彼此认识以消除陌生感

组员的初步了解有的助于彼此关系的拉近及共同完成小组任务。因此，在开始阶段，社会工作者可以根据组员的个性特征以及小组的类型，设计出有创意的，可以打破僵局

的各种活动，恰当地使用一些游戏方法帮助小组成员互相认识，催化相互之间的互动。

2. 帮助小组组员对小组的期望，提高他们对小组目标的认识

虽然在决定参加小组之前，小组组员对小组目标已有初步认识，但还比较模糊、比较抽象。另外不同小组组员对小组的认知和期待也不尽然。因此，小组一开始，首先要与大家讨论小组的目标，订立大家共同认知的小组目标；要使大家清楚小组准备并且能帮助他们实现什么样的目标。这样做的好处是可以促进小组组员认识和接纳小组，做好融入小组的心理准备。

3. 讨论保密原则和建立契约

这对小组组员与社会工作者之间建立专业关系，促进成员间的支持与互动都有积极的意义。因此，在小组初期，社会工作者要与小组组员就像保守秘密的问题进行讨论和协商，达成共识，并在小组内设定保密标准。至于小组契约，则是社会工作者与组员之间共同商定的、有关小组目标及工作方式的一种协议约定。它可以采用书面或口头承诺的形式，大致涵盖小组程序和组员目标两方面的内容。其中，小组程序包括小组的基本要求，如出席会议的注意事项、有关保密的规定、召开小组会议的时间等；组员目标则包括预期行为的正向变化以及用来评估结果的标准等。

4. 制定小组规范

小组规范是小组初期社会工作者和小组组员一起建立的适合管理和协调组员行为的准则。小组的规范有三类：一是秩序性规范，用来界定组员之间的互动准则。二是角色规范，界定和明确组员所期望的具体角色和行为。三是文化规范，澄清和说明小组的信念和基本价值，强调开放、平等、保密、非批判和团结合作等原则。

5. 塑造信任的小组气氛

小组组员的相互认识、订立小组契约和规范都是增加小组安全感和信任感的重要手段。因此，社会工作者要致力于塑造信任的小组气氛：一是主动与组员沟通，建立信任关系。可以运用同理心，站在组员的角度考虑问题，倾听他们的问题，并作出真诚有效的回应。二是创造机会让组员表达自己的想法，通过组员间的相互回馈和关怀自然地产生信任。三是寻找并强调组员之间的相似性。可以邀请组员分享人生经验或感兴趣的事情等。当组员发现彼此之间存在相似性时，小组的凝聚力就开始产生。四是澄清组员之间的可能误解。在小组开始阶段，由于组员互相不熟悉，或不愿意与其他组员沟通，可能会出现一些误解。因此，要积极引导组员相互沟通并协助对方澄清误解。五是培养组员积极倾听他人意见的良好习惯。

6. 形成相对稳定的小组关系结构

主要包括：一是沟通结构。要建立能够最大限度鼓励组员进行沟通的理想结构。二是接纳结构。在组员之间形成能够相互接纳、相互包容的权利结构。三是权力结构。建立鼓励全体组员，特别是弱势组员能够自我肯定、有所增权的结构。四是领导结构。在开放性和流动性的前提下，建立注重责任、轮流参与、有利于推动小组过程的领导结构。五是角色结构。协助建立每个组员都有位置、都适合的角色结构。

需要注意的是，在开始阶段，随着小组的建立和发展，组员角色地位的开始确立，沟通频率高，相互交往的增加，小组关系结构随之初步形成并且会在以后的各阶段不断变化和完善。所以，社会工作者有必要在开始阶段将各个结构制成图表，以跟踪观察小

组形成后的结构特征。

二、社会工作者的责任和角色

小组工作的开始阶段，社会工作者需要扮演以下三种工作角色。

1. 领导者的责任和角色

社会工作作者处于小组的核心位置，具有指导小组发展、制订小组活动计划、统筹小组活动具体程序和细节的责任和领导角色。

2. 鼓励者的责任和角色

社会工作者要鼓励组员主动表达自己对小组和其他组员的各种期望，尽快适应小组环境。

3. 组织者的责任和角色

社会工作者要组织一些能够有助于组员之间相互了解的活动，促进组员之间尽快建立相对的熟人关系。

三、任务解决

在案例中，曾某在陌生环境中不敢表达，社会工作者进行了引导与鼓励，社会工作者承担了鼓励者的责任和角色。在第一次聚会中，社会工作者要鼓励组员主动表达自己对小组和其他组员的各种期望，尽快适应小组环境。同时，由于组员互相不熟悉，或不愿意与其他组员沟通，可能会出现一些误解。因此，要积极引导组员相互沟通并协助对方澄清误解。

必备知识

小组工作实务标准
——开始阶段的小组工作

（来源：社会工作小组工作推广协会）

一、初期阶段的小组工作任务

(1)明确陈述小组(以及如果有必要的话，机构)的目的和工作者的角色。

(2)引导组员根据他们自己的需要、兴趣和问题进行反馈。

(3)鼓励组员与他人分享他们自己的担心和优点。

(4)协助组员与组员之间、组员与社会工作者之间的关系。

(5)鼓励组员表达和发现大家的共同之处。

(6)监督小组过程中出现的权威、主题，如果需要的话，对此做出直接的回应。

(7)评估组员之间、组员和社会工作者之间的文化差异，并直接将其提出供大家讨论。

(8)协助小组制定规则和规范，从而更好地推动小组的变化和成长。

(9)运用自我概念来促进组员之间、组员与社会工作者之间的凝聚力。

(10)协助组员建立个体和小组标准。

(11)明确个体目标与小组目标之间的联系。

(12)帮助组员建立一个初期协助，为以后的合作提供一个明确的指导方向。

(13)推动个体自治，促进给组员赋权。

(14)创造和维持一个安全的社会文化环境。

二、初期阶段的小组工作所需知识

(1)小组开始阶段的动力关系。

(2)组员和外部环境抵制改变的原因、表现。

拓展训练

在残障儿童支持性小组的第一次聚会后，社会工作者对整个活动过程进行了评估，具体内容为："参加活动的组员在过去的访谈时由于都具有一定的生活自理能力，有8名儿童都在普通学校就读，所以显得并不局促。但在十分陌生的活动现场，组员们坐定后很安静，不随意走动，也不敢动活动室内的东西，连大声说话都不敢。"这时的组员，对社会工作者抱有很大的期望，也对小组未来充满焦虑。社会工作者用友好的问候打破陌生，还结合游戏进行相互介绍、利用彼此间的身体接触打破尴尬，逐渐消除了组员间的顾虑，帮助儿童认识自我，促进了他们彼此了解。另外，社会工作者还用分组讨论小组契约、真情卡传递祝福寻找他们的相似性，完成小组规范及目标的建构，形成小组，本次小组目标基本实现。

问题及思考：

1. 社会工作者在第一次小组活动中扮演了哪些角色？

2. 第一次聚会中，社会工作者的主要任务是什么？

项目三 小组工作中期
知识储备与工作技巧

内容导航

从小组工作的开始阶段完成之后，就进入小组工作的中期转折阶段。这个阶段是组员关系走向紧密化的时期，也是小组内部权利竞争开始的时期。同时，小组作为一个整体，也应该发展出一个基本的动力过程，包括：沟通和互动模式、人际吸引的水平、小组凝聚力、规范、角色和其他社会控制的机制以及小组文化。这个阶段社会工作者的工作重点在于：通过专业辅导，协调和处理组员之间的竞争及各种可能的冲突，促进小组内部的良性竞争与和谐，推动小组关系走向紧密化。

任务一
小组中期小组成员特质分析与需求评估

学习目标

1. 明确小组中期小组成员会表现出的主要特征，掌握小组组员在小组中期的主要需求。

2. 有能力分析小组组员在小组中期的表现，掌握对小组成员的需求评估能力。

工作任务描述

社会工作者针对街道内 6 名失独妈妈组建了"你我同行"支持性小组，给予组员以情感方面的支持，调适不良情绪，提升组员改变处境的能力，协助她们融入社会。在第三期小组活动中，社会工作者鼓励组员正视哀伤事件，让组员体验与学习表达失落事件的情绪。但是，小组活动进行到一半时，组员由于情绪过于激动无法正常进行，有 2 名组员出现了较强的防卫机制，不愿继续表达，甚至要求退出小组活动。

问题思考：

1. 组员为什么要求退出小组活动？

2. 小组活动中期，组员会表现出哪些特征？

工作任务分解与实施

一、小组中期阶段的基本认识

小组初期阶段结束后，就进入到中期阶段。中期阶段又称为小组重整与归纳阶段，在实际工作中一般起始于小组的第二次聚会。在这一阶段中，组员开始关注自己在小组中的权力和地位，关心自己被小组和他人接纳的状况，因此会出现较多的权力争夺和意见冲突的情况，以巩固在小组中的位置。

小组中期阶段可以细分为冲突与矛盾阶段、凝聚与和谐阶段，每个不同的阶段中组员表现出不同的特质。

二、小组中期小组成员的主要特征

小组中期为小组重整与归纳阶段。成员开始关注自己在小组中的权力和地位，关心自己被小组和他人接纳的状况，成员个人"本我"暴露有所增加，可能会导致意见分歧甚至是权力地位的争夺，来争取自己在小组中的位置。成员在此阶段会具有负面情绪：不安、焦躁、迷惑、挣扎、有超越他人的意愿，但又有强烈的分离欲望，其根源在于对自主权丧失的恐惧和对环境的抗拒。但受到前一段活动的影响，成员还会不断地确定小组对他们的意义，再度选择投入和承诺，形成所谓"钟摆效应"，使分化之后再出现整合。在小组中后期出现相互信任，小组凝聚力和归属感增强，彼此坦诚地交流、相互分享，此阶段小组内领袖地位确定，规范已被大家遵守，小组已经能够有效地处理各种突发事件。

(一)小组冲突阶段时组员的特征

1. 互动中的抗拒与防卫心理

小组工作向前发展，需要组员能够表露内在的真我。这时，一些组员既想表露自己又担心别人不接纳，既想探索自己又害怕认识自己，处于焦虑和挣扎之中。为保护自己，减少焦虑，这些组员就会产生防卫和抗拒的心理及行为。例如：用缺席或迟到来保护自己、沉默寡言、常常转变话题、仅以理性与人表面互动、独占话题等。

2. 角色竞争中的冲突

随着熟悉程度的增加，一些组员希望更真实地表达自己不同的意见和分歧，有时也会对别人批评和指责。同时，随着自我意识和权力意识的增强，一些组员可能会通过权力竞争来争取自己在小组中的位置。为了竞争，有些组员可能会出现攻击性语言和行为。在这种情况下，有些组员可能因感受不到安全和满足就会在这个阶段退出。此外，有的组员会自满于自己在小组中的角色，挑战社会工作者，对社会工作者提出质疑，表现出不配合的态度。

3. 对社会工作者质疑

经过小组前期，此时成员对自己在小组中的角色感到自满，他们开始表现自我。他们会提出"这是谁的小组"等话题，向社会工作者提出质疑。这个问题不仅代表成员开始关心小组的过程，同时也代表成员对小组的参与。所以，社会工作者必须积极努力，促使小组健康发展。

(二)小组成熟阶段是组员的特征

1. 对小组具有较强的认同感

由于前一阶段即开始阶段的小组规范学习及小组冲突与矛盾的解决，多数组员对于所参与的小组会产生比较明确的归属感和认同感，愿意与他人相处和沟通，也愿意在小组中表达自己的想法。

2. 小组组员的关系趋于融洽

组员会比以前拥有更大的自主性，但彼此之间的依赖性更强，成员在小组中分担更多的责任，彼此之间的了解更多。由于成员彼此的兴趣和关心，小组会出现"配对"和产生"次小组"，成员会表现出更多的同理心、真诚和理解，成员不仅期待工作者协助，更需要其他成员协助。

3. 小组组员付出足够的能量达成目标

这时会出现两种情况：一种情况是小组的目的和目标变得十分清晰，比如在互惠模式小组中别人的经验对自己显然立竿见影，在治疗小组中成员开始处理更深入的个人和人际关系问题，这些问题包括成员的自主性、害怕被伤害的感觉、沮丧、敌意、亲密感等问题，在小组成熟过程，成员会放弃他们的面具，而使小组的自我表露达到高峰；另一种情况是成员对小组感觉很好，但希望有更新、更好的目标，以利大家发展，所以此时可能会重新修订目标。

三、任务解决

按照小组三阶段论，"你我同行"失独妈妈支持性小组第三期进入到了小组中期阶段，属于小组中期阶段中的冲突阶段。在这一阶段中，组员会表现出互动中的抗拒或防卫心理、角色竞争中的冲突、对社会工作者的质疑等特征。而小组中失独妈妈过于悲伤不愿表达，甚至表示想退出小组，这属于典型的互动中的抗拒或防卫心理。

必备知识

评估小组整体的方法

在大部分实务情境中，社会工作者都会利用每次聚会的间隙来反思小组的功能性，他人基本上是根据自己的主观观察来评估小组整体的功能性的。但是，如果能够吸引全体组员参与到一个更加结构化的评估过程中来，将会有意想不到的收获。除了能够帮助组员意识到小组的功能性之处，还能吸引他们参与到小组功能性改革中，社会工作者如果能够采用下面一至两种方法，将会证实或者推翻工作者对小组功能性的主观印象。

1. 沟通和互动的测量

常见的测量方法为语义差异法，运用这个方法，可要求组员根据一个1～7分的态度量表来对某个物体或者人物进行打分。运用这种方法，可以对组员态度的三个面向进行评估：(1)知觉；(2)知觉的效力；(3)被测量的物体或者人物的知觉。

2. 测量人际吸引力和凝聚力

社会群体心理测量法常被用来测量人际吸引力，是通过针对某个特定的活动询问成员来了解组员是否喜欢与他人互动，也可以让观察者运用这个方法来给组员打分。由于组员对某个活动的喜好程度不同，组员的选择模式差异非常大。

3. 测量社会控制和小组文化

从整体的角度来评估小组角色的最完善的工具，就是Bales的SYMLOG。SYMLOG既可以用来作为自我报告的测量工具，也可以作为观察性测量工具。作为一个自我报告的测量工具，组员按照26个行为指标互相打分，这些指标包括"主导，说话很多"。要用每个指标给每位组员以0～2分来打分，其中0是不经常，2是经常。这也可以用来当作一个观察性测量工具，由独立的评估者来评价小组的功能性。运用SYMLOG对小组功能性进行分析的一个结果，就是从三个面向来描述小组组员间的关系，这也被称为"SYMLOG的现场图"。

4. 测量小组互动的产物

社会工作者可以通过简单的直接的方法测量小组互动的"产物"。在任务型小组中，小组工作的产物常常是有形的，例如，小组可能会提交一份书面文件，用来指导如何向服务对象提供服务。一个代表委员会的工作产物可能是一个内容丰富的议事日程。在治疗性小组中，小组互动的产物可能是有效的测量工具。小组互动可测量的产物包括行为的改变，两次聚会之间完成的任务数量以及完成的所有任务数量。

拓展训练

社会工作者针对街道内 6 名失独妈妈组建了"你我同行"支持性小组，给予组员以情感方面的支持，调适不良情绪，提升组员改变处境的能力，协助她们融入社会。在第三期小组活动"经验解码器"中，社会工作者协助组员从个人层面的信念、价值观、喜好、思考模式及社会层面外在环境的刺激源两个方面，挖掘组员对现实处境的主观解释，寻求哀伤的情绪根源。在这一期活动中，组员大多不愿直视社会工作者，对于探讨的主题也采取回避、转移话题的方式参与互动。

问题及思考：

1. 在第三期小组活动中，组员表现出了哪些特征？
2. 面对组员出现的这些特征，社会工作者该如何处理？

任务二
小组工作中期工作目标和关注焦点

学习目标

1. 了解在小组中期社会工作者应当关注的焦点内容，明确小组中期工作的目标。

2. 有能力把握小组中期的焦点，能够制定有可操作性的小组工作中期目标。

工作任务描述

社会工作者针对街道内 6 名失独妈妈组建了"你我同行"支持性小组。其中，第二期至第四期为小组中期阶段，活动名称与内容分别为释放"情绪负离子"，运用宣泄、指责，甚至是谩骂来释放情绪负离子，从而使案主获得内心的平衡；探寻"经验解码器"，社工协助组员从个人层面的信念、价值观、喜好、思考模式及社会层面外在环境的刺激源两个方面；求解"归因方程式"，社会工作者协助组员调整偏差认知，改变组员不合理的归因方式。

问题思考：

1. 小组工作中期聚会的工作目标是什么？

2. 小组工作中期聚会中社会工作者应当关注哪些焦点？

工作任务分解与实施

一、小组工作中期工作目标

小组进入中期后，组员间的冲突是不可避免的，工作员要学习如何面对和处理小组冲突。因此，小组工作中期工作目标之一是解决小组内冲突。大部分学者都认为小组形成后即刻会发生"重整"，这就是小组冲突。冲突对于小组而言，既有建设性，也可能有破坏性的作用。冲突并不可怕，关键是要循循善诱，及时解决，就像"蜜月期"结束一样，会产生许多矛盾，诸如权力分配不均，产生权力差异，对论题立场不同，在观念、价值、爱好等方面也存在着分歧等。这种情况下，如果处理得好，小组就会健康发展，否则就会分裂。

小组工作中期另一个工作目标是促进小组成熟发展，实现组员最大限度的改变和成长。小组顺利度过冲突期后，就进入大家期待的成熟过程，这是每一个组员的理想，也是大家共同努力的结果。在小组成熟期，社会工作者对成员之间关系和活动节目的开展起到促进作用，还需要充当调解人、支持者等角色，应当关照不同组员的需要，处理组员在工作过程中的不同表现。

二、小组工作中期关注的焦点

(一)小组工作中期冲突阶段关注的焦点

1．有攻击性的组员

攻击性行为包括：贬低他人、否定其他组员的意见、挑战质疑小组目标、讥笑对方、争夺权力等。攻击的方式有直接的，如与其他组员直接的对质；有时是间接的，如讽刺、开玩笑、尖刻的言辞；有时是一些非语言行为，如皱眉、不耐烦的神情、不友善的态度等。这些攻击行为会对小组气氛产生负面影响。无论是否其本身的性格因素使然，都会引起组员间关系的紧张，引起冲突或危机。

2．沉默的组员

小组中还会出现不发言、不表态的沉默者。这类组员往往不利于小组气氛的活跃，给社会工作者的工作带来困难，也会对其他组员造成压力。沉默的原因很多，有的是性格内向，有的组员表现沉默往往也与小组的过程和气氛有关，如他们正在思考或整理自己的思绪时；有的可能用沉默表示不满等。不过，沉默不完全是一种破坏性的行为，它有时也具有建设性的作用。尤其是中国人的性格特点比较含蓄和"慢热"，在小组活动中由于对自己的意见有保留，也会表现出沉默，这一现象比较普遍。因此，工作者应有足够的敏感度小心地处理小组中较沉默、退缩的成员，尊重组员选择沉默的自由，应避免组内其他成员对他们的"逼迫"，直到他们已有心理准备才适宜进行深度"挖掘"。

3．垄断、说大话者

在小组中，与沉默者相对的，还有特别活跃的人，他们相当主动积极，有时甚至会形成喧宾夺主的局面。这种成员往往会占去组员的大部分分享的时间，"霸占"了大家倾诉、表达的机会，使自己成为小组的中心。这种局面的持续，会造成其他成员的不满，也会增加工作者开展小组工作的难度，阻挠小组的正常进程。对此工作者一方面要保护这些"积极分子"的参与热情，另一方面要从实现小组目标的大局考虑，策略地暗示或阻止他们在组内有过分的表现，可利用小组规则来约束其行为，或将他们的注意力和积极性转移到有利于小组发展的轨道上。

4．替罪羔羊、牺牲者、发泄对象

替罪羔羊是指那些自己选择或他人选择为小组内不良情绪的发泄对象的组员。小组中有的成员把自己的愤恨、不如意转嫁到别人身上，从而减轻自己的负担和压力，把注意力从自己身上转移到他人身上。尤其是当小组遇到紧张情况、小组与外在社区发生冲突、成员与工作者产生冲突、小组凝聚力不高或小组目标不能达成时，替罪羔羊便成为小组减轻压力、化解冲突的目标。而在小组中，有些人由于个人的不自信，也喜欢扮演小组中受虐者的角色，以此来获得众人的接纳使其留在组内。研究表明，"替罪羔羊"的

形成往往和当事人的人格特点、行为特性、潜意识情绪以及社会觉醒等许多复杂因素有关。所以，对于小组成员透过于人、宣泄及逃避责任的现象，工作者要小心处理。

(二)小组工作中期成熟阶段关注的焦点

1. 小组自我管理与自我约束能力

在活动开展前，工作者向成员提出原则性的建议和要求以及工作者根据以往的经验向成员告诫可能出现的问题及其注意事项等。鼓励小组自我管理、自我约束。特别是对不善于表达的成员，应该给予特殊的注意，如可以鼓励他们即兴发言。

2. 关注组员的后顾之忧

工作者随时解答来自成员的询问，帮助他们揭开困惑和疑问，最大限度地提供信息。同时，社会工作者要对成员的行为负责任，不仅鼓励他们去做，而且应该帮助他们解决后顾之忧。

(三)小组中的次小组问题

大部分小组都会产生次小组，这是小组发展过程中的自然现象。次小组产生的主要原因是由于在一个小组中成员的社会关系、个人性格、心理倾向、特殊嗜好等都不相同。次小组一般由两三个人组成，它可以诊断一个小组的现状，也可以使一个人在次小组中获得情感的归属。当次小组意识到自己是小组中的一员时，小组的凝聚力就增强了。当次小组遭受反对时，可能会导致小组解散。所以工作者应该正确对待次小组，加以正确的引导。一个健康的小组都会有若干次小组产生，但健康的小组发展是每一个次小组都认同小组共同目标，而且整个小组虽然有次小组"领袖"，但大家也有一个共同的小组领袖。次小组向坏的方面发展时，就可能出现"派系"。所谓派系就是次小组只认同自己的目标和"领袖"，整个小组四分五裂成若干个次小组，既没有共同的目标，也没有共同的领袖，这对小组工作是一个危险的信号。作为工作者应防止派系出现，因此对次小组进行正确引导和控制是非常必要的。

必备知识

小组冲突的类型

"理性及秩序式"冲突。它的重心是环绕小组目标的达成，而表达方面以理性为基础。例如两位组员争论最有效的小组活动方案。这种争论对小组影响有限，但当其演变得越来越情绪化或权力化时，其结果就难以估计了。若解决得好，理性冲突能演化为小组进步的动力。

"心理及情感式"冲突。它主要指因组员性格差别或行为不协调而产生的摩擦、不快，或是组员间因感情不和、意见相左而演变成的意气之争等现象，由于不能很好地控制自己的情绪而产生的冲突。此时，情绪因素控制了冲突的双方，小组的气氛也会显得紧张。

"权力及控制式"冲突。它主要指小组成员间为了争夺小组的权力或影响力而产生的冲突。它的表现可以是正式的，如竞争小组领袖；也可以是非正式的，如想通过自身影响小组的决策。此种冲突成因复杂，影响深远。

拓展训练

在"你我同行"的支持性小组中，一名陈姓阿姨从进入小组起一直沉默寡言，不愿意说话。据前期调查了解，陈阿姨从失去独子后，一直不愿意在别人面前说话。在前几次小组活动中，每次轮到陈阿姨发言时，她都低着头，红着脸不肯说话。自我介绍时，也只是用自己听得到的声音说出自己的名字。在第四期小组活动中，陈阿姨主动站起来，怯怯地问道"我可以说几句吗"，然后就讲述了自己的心路历程，谈到自己变化的原因。陈阿姨的行动得到了社工和其他组员的热烈欢迎。

请问，陈阿姨为什么会在第四期主动表达？

任务三

小组工作中期小组工作流程

学习目标

1. 掌握小组工作初期工作流程及每一个流程应注意的内容。

2. 能够熟练运用在小组工作初期工作中每一个流程所需的技巧，灵活穿插使用游戏。

工作任务描述

社会工作者针对街道内 8 名单亲母亲组建了"与爱同行"支持性小组，给予组员以情感方面的支持，调适不良情绪，提升组员应对生活的能力。其中，第一期聚会"我们是一家人"为小组初期阶段，活动环节有破冰游戏、相互介绍、小组阐述、目标制定、契约形成等几个环节。而第二期至第三期聚会为小组工作中期阶段。

问题思考：

1. 假如你是这名社会工作者，你如何设计第二期至第三期聚会活动？

2. 在这些活动中，你可以穿插使用哪些游戏？

工作任务分解与实施

一、工作流程

根据组员的不同结构与需求，社会工作者会组建不同性质的小组，每一期小组活动也均不相同。但无论针对哪一类群体，不管形成何种类型的小组，社会工作者都需要完成六大类活动。

(一)准备小组聚会

在小组中期，社会工作者在每次小组聚会间隔中需要花费大量的时间准备下次小组聚会日程。例如，在给未来的寄养父母开办的一个教育性小组中，工作者在准备第四次小组活动时，需要准备：(1)如何协助孩子建立价值观的材料；(2)关于价值观的讲义；(3)准备一个活动，来解释某些概念，以协助孩子发展自己的价值系统；(4)协助组织小组讨论价值观的问题。在准备下一次聚会时,社会工作者要选择一些资料,能够激发组员的兴趣来参加讨论。此外,社会工作者还要预计需要多少时间来完成每个教育环节的活动,并记得在聚会开始时就要跟组员们讨论这个问题。

(二)小组工作结构化

结构化指的是运用有计划的、系统的有时间限制的干预计划和小组活动。小组的结构会促使组员快速学习新的知识。因此,结构化小组的一个优点是,它们会给组员提供一个高效手段来学习新的技巧。在小组的中期,社会工作者可以通过一系列的活动来安排小组工作的结构,具体活动内容:(1)通知组员小组活动按时开始准时结束;(2)给小组总结留下足够的时间;(3)设定日程安排:口头的或书面的;(4)建立有序的沟通和互动模式,并将其保持下去;(5)协助组员朝着目标前进;(6)聚焦组员在每次小组活动间隔中的改变;(7)聚焦多层次的干预:个体、小组和环境层面。

(三)吸引组员参与并协助组员赋权

在小组中期阶段,另一个重要活动是协助组员全身心地投入小组工作中,协助组员赋权,使他们在组内外都能够控制自己的生活。

第一个步骤要吸引组员参与并给组员以信任,让组员明白,自己相信组员是有能力的;

第二个步骤,当组员在努力实现目标时,需要指出他们可能遇到的困难和障碍,同时还应肯定他们克服困难的勇气和努力;

第三个步骤,是要让组员明白,在小组的内容和发展方向中,他们都发挥了重要作用;

第四个步骤,鼓励组员走出去,实现互相帮助;第五个步骤是鼓励组员在组内外尝试新的行动。

(四)协助组员实现自己的目标

在小组中期,绝大部分的小组时间都要放在协助组员实现自己的目标上。要做到这一点,就需要做到:

(1)协助组员明确自己的目标;

(2)发展出具体的工作计划;

(3)克服组员在实现自己目标的过程中的障碍;

(4)实施治疗计划。

(五)处理非自愿和抵制参与的组员

在某些情境中,社会工作者可能还需要处理一些非自愿参加小组的成员。非自愿小组通常是通过外部法律压力或者来自家庭、转介机构等非法律外部压力而形成的。对此,社会工作者面临的第一个任务就是要发展一个非判断的、接纳的、安全的小组环境,让组员感到能够自由表达自己的观点,说出自己的问题。当组员在表达自己的观点时,社会工作者需要评估组员愿意留在小组中的动机有多大、从而制定方案,确定小组如何帮助这些组员。

(六)监督和评估小组的进展

监督和评估小组的进展,能给工作者和组员提供反馈,这些反馈对于发展、修订和改变工作计划非常重要。它还可以帮助维持小组整体的功能性。监督和评估是重要的过程，需要贯穿在小组的整个过程之中。

在小组中期，从组员处收集资料的一个最常用的方法是，在每次小组活动结束时，向组员提供一个小组活动评估表。尽管小组评估问题的封闭式问题、李克特问题、开放式问题的格式是小组评估常用的标准化格式，但是，问题的内容却各不相同。按照自己小组的需要，对问题的内容进行修改，可以给工作者提供自己需要的具体信息。

二、小组工作中期方法和技巧

(一)包容

工作者应该认为冲突是很正常的现象，是小组的自然整合过程，不一定是坏事，绝大部分小组都会经过这一阶段。千万不要一有冲突就如临大敌，非要把矛盾公开化，迅速解决不可，这其实是不明智的做法。原因有两点：其一，没有冲突的小组是不存在的，冲突是小组的正常现象；其二，许多矛盾是可以自生自灭的，有时矛盾不公开化，反而有利于矛盾的解决，若不加思考就将冲突公开化甚至上纲上线，可能不利于矛盾的解决。当然，有些冲突是要解决在萌芽状态的。所以，工作者的包容心态非常重要。

(二)冷静

所谓冷静就是不做冲动的反应，应该让冲突在自然的过程中逐步化解，许多冲突随着时间的推移是会自生自灭的。应该善于利用冲突，冷静分析，循循善诱。遇到冲突时，工作员应该冷静和敏锐地觉察出问题症结所在，不宜有威胁、指责、挑衅或惩罚的行为。工作员对于冲突的处理，有人认为应加以干预，以使小组结构不受损坏，但是有些人则持相反的看法，他们认为冲突有益于自我再认知，成员可以通过与别人的回馈了解冲突的本质，工作者可以引导成员从冲突过程中获得同理的能力，何况说，冲突本应由小组成员来处理。通常在小组发展过程中，冲突是有意义的，工作者不一定即时干预，但是一定要去面对它。面对冲突的方式可以是直接干预，也可以采取旁观的态度。如果冲突被及早地稀释，则只是代表冲突转入地下，或是换个时间爆发而已，重要的是工作者应协助成员掌握解决冲突的技巧。

(三)理性

所谓理性就是无偏见，就是用客观公正的态度对待冲突。这种冲突无论是成员之间的，还是成员对工作者的，都应该持有"公心"。

(四)分享

工作者应该对冲突负责任，敢于面对冲突，决不回避矛盾。分享的含义很广，包括工作者能够体验他人的感受和情绪，分享他人的痛苦、快乐等。工作者只有懂得分享，才会认真关注每一个组员的实际困难和他们的思想、情绪，也才会对他们提供实质性的援助。

(五)稳定

社会工作者为了整个小组的稳定，应该尽可能协调各种矛盾。在冲突阶段工作者应该以大局为重，表现出高超的协调能力。因为此时成员把工作者放在了"矛盾的焦点"位置，他们会把各种不满、指责、攻击等情感莫名其妙地发泄到工作者身上，这时工作者应该表现出高度的同理、诚恳和接纳的态度，只有这样才能使小组渡过危机期，顺利进入成熟期。

(六)焦点回归

焦点回归就是把问题抛回给小组成员，让他们自己解决。社会工作者把论题抛回给小组是表现其轴承位置与可变角色的实质功能。所谓把论题抛回小组是指工作者不担任最终的决策者，而是一位提醒者和鼓励思考的媒介，他用启发性与示范性的表达以鼓励成员发表不同的看法，让任何引起争议的话题能透过共同的参与达成共识，也就是创造一个以小组为焦点的问题解决情境。工作者将论题抛回小组的方式可以表达为"大家觉得这样是否恰当""别人有没有进一步的想法""有没有不同的意见呢""要看这个建议对大家的影响如何，不妨让我们仔细地思考它""大家觉得怎样"等。但是，把论题抛回小组的用意并非要工作者完全放弃主张或权力，他仍然可以有介入的行动，只是比以前的各个阶段撤退一些，而表现更少的引导与活动角色罢了。因为，工作者相信成员自己能把握小组事务，不再需要全力去引导小组过程。工作人员可以用自己的知识和经验来检定小组自主性的能量有多高，从而决定自身角色涉入的深浅程度。

三、小组中期中常见游戏

(一)认清价值观、修正信念的游戏

1. 价值拍卖

社会工作者将一份列有拍卖品（即价值）的海报或是印制好的小纸片公开，要求成员用自己所拥有的总金额，购买上列的价值。每个人所拥有的金额原则上统一规定，如一千元或一百元。领导者开始叫卖每一项价值，由开价较高的成员得标，叫价所支出的金额应从个人可支配的金额中剔除。拍卖完成后，小组进行讨论，以分享成员间价值选择的偏好或对价值选择的不同和相同的原因与感受。价值拍卖的内容通常是包括友情、健康、工作保证、理想婚姻、出国旅游、服饰、洋房汽车、爱情、高学位、子女、人类和平、升官、发财、领导能力等。这个游戏旨在帮助成员澄清自己的价值偏好和价值反差，从而认同彼此的价值选择。

2. 鳄鱼河

这个故事是说有一位女士想渡过鳄鱼河去与情人相会，而她自己没有能力安全渡河，为了免于鳄鱼的攻击，很快与情人相见，于是她请求船夫协助，船夫的代价是要求以一次性交作为渡船资费，她在两难之下，选择了与船夫性交而渡河。当她过了河会见情人，她的情人知道她与船夫发生性关系，就此遗弃了她。这位女士将此事告知另一位朋友，这位朋友就数落这位情人的不是。工作者可以询问成员对故事中四位角色(女士、船夫、情人和女士的朋友)人格的评价，再逐一讨论个人偏好的原因。这个故事结合了"性"与"忠诚"的价值抉择。除了以上所举鳄鱼河的故事之外，也可以将故事改变成荒山中的飞机失事事件，将故事的角色增加为理性、罗曼蒂克、自私、实用主义、道德等，使故事的情节因素更为复杂，让成员做出判断。由于工作者对成员的情绪影响很大，所以，价值判断的影响也会很大，工作者应避开自己的价值判断，不要让成员觉得是在诱导他。

工作者"非评判"可以促使成员自我暴露，工作者要告诉成员他们所说的一切必须是真诚的，如此，价值澄清的活动才有意义。

3．冰海沉船

就是模仿"泰坦尼克沉船"过程，鼓励人们学会互相帮助，勇于献身，同时也可以显示爱心和小组的力量。

(二)角色扮演游戏

利用角色扮演来增进自我了解与设身处地的态度是直接而有效的。如果小组中冲突现象难以化解时，不妨使用几种角色扮演的活动来复制冲突的情境。

1．角色互换

对于引起冲突或沟通不良的成员利用扮演对方的角色方式，使原来的冲突情境或沟通情境再现。之后，小组一起来讨论角色互换的结果。最重要的是，角色扮演者应坦诚地表达自己扮演他人角色的感受，以及从他人扮演自己的角色履行中得到的印象来增进自我了解。角色扮演有助于增加同理心，使人们能够站在他人的角度考虑问题，从而增强设身处地的态度。

2．角色冲突

由领导者先编好一个剧本，以配合小组情境发展为原则，其中必须要有试图引起若干冲突的情境。演员可由成员志愿或由工作者视小组目标的需要而挑选。例如：主角是一位职业妇女，在晚饭后先生期待陪伴；孩子中有人喊着要妈妈放水洗澡，有人要吃水果，有人要妈妈听他谈今天学校所发生的事；另外公司的同事打电话来要她去参加公务应酬宴会……演完之后，领导可以要求演员与观众共同讨论现场的观感，包括对角色的偏爱程度，角色扮演的感觉，对相对立角色的看法，以及如何才能解除这种冲突情境。

(三)信赖游戏——扶倒练习

扶倒练习由成员轮流到团体中央，其他成员谨慎地围成一个圈，随时准备迎接倒下来的成员，站在中央的成员闭上眼睛，放松自己，缓缓地倒向任何一个方向，在外圈的成员见到成员倒向自己的方向，应该迅速接住他，再将他推回到原位。在最初的接扶动作上，可以让成员的倒地动作不要过大，渐渐尝试几次后，才适合做较大的倒地动作。这种游戏可以多人做，也可以两人一组进行。进行中务必循序渐进，才能培养信任感。警告成员绝不能有疏忽和开玩笑的举动，以免发生危险。

(四)探索自我游戏

1．谁是我

这是考验小组成员经过了数次聚会之后，是否相互了解并借此反映自己在别人心目中的印象。首先由每一位成员用小卡片写上四句或五句有关自我形象的描述，包括嗜好、个性、过去、未来、优点、缺点等。然后，由主持人将卡片收回重新抄写一份所有成员的自我描述，复印发给各位(或由主持人当场念出每一位成员的自我描述)，由成员们来猜各个纸片上描述和刻画的是谁，不论猜对与否，答案先不公布，到所有描述都被猜过后，再公布答案。最后，讨论被了解与不被了解的感受。

2．重点轰炸

就是让每一位成员轮流到小组中央接受别人的评价，回馈的焦点可以放在成员的优点和缺点上，回馈的范围是团体几次聚会时发生在个人身上的行为，被回馈者只能聆听，不能回话，每一个人的回馈应该将语言和非语言的反映集中在被回馈的人身上。如此轮流轰炸完毕后，由工作者带领成员讨论，内容是在被回馈前和回馈中自己的真实感觉、被轰炸时的感觉以及现在的感受等。

（五）自我表达游戏

1. 我在想什么

为了让成员真实地反映自己目前的心理感受，小组可以使用这个游戏。先让每一位成员用纸笔写出或画出自己目前的真实感受和心理状态，可以实写亦可抽象地写。然后，将画或文字交回给主持人，每个人在作画或写的时候，可以离开现场，互不窥视。主持人将所有的画或文字置于小组中央，请大家发表对每一幅作品的看法和所表现出来的意义。最后，由原作者发表自己的真实意图。如此轮流，直到所有的作品都被欣赏完为止。

2. 我的感受是什么

为了使成员真实表达出自己喜怒哀乐的情绪，工作者可以尝试运用这个游戏。先将成员分成单数和双数，然后让成员按照单双交叉的顺序围成一个圈，由单数号轮流向左邻的成员说出一句心里话，如"我很欣赏你的才华"或"你很美"，接着由被表达者给予回馈。工作者可以要求第一次回馈可以用礼貌和交际的客套话，如"谢谢你"或"我很高兴听到这句话"；第二轮仍然由单数表达，但对象是右邻的成员，表达的问题是一样的，但回答的表示则尽可能是自己的真实感受，如"我不觉得有多好""你太高估我了"等。接着换由双数成员向单数成员表达，做法相同。这个训练可以使成员区别社交表达和真实表达的差异，使他们分清表达的场合和对象，同时也使成员能够学会理性地表达自己的感受与坦然地接受对自己的真实反馈。

拓展训练

社会工作者针对某村同质性较强、需求较强烈的9名留守儿童作为服务对象开展治疗性小组服务，以期矫正他们在学习方面的不良心理与偏差行为。这9名留守儿童的具体情况如下：

于某某，女，12岁，小学四年级，父母于2012年年初开始外出在中山市家电工厂打工；向某，男，12岁，小学五年级，父母于2011年便外出沈阳开了一个小饭馆；陈某某，男，11岁，小学四年级，父母离异，监护人父亲远在北京从事建筑工职业；刘某，女，9岁，小学四年级，父母于2013年外出广东打工；杨某，男，13岁，小学六年级，父母从2007年便在广东打工；刘某，男，12岁，小学六年级，父母从2010年开始便长期在广东打工；刘某某，男，11岁，小学五年级，父母于2011年开始在上海从事服务行业；毛某，女，12岁，小学六年级，父母从2006年便长期在广东打工；黄某某，男，11岁，小学五年级，父母从2012年便长期在长春打工，父母每年陪伴黄某某的时间不长。这9名学生普遍存在下列问题与基本需求：一是缺乏父母亲情的陪伴，留守儿童出现情感需求的缺失，表现为"对抗、逆反"行为以期获得他人的关注，学习方面表现得最为突出，通过逃学、迟到等行为表达存在感，针对老师的提问"明知而不答"以求特殊关照与辅导；二是家庭教育明显不足，形成了不懂礼貌、不讲卫生、爱讲脏话等不良行为习惯，在学习方面则突出表现在做作业拖拉、爱抄袭、喜破坏等行为；三是家庭结构的突然转变，让留守儿童无法适应当下的生活环境，"野孩子"不仅成为他们的标签更成为现实学习生活的写照，在学习方面突出表现在监管的突然消失降低了学习自主性，教育主体的减少出现学习障碍。

　　社会工作者开展了第一期小组活动"组建小小新家庭"，让工作员与组员、组员与组员间相互交流与互动，进而彼此熟悉与了解；在工作员的引导与协助下，制定小组契约和规范，使留守儿童对小组产生归属感与责任感；工作员通过游戏与活动让组员主动交流、倾听与支持，共同制定组名、标志、小组口号等，增强团队的凝聚力。

　　问题及思考：

　　1. 假如你是社会工作者，小组工作中期阶段为第二期至第四期聚会，请设计第二期至第四期小组活动的内容。

　　2. 在第二期至第四期小组活动中，组员间出现冲突，你将采取什么的方法与技术处理？

任务四
小组工作中期社会工作者的角色和任务

学习目标

1. 掌握小组工作中期社会工作者的主要任务，了解在中期阶段社会工作者所扮演的角色。

2. 能够协调小组组员冲突，并完成中期阶段的主要任务。

工作任务描述

社会工作者在某高校中，针对20名大一学生开展成长小组活动，协助他们迅速地融入大学生活中。在第三期小组活动"大学生活面面观"中，陈同学占据了讨论的大部分时间，对于其他组员分享的内容不断的否定与质疑，甚至形成了6个组员的小群体，时常起哄，时常质疑社会工作者的分享。

问题思考：

面对这情况，社会工作者该如何处理？社会工作者在这一过程中，将扮演什么样的角色？

工作任务分解与实施

一、小组工作中期社会工作者工作任务

（一）小组工作中期冲突阶段工作任务

面对小组的特点，社会工作者的工作重点在于处理小组冲突。具体来说就是：

1. 处理抗拒行为

抗拒是小组过程中不可避免的现象，是组员在参与小组时的自然反应，是因为不承认小组为可以公开表白的安全场所，或因为不愿面对自身的潜意识问题。因此，社会工作者要帮助组员了解小组是分享和表达感受的重要场所，同时，要营造一种开放的气氛，帮助成员探索自己的恐惧和防卫，并鼓励他们承认并解决他们所体验的任何犹豫和焦虑等。

2．协调和处理

社会工作者要学习如何面对和处理小组的冲突，并协助组员让冲突成为他们成长的经验。在面对冲突时，社会工作者可以运用这样一些措施：一是帮助组员澄清冲突本质，特别是澄清冲突背后的价值观差异；二是增进小组组员对自我的理解，如运用角色扮演的方法，复制或重现类似冲突情境，以增进自我了解和对他人处境的敏感度；三是重新调整小组规范和契约；四是协助组员面对和解决冲突带来的紧张情绪和人际关系紧张；五是运用焦点回归法，即将问题抛回给组员，让他们自己解决。

3．保持组员对整体目标的意识

在转折阶段，组员之间围绕个人目标的摩擦、争执和冲突常常会取代小组的整体目标。因此，社会工作者需要经常以各种方式提醒组员保持对小组目标的意识，使组员时刻注意小组目标或与小组目标一致的个人目标情况下，可以通过小组团队协助的方式，帮助他们建立一个可执行计划。如果小组组员的个人目标与整体小组目标不一致，可以分别帮助他们形成自己的计划。

4．协助组员重新建构小组

在转折阶段，为了协助组员向着小组目标和既定方向改变，社会工作者需要协助组员重新建构小组，也就是说，这一阶段对小组的建构不同于小组的开始阶段，不是以社会工作者为主导，而是主要以组员为主导，社会工作者引导协助和鼓励组员担负起重构小组的全部责任，一般从聚会的时间和程序、沟通和互动模式，介入层面和介入方法等方面进行工作。

5．适当控制小组的进程

在转折阶段，社会工作者应该认识到组员经过处理抗拒和冲突的过程会养成一定的自我管理、自我决策的能力，但尚未达到完全独立自主的状态。这时，社会工作者还需要适当控制小组进程，引导组员以小组为中心的互动，创造一个以小组为中心的环境解决情境，以期更好地实现小组目标。

(二)小组工作中期成熟阶段工作任务

在小组工作的后期即成熟阶段，社会工作者的工作重点在于协助组员解决问题。概括而言，主要包括四个方面：

1．维持小组的良好互动

经过开始阶段和转折阶段的探索、冲突与挣扎之后，小组工作的后期阶段已经形成了一套良好的互动模式。这些互动模式是发挥小组功能和产生效果的重要工具。社会工作者应该协助维持这一良好的互动模式，并使组员的行为与互动更为有效。

2．协助组员从小组中获得新的认知

社会工作者要协助和鼓励组员进一步地进行自我表露，更深地自我探索，以获得更深的自我认识。同时通过他人的回馈反省自己，让组员对事物有更客观的了解，对自己的问题的形成原因和可能改变的方法，以及对环境、对自己与环境的关系有更新的认知。

3．协助组员把认知转变为行动

在组员有了新的认知后，社会工作者还需要协助组员意识到必须为自己的改变承担责任，并将这种认知转化为实际的行动。要鼓励和支持组员不断尝试新的行动，在被期待的新行动出现时，不断予以强化，使当事人组员更有信心，更有勇气去尝试和坚持，以备将来运用在小组之外。

4. 协助组员解决有关问题

社会工作者要协助组员将有关问题澄清，通过分析和磋商，协助组员建立合理的目标，并整合小组内资源，在合理分工的基础上，一起寻找解决问题的策略方法并付诸实施。

二、小组工作中期社会工作者的责任与角色

(一)小组工作中期冲突阶段社会工作者的责任与角色

在此阶段，社会工作者在小组的权力与地位逐渐由中心位置向边缘位置转移，所扮演的角色与前面两个阶段有所不同，即不再担任领导者和决策者，而只是小组的协助者和引导者。在处理冲突过程中，社会工作者的角色不仅是充当工作者、辅导者，而且是调解人、支持者。

(二)小组工作中期成熟阶段社会工作者的责任与角色

在小组工作的转折阶段，社会工作者的位置虽然开始向边缘转移，但还是接近中心位置。但到了后期的工作阶段，组员对社会工作者的依赖逐渐减弱，社会工作者逐渐退移到边缘位置。这时，有些小组角色已被组员自己承担，社会工作者与组员的地位逐渐接近甚至成为一个"同行者"和"旁观者"；组员的自我管理、自我决策能力大大增强，开始自己寻找解决问题的方法和策略。因此，社会工作者在此阶段的责任和角色主要在于：

1. 信息、资源的提供者和链接者

这时，社会工作者要根据小组活动及组员的需要，做好信息的提供、资源的提供及链接工作，以便组员自己整合和运用好这些信息与资源。

2. 小组及组员能力的促进者

社会工作者促使组员发挥他们自身的能力，并通过自己在小组的努力满足他们的需要，达到他们所要达到的目标。

3. 小组的引导和支持者

在组员可以自己选择、运作或解决问题的过程中，社会工作者需要扮演与组员同行的支持者和引导者。同时，对于个别组员的异常行为和特殊变化，应给予关注和必要的专业辅导。

必备知识

小组工作实务标准
——中间阶段的小组工作
(来源：社会工作小组工作推广协会)

一、中间阶段的小组工作任务

(1)指出组员间的共同之处。

(2)强化个体需要解决的问题与小组目标之间的联系。

(3)鼓励组员与社会工作者之间的支持性的、坦诚的反馈，并身体力行做出表率。

(4)运用"此时—此地"的过程深化小组过程。

(5)协助组员运用角色扮演、行为练习等其他语言和非语言活动，来实现个体和小组目标。

(6)监督小组工作规范。

(7)评估小组进程，确定是否朝着既定目标前进。

(8)重新与组员建立契约，以帮助他们实现个体和小组目标。

(9)明确小组工作范围内外的障碍，直接处理这些障碍。

(10)明确并解释组员之间、组员与社会工作者之间、小组与组外其他人之间的沟通模式。

(11)发现组员间的冲突，并找到解决办法。

(12)总结活动内容。

二、中间阶段的小组工作所需知识

(1)小组中间阶段的动力关系。

(2)角色理论以及运用角色理论来解释组内组员之间、小组与其他机构之间的语言和非语言沟通。

(3)沟通理论，运用这个理论来解释组内组员之间、小组与其他机构之间的语言和非语言沟通。

(4)了解组员互动中所反映出的种族、阶级、性别、性取向等社会文化力量。

(5)了解组员互动中反映出的各种心理动力因素。

(6)有目的地使用语言和非语言活动。

拓展训练

受虐妇女小组第三次活动。一个被婆婆和丈夫逐出家门的小组成员，特意化了淡妆很早就来到中心，她说自己觉得到中心来心情才会好些。其他组员陆续到来，不用工作者组织，她们就坐在一起很自然地就近来的生活状况进行交流，还特别对第二次因病未出席的成员给予了特别的关心，使之很受感动。活动开始后由于个人的经历基本被小组了解，工作者带领大家开始从自己个性中的弱点方面寻找问题的症结，大多数成员都能很诚恳地结合自己的境遇剖析自己，对个别成员出现的认识上的偏差，也能表达个人的看法。年轻的小丽快人快语，讲述她和丈夫间的矛盾，她说自己不能容忍丈夫及其家人对自己的轻视，常常与丈夫争辩导致丈夫被激怒后的暴力行为，虽然丈夫现在表示会改过，她也要与他离婚。于是女性在家庭中应该保持什么样的性格，如何保持良好夫妻关系成了大家议论的主题。有人认为她很勇敢、很自主、令人羡慕；也有人认为女性应该保持传统美德，应维护男性的尊严，要能容忍或者是策略地与丈夫评理。在整个讨论中，大家在给小丽出主意时其实也在对照反思自己，工作者不断启发和引导，小组成员的认识逐渐统一起来。

问题及思考：

社会工作者在第三次活动中，扮演了哪些角色？

项目四 小组工作后期
知识储备与工作技巧

内容导航

　　小组工作后期阶段是核心特质是小组成员彼此十分熟悉，小组凝聚力达到较高水平，组员之间彼此包容、接纳个体的个性、能力、态度和需要，小组成员相互支持，沟通顺畅。"我们小组"的小组氛围十分浓厚，这时小组会出现次小组，成员之间的权力竞争减少。为此，这个阶段也称之为小组分辨期。在这个阶段，社会工作者的核心关注小组目标的转化与追求，鼓励正面意义的小组凝聚力，增强小组成员的满足感和稳定感。

任务一
小组工作后期阶段特征及介入焦点

学习目标

1. 掌握小组工作后期阶段小组成员的特征，掌握小组工作后期阶段社会工作者的三种角色。

2. 能够通过小组特征判断小组进入后期，有能力做好中介者的角色、支持者的角色、协助者的角色。

工作任务描述

黄社工在工作机构负责街头流动青少年服务。黄社工针对辖区内一些经常出现在超市、市场，但不惹是生非，对自身目标和角色模糊的青少年开展了"我型我塑"小组。经过几次聚会，小组氛围呈现"我们小组"氛围，小组成员在分享中多次提到自己之所以无所事事，主要是因为父母忙于工作，都没有时间陪自己。某小组成员邀请其他成员给帮助自己如何面对父母忙于工作的困境，其他小组成员没有给予及时有效的回应。黄社工虽然观察到这些现象，但觉得小组成员有能力解决这些问题，没有给予积极回应。

问题思考：

1. 你觉得黄社工的做法可取吗？为什么？

2. 如果你是黄社工，你会如何回应小组出现的这种情况？

工作任务分解与实施

一、小组工作后期阶段的界定

小组过程是一个连续的过程。并没有明确的界限说明小组聚会第几次后小组就进入小组后期。对社会工作者而言，要依靠过硬的实务经验来做具体判断。一般而言，当小组成员之间开始彼此包容、彼此理解、主动讨论关于小组活动等行为出现时，意味着各小组已经进入小组后期阶段。

二、小组工作后期阶段主要特点

1. 小组成员彼此接纳

接纳不仅是一种是非判断的态度，而且是一种积极的追求理解，其意味着接受、相信和尊重。在小组后期阶段，经过小组初期的磨合、小组中期的冲突，小组成员之间开始彼此熟悉，并认识到个性的差异性、个性特质，加之小组不断规范小组成员的自觉行为，小组成员之间开始包容和理解。

2. 较强的凝聚力和归属感

在小组后期，小组有很浓的"我们的小组"氛围。在小组活动中，开始很看重活动的成功和小组的荣誉。在小组任务失败，小组成员更多地表现出鼓励、肯定，而埋怨和责备将会减少。小组成员参与小组的积极性增强，十分期待小组再次聚会。小组成员能够准时出席小组聚会，并在小组聚会时积极主动地表达对小组活动的看法和建议。小组呈现出较强的凝聚力和归属感。

3. 小组冲突减少

在小组后期，小组预期目标基本达成，小组成员个体期望也基本实现，为此，小组成员不会因为是否关注到自己、活动是否有效地回应到自己的问题、小组成员是否听从自己的想法和建议而发生冲突。在这个阶段，小组权力竞争明显减弱，小组成员情感波动也开始减弱。小组成员较多地关心在小组活动中能否获得新的收获。

4. 小组合作力明显

在小组后期，小组成员的亲密关系进步一增强，部分小组成员因某一共同性会组成积极意义的次小组。小组任务中，小组成员因彼此了解彼此的优势和差异性，在任务分工时，能够做到优势互补，合作力增强。

三、小组后期组员的特征

经历了小组初期、中期后，小组成员之间彼此十分熟悉和相互理解。在进入小组后期后，小组成员之间的权力竞争减少，小组表现出较强的聚合力，在这个阶段小组成员的典型特征是：

(1)对小组有较高的认同。

(2)家庭式的情感减弱。

(3)出现次小组。

(4)权力竞争和情感波动缩小。

四、小组工作后期阶段介入焦点

(1)做好使能者和资源连接者的角色，增强小组自信，通过小组凝聚力，让小组成员有被接纳、被尊重、被关心和被专注的感觉。

(2)做好促进者的角色，为小组成员提供更多合作机会。发挥小组组员的主动性，促使和引导组织自己设计活动主题，鼓励小组成员将小组中习的经验在小组任务中充分应用，并协助组员反省和巩固学习到的成果。

（3）强化"同伴"的感觉，增强小组成员的认同感，包括对小组的认同，对小组成员的认同。以此氛围进一步巩固小组成员在态度、观念、信念、行为等方面的改变。

五、小组工作后期阶段工作技巧

在这个阶段，小组成员的主体性很强。社会工作者主要在小组讨论某些问题时，应用小组讨论技巧，通过具有催化作用的对话，让小组成员获得更多的成长和转变。下边罗列 7 条常见的具有刺激与催化作用的话语：

情景	方式
小组成员多次提出类似问题时	你们在小组讨论和分享中，多次提到这个问题，可见你们十分关心这个问题。既然是如此重要，我希望每个人都谈谈对这一问题的看法。
聚焦时	在刚才你们几个人的分享中，你们有没有发觉其实大家的困难都围绕着一个相近的重点。
某小组成员的邀请被冷落，或小组成员的回应不够具体时	刚才小刚要求大家给他提供回应，请大家都能够积极通过自身经验故事，给他一点启发。
某一讨论话题，让小组成员陷入沉默时	刚才讨论后，大家沉默了好一会儿，请各位与跟小组成员分享一下在刚才的过程中，两项最强烈和明显的感受。
肯定某小组成员做出改变的决心时	相信大家已经看到小美，如果你们能够有更多、更具体的回馈，相信对她的帮助将会更大。
对某个成员坦诚说出自己的不满时	我明白当面表达自己对他人的不满是十分困难的。不过，小龙已经说他已经有充足的心理准备来聆听各人对他的看法，我建议大家勇敢一点，坦诚表达，当小龙受不了时，我相信他会制止你的。
小组成员委婉地指出某小组成员的不足时	我发现似乎大家说话都很委婉，怕小马受不了。不过，我相信小马一直很努力地在处理自己的问题，故此我建议大家的表达可以更坦诚、更直接，这样对他的帮助将会更大。

六、任务解决

任务中黄社工负责的小组明显进入小组工作的后期阶段。这个阶段中黄社工要扮演好促进者和引导者的角色。对小组任务中小组成员的讨论要给予积极引导，以便小组成员在小组中习得的经验得到进一步强化。为此，黄社工在面对小组成员的话题时，应及时予以回应。针对"小组成员在分享中多次提到自己之所以无所事事，主要是因为父母忙于工作，都没有时间陪自己"，黄社工可以做这样的回应"你们在小组讨论和分享中，多次提到这个问题，可见你们十分关心这个问题。既然如此重要，我期望每个人都谈谈对这一问题的看法"。针对"某小组成员邀请其他成员帮助自己如何面对父母忙于工作的困境，其他小组成员没有给予及时有效的回应时"，黄社工可以这样回应"刚才某小组成员要求大家给他提供回应，请大家都能够积极通过自身经验故事，给他一点启发"。

七、与任务相关的理论——镜中自我理论

1. 代表人物——库利

查尔斯·霍顿·库利(Charles Horton Cooley，1864—1929)是美国早期著名社会学家和社会心理学家，因其自我概念，即"镜像自我"而为社会心理学家知晓。

2. 与自我发展相关的三个主要观点

(1)人与社会的关系。

社会是一个有机体，是一个通过互动而存在和发展的各种过程的复合体。社会是一个统一体，在社会这个庞大的互动组织中，它的任何一部分的变化都不可避免地会影响到这个有机体所有的其他部分。人与社会并不是对立或割裂开的。

(2)镜中自我。

在与他人的互动过程中，我们通过感知他人对我们的反应和评价，从而建立起我们的自我意识、自我形象和自我评价。他人犹如一面镜子，我们正是从他人这面镜子里发现了我们的自我。我们根据镜子里的这些形象是否符合我们的愿望而产生满意或不满意的心情。同样，通过他人这面镜子，也就是通过他人的反映和评价，我们看到自己的风度、行为、性格等是否合适，是否需要修正。我们对他人眼中自己形象的想象，对他人关于这一形象评价的想象以及某种某种自我感觉，构成了我们的自我认识。

(3)首属小组。

库利首次正式提出并使用了首属小组这个概念，它是指那些亲密的、面对面的交往以及有直接互动和合作的小组。这些小组主要包括家庭、邻里以及儿童游戏伙伴。首属小组是对个人的成长发展影响最深远的小组，很多积极的品质和消极的品质都是在首属小组获得并强化的。

3. 对小组工作的启示

(1)小组是一个微型的社会缩影，是一个通过互动而存在和发展的有机体。

(2)小组工作所提供的密切的互动和真实的回馈，可以帮助组员在小组中感知他人对自己的反映和评价，建立更正确的自我意识。自我形象和自我评价。

(3)重视首属小组的作用，特别是家庭对个人成长的影响以及给个人终身的发展打上的烙印，是很多理论都涉及的观点。在小组工作中，尤其是治疗性的小组，通过探讨个人的首属小组对个人的具体影响，尤其是个人首属小组中的人际关系对个人目前的人际关系模式的影响和个人的非适应性行为的来龙去脉，可以帮助成员获得更深入的自我觉察。

必备知识

小组工作—内聚力

内聚力又叫黏聚力，小组工作内聚力是指当小组工作中彼此包容、彼此理解、彼此尊重的感觉越来越强烈时，小组成员会感受到彼此的平等、相似。小组成员会投身于这个小组，小组内聚力会增强。在小组工作中，内聚力具有治疗作用，在一个具有内聚力

的小组中，组员会有以下表现：

(1)具有生存力。

(2)对外在的、负面的影响有较强的抵抗力。

(3)易受到小组内同伴的影响。

(4)有能力去体验一种安全感。

(5)有能力表达负面的感受。

(6)愿意去影响别人。

(7)可以在小组中维持较长的参与。

拓展训练

冯社工是某家社会工作服务中心的一线社工，其针对某大学有人际交往障碍的组织实施了一个社交小组。在小组后期，小组成员对自己与陌生人交往充满了信心，主动提出设计了将小组聚会拓展为室外的意见。冯社工觉得小组成员如果挑战失败，可能打击小组成员的信心，影响小组的成效。为此，建议成员邀请几名志愿者参与模拟练习。

问题及思考：

1. 你觉得冯社工的做法可取吗？为什么？

2. 如果你是冯社工，你会怎么做？

任务二
小组工作后期阶段工作任务

学习目标

1. 掌握小组后期工作核心焦点与小组内聚力。
2. 能够熟练掌握4种行动主义学派技巧在小组内聚力建立中的具体应用。

工作任务描述

张社工在大学期间所学专业是社会工作,毕业后因工作需要自学了心理学方面的书籍,并考取了心理咨询三级证,在其工作中融合应用社会工作方法与心理学方法。在其负责组织实施的行为偏差小组后期,为增强本小组内聚力,张社工在小组后期聚会活动设计中将行为主义学派强化、预演等技巧应用其中。

问题思考:
1. 你觉得张社工这样做合适吗?
2. 谈谈你对行为主义学派技巧的认识?

工作任务分解与实施

一、小组工作后期小组安全感和信任感

1. 安全感

在经历了小组冲突和对质,小组成员之间的了解更加深入。加之小组规范对小组成员行为的约束力增强,小组成员在小组中的安全感越来越强。小组士气在小组中开始出现,小组成员会理性处理小组冲突、小组矛盾。成员之间也会坦诚布公地表达自己内心的真实感受、表达对小组成员负面感受。小组安全感的气氛,会让小组成员逐步减少自我防卫,自由自在地表达自己,这包括了个人对自己和对他人的感受,都可以畅所欲言。由于表达的感受是不受限制的,无论是好是坏,每名小组成员都有权表达。这个过程,让小组成员自己和他人有了全面的接纳,包括情绪、认知、身体、潜能等。

2. 信任感

在安全感较强的小组中,小组信任感也不断增强。当然,小组信任感不是在小组进

入小组后期才形成的，其实在小组一开始，小组信任感已经萌芽。信任感会让小组成员感受到小组是一个可以畅所欲言、自由表达的安全场所，畅所欲言和自由表达本身是一种积极的治疗。为此，在小组后期，社会工作者要警惕小组中不信任情况的发生。当发现小组中有不信任情况的发生，要及时进行干预和处理。处理的方法宜直接将焦点聚焦在小组信任讨论，当然也可以应用习作辅助。社会工作者要充分地意识到，在小组工作后期阶段，信任感是多么的重要，其无论对巩固小组成员已经取得成果，还是对进一步让小组成员在小组中获得更大的成长，都是至关重要的。

二、小组工作后期小组内聚力建立的方法

"任务一"中谈到，小组内聚力具有积极的治疗功能。为此，社会工作者要有意识地建立小组内聚力。乐特（Rotter，1962）认为，有些行为主义学派的技巧会有助小组中的信任和内聚力的建立。利伯明（Liberman，1970）进一步指出，系统性的社会强化作用，也会有效地促进组员之间的内聚和团结。下面重点介绍 4 类行为主义学派技巧：

1. 强化技巧

行为主义学派认为，在建立新的行为时，"强化"是一般人常用的，尤其是用连续的"即时强化"、接着用"间隔强化"（interval reinforcement），对于行为的快速建立具有不错。在小组工作中，以偏差行为矫正、不良嗜好矫正等任务小组中，社会工作者可借用强化技巧，设计小组任务。通过反复周期的练习，让小组成员习得正常行为、修正不良嗜好。

2. 塑造技巧

行为主义学派塑造技巧是指实现某一既定标行为的而进行"逐渐形成"一连串动作的设计。这对小组工作后期巩固小组成员习得经验具有借鉴意义。社会工作者在小组后期，可以设计一连串有助于小组成员经验巩固的小组任务活动。让小组成员在参与过程中，将经验不断内化为自己的能力。

3. 行为改变技巧

行为改变技术是指在具体明确的行为目标之下，研拟适当可行的改变行为的策略，包括强化次数、强化物、可能的阻碍、可用资源的考虑等设计，然后一步步执行，实现行为的改变。这一技巧在小组工作中可以做充分的应用。如针对"特殊儿童自理能力培养小组""肥胖人群减肥任务小组"，社会工作者可以设定正强化物，让小组成员习得一定的自理能力。

4. 模仿与预演技巧

通过示范、或是典范人物的演出、或利用录像带呈现的方式，让当事人可观察、依循，从而慢慢学会一些渴望的行为。"预演"则是咨询师在当事人将在咨询情境中所学的技巧知识运用于实际的生活之前，可以让当事人与咨询师在治疗时间先做一些练习，使当事人熟悉即将使用的技巧，预防可能出现的问题与解决之道，以减少当事人在接触实际世界及真正行动时的失败机会。社会工作者可参照模仿与预演技巧，在小组工作后期聚会中通过树立典型、示范、情景模拟等为核心的小组任务设计，让小组成员通过观察、模仿巩固在小组中取得的成果和经验。

三、社会工作者的角色

1. 资源提供者

资源提供者是指社会工作者根据小组的性质和需要，联系政府部门、企事业单位、其他社会福利服务机构和社会爱心人士，向他们争取小组成员为实现某一目标和任务而需要的资源。在小组后期，组员在小组中已经获得某种经验成果，如情绪管理的方法、良好习惯养成的方法、自我管理的方法、自我认知的方法、理性对话的能力等。为巩固小组成员取得的成果和向上的改变，社会工作者在小组后期，须设计针对性的小组任务。在有些情况下，会让小组成员参与自己设计小组活动，为有效地完成这些任务，社会工作者需要多元资源，为小组任务的完成提供保障。

2. 能力的促进者

能力促进者是指在小组工作后期，为让小组成员习的经验转化为小组成员的能力。社会工作者在小组活动过程中一是要培养和增强小组成员解决问题的自信心；二是针对性地设计活动，让小组成员在小组内多次反复练习自己所学的经验，让经验转变为个体能力；三是在小组分享环节中，社会工作者要策略性地引导小组成员讨论个体在小组活动中的表现情况，肯定成功的方面，鼓励其大胆面对失败，并分析失败的原因，合力研讨改进方法并再次实施。

四、任务解决

张社工不仅具有专业社会工作的资质，同时也具备心理咨询的资质。在小组后期为增强小组内聚力，将行为主义学派强化、预演等技巧应用其中是可行的。行为主义学派强化技巧、塑造技巧、行为改变技巧、模仿和预演技巧对培养某一新的行为，将习得行为转化为习惯。这些技巧在小组工作后期聚合小组任务中，社会工作者可以充分借鉴应用，尤其是任务小组。

五、与任务相关的理论——社会学习理论

社会学习理论是由美国心理学家阿尔伯特·班杜拉于1952年提出的。它着眼于观察学习和自我调节在引发人的行为中的作用，重视人的行为和环境的相互作用。班杜拉认为是探讨个人的认知、行为与环境因素三者及其交互作用对人类行为的影响。按照班杜拉的观点，以往的学习理论家一般都忽视了社会变量对人类行为的制约作用。他们通常是用物理的方法对动物进行实验，并以此来建构他们的理论体系，这对于研究生活于社会之中的人的行为来说，似乎不具有科学的说服力。由于人总是生活在一定的社会条件下的，所以班杜拉主张要在自然的社会情境中而不是在实验室里研究人的行为。

班杜拉指出，行为主义的刺激—反应理论无法解释人类的观察学习现象。因为刺激—反应理论不能解释为什么个体会表现出新的行为，以及为什么个体在观察榜样行为后，这种已获得的行为可能在数天、数周甚至数月之后才出现等现象。所以，如果社会学习完全是建立在奖励和惩罚结果的基础上的话，那么大多数人都无法在社会化过程中生存下去（Bandura，1969）。为了证明自己的观点，班杜拉进行了一系列实验，并在科学

的实验基础上建立起了他的社会学习理论。

1. 班杜拉社会学习理论的核心观点

(1)关于行为。

班杜拉认为,人的行为,特别是人的复杂行为主要是后天习得的。行为的习得既受遗传因素和生理因素的制约,又受后天经验环境的影响。生理因素的影响和后天经验的影响在决定行为上微妙地交织在一起,很难将两者分开。

班杜拉认为行为习得有两种不同的过程:一种是通过直接经验获得行为反应模式的过程,班杜拉把这种行为习得过程称为"通过反应的结果所进行的学习",即我们所说的直接经验的学习;另一种是通过观察示范者的行为而习得行为的过程,班杜拉将它称之为"通过示范所进行的学习",即我们所说的间接经验的学习。

班杜拉的社会学习理论所强调的是这种观察学习或模仿学习。在观察学习的过程中,人们获得了示范活动的象征性表象,并引导适当的操作。观察学习的全过程由四个阶段构成。注意过程是观察学习的起始环节,在注意过程中,示范者行动本身的特征、观察者本人的认知特征以及观察者和示范者之间的关系等诸多因素影响着学习的效果。在观察学习的保持阶段,示范者虽然不再出现,但他的行为仍给观察者以影响。要使示范行为在记忆中保持,需要把示范行为以符号的形式表象化。通过符号这一媒介,短暂的榜样示范就能够被保持在长时记忆中。观察学习的第三个阶段是把记忆中的符号和表象转换成适当的行为,即再现以前所观察到的示范行为。这一过程涉及运动再生的认知组织和根据信息反馈对行为的调整等一系列认知的和行为的操作。能够再现示范行为之后,观察学习者(或模仿者)是否能够经常表现出示范行为要受到行为结果因素的影响。行为结果包括外部强化、自我强化和替代性强化。班杜拉把这三种强化作用看成是学习者再现示范行为的动机力量。

(2)交互决定论。

班杜拉的社会学习理论还详细论述了决定人类行为的诸种因素。班杜拉将这些决定人类行为的因素概括为两大类:决定行为的先行因素和决定行为的结果因素。决定行为的先行因素包括学习的遗传机制、以环境刺激信息为基础的对行为的预期、社会的预兆性线索等决定行为的结果因素包括替代性强化(观察者看到榜样或他人受到强化,从而使自己也倾向于做出榜样的行为)和自我强化(当人们达到了自己制定的标准时,他们以自己能够控制的奖赏来加强和维持自己行动的过程)。

为了解释说明人类行为,心理学家提出了各种理论。班杜拉对其中的环境决定论和个人决定论提出了批判,并提出了自己的交互决定论,即强调在社会学习过程中行为、认知和环境三者的交互作用。环境决定论认为行为(B)是由作用于有机体的环境刺激(E)决定的 即 $B=f(E)$;个人决定论认为环境取决于个体如何对其发生作用,即 $E=f(B)$;班杜拉则认为行为、环境与个体的认知(P)之间的影响是相互的,但他同时反驳了"单向的相互作用"即行为是个体变量与环境变量的函数,即 $B=f(P,E)$,认为行为本身是个体认知与环境相互作用的一种副产品,即 $B:f(P*E)$。班杜拉指出,行为、个体(主要指认知和其他个人的因素)和环境是"你中有我。我中有你"的,不能把某一个因素放在比其他因素重要的位置,尽管在有些情境中,某一个因素可能起支配作用。他把这种观点称为"交互决定论"。

（3）自我调节理论。

班杜拉认为自我调节是个人的内在强化过程，是个体通过将自己对行为的计划和预期与行为的现实成果加以对比和评价，来调节自己行为的过程。人能依照自我确立的内部标准来调节自己的行为。按照班杜拉的观点，自我具备提供参照机制的认知框架和知觉、评价及调节行为等能力。他认为人的行为不仅要受外在因素的影响，也受通过自我生成的内在因素的调节。自我调节由自我观察、自我判断和自我反应三个过程组成，经过上述三个过程，个体完成内在因素对行为的调节。

（4）自我效能理论。

自我效能是指个体对自己能否在一定水平上完成某一活动所具有的能力判断、信念或主体自我把握与感受。也就是个体在面临某一任务活动时的胜任感及其自信、自珍、自尊等方面的感受。自我效能也可称作"自我效能感""自我信念""自我效能期待"等。

班杜拉指出："效能预期不只影响活动和场合的选择，也对努力程度产生影响。被知觉到的效能预期是人们遇到应激情况时选择什么活动、花费多大力气、支持多长时间的努力的主要决定者。"班杜拉对自我效能的形成条件及其对行为的影响进行了大量的研究，指出自我效能的形成主要受五种因素的影响，包括行为的成败经验；替代性经验；言语劝说；情绪的唤起以及情境条件。

2. 社会学习理论对小组工作启发

一是社会学习理论强调人们通过观察和模仿他人的行为就可以获得改变，形成新的行为方式。小组工作过程中，每个成员都是一个资源库，他们会在小组中真实地表现出各种适应性和非适应性的行为，他们也会分享各自的想法、经验、感受。小组提供给每一个小组组员一个丰富的行为总汇，组员可以结合自己的风格，从如此丰富的表现和互动中寻找榜样，进行观察、模仿和学习，增加个人的适应性行为。

二是小组可以提供丰富的替代强化资源。组员在小组中不仅可以观察到各种各样的行为，还可以看到这些行为的后果，所以，小组成员间分享的经历、经验和材料，可以为每个组员提供学习的榜样和借鉴，充分发挥替代强化的作用。

三是认识的重要性，班杜拉对人的尊严和能动性给予了充分的肯定。这启发了社会工作者在带小组时充满了信心。在小组操作过程中，因为小组成员不是被动地参与、被动地接受信息，而是以自己过去的经验为参照，有选择地去接受和回馈信息。这些信息直接回应了小组成员的需要和他们关心的问题，从而有效地解决了个性化的问题。

必备知识

小组工作实践原则

1. 程序性的原则

小组工作者要具备专业知识背景和个人能力，刚入职的社会工作者要在督导的指导下开展小组。在小组过程中，小组工作者必须做到善始善终，完成小组每个阶段必须完成的任务和目标，严格完成小组评估工作。

2. 知情的原则

小组组员有权了解小组的目标、内容、程序和方法，小组工作者要采取口头或者书面方式让小组成员了解小组的整体情况。

3. 保密原则

社会工作者要对组员的个人资料做好保密措施，在小组任务需要对小组过程录音或者录像时，必须以书面方式征得小组成员的同意。

4. 尊重组员的原则

无论是开放式小组或者封闭式小组，组员均有权决定是否参与小组某些活动，有权决定是否在小组活动过程中离开小组。

5. 理论与实务结合的原则

社会工作是实践导向的职业。为此，经验知识是社会工作学科知识的重要组成部分。小组工作者不仅是一名实务工作者，更是实务工作的研究者和经验知识的创造者。小组工作者通过小组评估，总结小组的成功和不足的方面，不断改进自己的工作手段，提升专业服务水平。

拓展训练

赵某、钱某、孙某均面临肥胖的困扰，他们参加了某家社会工作服务中心组织的减肥任务小组。在小组后期，张某感觉自己通过参加小组活动后，开始控制自己睡觉前不吃零食，但行为上还不是很坚决；钱某参加小组后，已经减了3斤多，但自我感觉效果不是很明显；孙某参加小组后，没有明显的变化，觉得在小组中没有达到自己的期望，内心很失望。

问题及思考：

1. 如果你是负责这个小组的社工，针对张某、王某、吴某的情况，你将会做怎么样的小组活动设计？

2. 你觉得减肥任务小组达到怎样的效果才算成功？

项目五 小组工作结束期
知识储备与工作技巧

内容导航

　　小组工作结束期阶段的核心特质是小组成员彼此相当熟悉，小组较高凝聚力水平会逐渐下降，小组目标基本实现，小组也即将结束，小组成员的典型特征是离别情绪、情绪转移和两级行为。为此，小组工作结束期阶段也称为小组分离期。在这个阶段，社会工作者的核心任务是帮助小组成员处理好离别情绪、巩固小组成员在小组中已经取得的改变和成果、做好小组结束和小组评估工作、担当好小组领导和引导者的角色。

任务一
小组工作结束期特征及工作技巧

学习目标

1. 掌握小组工作结束阶段小组成员的心理特征，能够识别小组成员正面、积极的情绪表现和负面、消极的情绪表现；掌握巩固小组成功经验的工作技巧。

2. 能够成功地巩固小组成员积极的行为转变、认识转变、能力提升等小组成果。能够恰当干预小组成员的两极情绪，为小组正常结束奠定基础。

工作任务描述

甲社工是某一社会工作服务中心的社工，其负责实施有固定期限、以社交障碍困难的青少年为小组成员的社交小组。在小组聚会 8 次后，小组目标已经达成。但有部分小组成员明确表示不愿意这么快就结束这个小组，更有小组成员在小组活动中有表现出不愿意讲话，与小组成员交往时表现出紧张、害怕的行为特征。甲社工担心小组目标没有完成，答应小组成员将小组聚会延期几期。

问题思考：

1. 甲社工的做法是否正确？
2. 在小组哪个阶段小组成员会出现"倒退"行为，社工该怎么办？

工作任务分解与实施

一、小组结束期的界定

小组工作是一个持续连贯的过程，并没有明确的界限说在小组聚会几次后小组就进入某个阶段。但小组结束期有明确的界限，即小组目标已经完成，小组安排进行最后一次聚会。对社会工作者而言，要十分清楚小组结束期小组的典型特点，其表现为一是小组已经达到预期目标；二是小组成员已经有能力或具备处理刚参加小组时面临的困扰；三是小组聚会已经完成预期目标。

二、小组结束期小组的主要特点

1. 正面、积极的情绪

在小组结束阶段,小组已达到预期目标,小组成员个人目标也均已实现。为此,组员之间会建立相互接纳、彼此合作的关系。小组成员对自己离开小组面对现实生活的挑战充满信心,并对未来生活充满美好的想象,言行举止方面表现出足够的自信,对自己解决问题的能力信心满满。

2. 负面、消极的情绪

对小组的部分成员而言,参与小组营造的包容、理解、协助的小组氛围会让其产生依赖和留恋的感觉。为此,在小组结束阶段,有小组成员会表现出否认、逃避、行为倒退、担心等负面的、消极的情绪。

3. 小组关系呈现松散状态

对有计划的小组服务而言,小组有限定的工作期间。在小组目标达成后,社会工作者须有计划地结束小组,为保证小组成功地结束,社会工作者在小组后期会策略性地降低小组的影响力、减弱小组规范的约束力、降低小组之间的互动频率和强度。在这一阶段,小组关系将呈现出松散状态。

三、小组结束期小组目的

(1)巩固小组工作的成果。

(2)帮助组员独立地、有成果地离开小组。

(3)针对个别小组成员制订跟进计划。

四、小组结束期工作技巧

参与小组活动的小组成员,在小组活动中均能习得新技能,发生正面的行为和观念的转变。为保障小组成员在小组活动中取得的成果,能够让小组成员独立地、有成果地离开小组,社会工作者采取的工作技巧主要有模拟练习、树立信心、肯定感受、跟进聚会、取得支持、鼓励独立等工作方面。具体见下图。

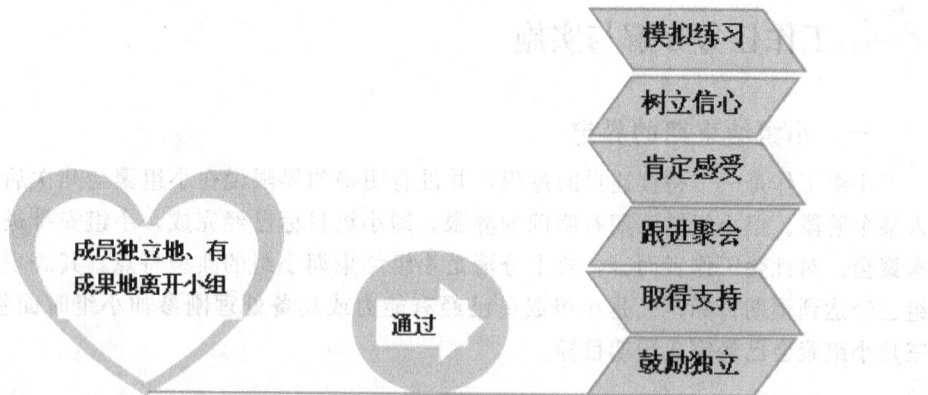

帮助小组成员独立地、有成果地离开小组的工作技巧

五、任务解决

任务中甲社工负责实施的是一个有固定期限、对象为青少年、小组任务为解决人际交往困难的社交小组。任务中已经明确指出，小组已经聚会 8 次，小组目标已经达成，说明这个小组已进入小组结束阶段。在小组结束阶段，针对有部分小组成员明确表示不愿意这么快就结束这个小组，小组成员在小组活动中有表现出不愿意讲话，与小组成员交往时表现出紧张、害怕的行为，甲社工答应小组成员将小组聚会延续几期的做法是不恰当的。正确的做法：一是针对部分成员表示不愿意这么快结束这个小组，甲社工可以应用鼓励、独立跟进聚会的工作技巧；二是针对小组成员在小组活动中表现出不愿意讲话、与小组成员交往时表现出紧张、害怕的行为，甲社工可以应用模拟联系、树立自信、取得支持的工作技巧。

必备知识

1. 模拟练习

小组是微型的社会，其情景接近社会但不完全是现实的社会。为搭起小组情景与现实社会之间桥梁。社会工作者在小组后期，针对小组组员对离开小组进入社会所担心的情景，进行模拟练习。

2. 树立信心

在小组后期阶段，社会工作者要说一些肯定、鼓励的话语，选择的小组活动要以小组成员能够完成，并能让其产生对自己的能力有信心为主。

3. 肯定感受

社会工作者要多布置一些小组能够实现和完成的小组作业，让小组成员建立正面的感受，从而增强起应对社会挑战的内心力量。

4. 跟进聚会

为满足小组成员再次聚会的心理感受，了解小组成员进入社会后的适应能力。社会工作者也邀约小组成员在小组结束一段时间后，可以再次聚会几次，在聚会中再次强化小组成员的变化，并解决一些新出现的困难。

5. 取得支持

改变的形态是螺旋式的上升。为此，社会工作者可以邀请与小组成员有密切关系的人，叮嘱其在小组成员离开小组后，社会生活中出现低落、失望情绪时，及时给予支持和帮助。

6. 鼓励独立

鼓励小组成员独立的策略有多种。比如与小组成员一起讨论为什么不再需要小组；支持小组成员应用其所学技巧解决问题；减少聚会的频率等。

拓展训练

　　李社工是一家社会工作服务中心专门负责社区矫正的社会工作者，其组织实施的不良嗜好行为矫正任务小组进入小组结束期。当李社工告诉小组成员，小组即将结束时，小组成员普遍担心，离开小组后，周围的人还是戴着有色眼镜看自己，也担心自己控制不住不良嗜好。

　　问题及思考：

　　1. 李社工应如何应对小组成员表现的担心？

　　2. 谈谈你对任务小组的认识和看法。

任务二

小组工作结束期关注焦点

学习目标

1. 掌握小组结束期三个焦点，即离别准备、情绪处理和小组结束后的跟进安排。

2. 能够熟练掌握离别准备的三项工作任务及四类离别情绪的处理技巧。

工作任务描述

乙社工是一家社会工作服务中心的社工，工作不到半年时间。因机构工作压力大，让其负责中心所在地区某高中新生成长小组。在小组结束聚会时，乙社工问小组成员："我们的今天要结束了，大家谈谈在小组中学会了什么？"小组一些成员表示，小组目标还没有达到，怎么就结束小组，表示乙社工太不负责了；也有小组成员指责其他小组成员，没有团队精神，让小组这么快就结束了。面对组员的指责和不满，乙社工心理十分沮丧，草草结束了本次聚会，找自己的督导寻求支持。

问题思考：

1. 面对组员的指责和不满，乙社工应该怎么做？

2. 在小组结束期，乙社工应该做好哪些离别的准备？

工作任务分解与实施

一、离别的准备

以项目制为主要形式的社会工作服务中，小组服务计划基本上都是有固定期限的小组服务。为此，社会工作者在小组结束期必须做好小组结束的各项准备工作和小组结束阶段必须完成的任务。具体包括三个方面：

1. 小组结束期聚会前的准备

小组结束后，小组成员要重新返回社会生活。为保证小组成员返回社会后，将小组经验带到现实生活中。社会工作者为小组成员正常返回现实社会，应做好建立良好社会支持网络的准备。为此，在小组结束期小组聚会前，社会工作者要结合小组成员的个体差异性和需要为其建立社会支持网络的程度，提前与小组成员的家人、朋辈群体、好友、社区、单位等进行联系和沟通，同时，要整理有助于小组成员的资源和社会服务机构信息，将这些信息在小组后期聚会时告诉小组成员。

2．小组结束期小组聚会开始的工作核心

(1)明确告诉小组成员小组结束的具体日期。

(2)带领组员一起回顾小组过程和取得经验。

(3)带领组员一起检讨小组目标达成情况。

(4)鼓励组员充分表达对离开小组的各种情绪。

3．小组结束期小组聚会的核心任务

小组后期要为小组成员走向社会做准备。为此，社会工作者要有意识地降低小组吸引力，正向引导小组成员的离别情绪。为此，这个阶段社会工作者设计的小组活动要以培养组员独立解决问题能力、减少小组成员对小组的依赖、增强小组成员预知困难及解决困难的能力。这才是后期小组聚会的核心任务。

二、离别情绪的处理方法

1．小组成员逃避、否定离别情绪的处理方法

逃避、否定情绪的行为表现	处理方法
·不出席小组聚会 ·不愿讨论小组终结的问题 ·对小组提出新的计划、任务	·同感 ·自我表露 ·示范 ·鼓励表达

2．小组成员沮丧失落离别情绪的处理方法

沮丧失落情绪的行为表现	处理方法
·面部忧伤 ·流眼泪 ·参与小组活动行动缓慢 ·对小组讨论议题提不起兴趣 ·沉默不语	·自我表达 ·肯定 ·回顾

3．小组成员不满愤怒离别情绪的处理方法

不满愤怒情绪的行为表现	处理方法
·指责社工或小组成员 ·故意与社工作对 ·小组合作不顺畅 ·故意出错	·包容、理解 ·以退为进 ·鼓励支持 ·自我评估

4. 小组成员行为倒退离别情绪的处理方法

行为倒退情绪的行为表现	处理方法
· 不自信 · 否认小组目标已经完成 · 怀疑自己的能力 · 强烈的不安感	· 解释 · 提供信息 · 直接引导

三、小组后期个别小组成员跟进策略

小组结束期社会工作者要客观、差异化分析每个小组成员在小组中得到的成长和取得的经验，针对不同的小组成员有计划有策略地安排跟进服务，具体见下图。

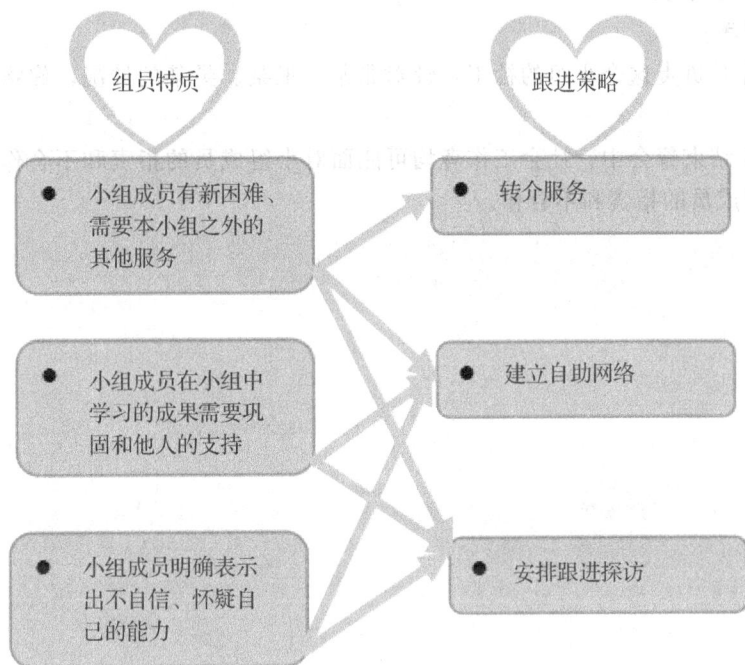

组员特质　　　　　　跟进策略

- 小组成员有新困难、需要本小组之外的其他服务 → 转介服务
- 小组成员在小组中学习的成果需要巩固和他人的支持 → 建立自助网络
- 小组成员明确表示出不自信、怀疑自己的能力 → 安排跟进探访

小组后期针对不同小组成员特质的跟进策略

四、任务解决

乙社工面对小组成员的指责和不满，不应该草草结束本次聚会，这样会有可能激化小组成员产生更多的离别情绪，影响小组的正常结束。小组成员表达出任务小组目标还没有达到、怎么就结束小组的意见，表示乙社工太不负责了的行为是小组成员不愿意接受小组结束的现实的一种情绪表达。面对这种情况，乙社工可采取解释、提供信息、直接引导等工作方法。有小组成员指责其他小组成员，没有团队精神，让小组这么快就结束了，这种不满和愤怒是这些成员离组情绪的一种表达，乙社工可采取包容、理解、以退为进、鼓励支持、自我评估等工作方法。乙社工作为刚毕业半年的一线社工，在小组结束聚会开组前应做好结束小组前的充分准备，包括对每名小组成员的分析、资源整合、

应对小组成员离别情绪处理策略准备，在开组前应与督导做充分的交流和沟通，做到心中有数。

拓展训练

张某、王某、吴某参加了某家社会工作服务中心组织的新进大学适应性成长小组。在小组结束聚会上，张某感觉自己自己高中时的学习方法很难应对大学课程的学习，心理压力比较大；王某虽然通过参加小组，较快地适应了大学生活，但寝室其他同学说他有心理问题，他对自己是否能与室友良好的相处充满担忧；吴某在小组结束聚会分享时表示自己对适应大学生活充满信心，但又觉得大学环境变化万千，自己在小组中树立的信心会很快被现实打碎。

问题及思考：

1. 如果你是负责这个小组的社工，针对张某、王某、吴某的情况，你将会做怎么样的应对？

2. 在小组结束聚会中，社会工作者均可能面对小组成员的指责和不合作，谈谈你将如何应对小组成员的指责和不合作。

任务三
小组工作结束期工作流程

学习目标

1. 掌握小组结束聚会三个环节的工作重点及工作策略。
2. 能够熟悉小组结束聚会开始环节、中间环节、结束环节工作设计和工作策略。

工作任务描述

　　丙社工在自己工作的机构组织实施了一个名为"折翼展翅——灾后截肢青少年康复训练小组"。在经过 9 次聚会，小组目标已经达成，小组成员已经顺利掌握了适应期身体状况的康复技巧。近期丙社工将组织小组最后 1 次聚会。最后 1 次聚会是这样设计的：

聚会环节	主题	目的
聚会开始环节	"展翅高飞"欢送会	处理最后的离别情绪
聚会中间环节	"我的生活我做主"未来计划	为成员走向现实生活做准备
聚会结束环节	小组评估	总结小组经验

问题及思考：
1. 请谈谈你对丙社工最后聚会活动主题设计内容的看法。
2. 谈谈你对小组评估的认识和看法。

工作任务分解与实施

一、开始环节——处理离别情绪

　　在小组后期聚会的开始环节，社会工作者的核心是告诉本次小组聚会的目的和活动安排，要直接明白地告诉小组成员即将结束的现实。同时，在开始环节设计的"热身活动"要以处理小组成员离别情绪为主要内容。具体如下。

活动设计形式	注意事项	可能的形式选择
小组过程回顾	·形式要新颖 ·内容以肯定为主 ·个体和小组整体均做到充分展示	·小组聚会视频 ·小组聚会照片影集 ·小组成员分享
成果展示	·提问多用开放式问句 ·成员分析多一些肯定 ·多一些建设性指导	·小组结束终极任务 ·参与式总结
结束仪式	·邀请成员设计结束仪式的形式 ·仪式要营造温馨和欢快的氛围	·成果展示会 ·文娱表演 ·聚餐（自助式）
互送祝福	·提前让小组成员准备 ·强调祝福的心意	·卡片 ·真情告白
特别的道别形式	·符合小组成员的特质 ·营造向上的氛围	·拥抱 ·合影
提醒保密	·尊重个人隐私原则 ·维护他人和自身权益的原则	·保密合约 ·口头宣誓
收集意见	·提前准备好反馈表 ·根据小组成员特征，选择合适的收集方式	·满意度调查表 ·自评表 ·半结构式面谈

二、中间环节——为走向现实生活做准备

小组结束聚会的中间环节，其核心任务是有计划、有针对性地解决每位小组成员在离开小组后可能面对的现实挑战。通过信息提供等活动形式，让每个小组成员清楚地知道如何有效地解决自己走向现实生活将面临的实际困难。具体做法如下。

为走向现实生活做准备	注意事项或工作方法
共同制订离组后的个人计划	·计划要客观、合理 ·计划要易操作实现
提供针对性的跟进安排	·转介 ·个人社会支持网络 ·安排跟进聚会
提供有效的资源信息	·跟其相关的其他机构的信息 ·本机构相关的信息 ·其他可以寻求支持的渠道和方式
协助组员面对不支持的环境	·模拟练习 ·角色扮演 ·行为预想
锻炼组员独立解决问题的能力	·坚定其信心 ·巩固其能力

三、结束环节——小组评估

小组后期聚会的结束环节是做小组评估。社会工作者要针对小组的差异性和特殊性,选择合适的评估形式(社工自评、成员自评、督导评估)和评估方法(面谈、记录档案分析、填写问卷、评估表、测量工具)。

1. 评估形式

评估形式	评估目标	评估内容
社工自评	·评估小组目标是否完成 ·评估通过小组服务自身专业的成长	·了解工作目标是否达成 ·了解工作过程中专业方法的应用
成员自评	·评估个体期望是否在小组中实现 ·评估个体对小组过程的感受 ·评估个体对小组不足	·了解成员的收获情况 ·了解成员对小组过程设计的切合性 ·了解成员对小组效果的看法和评价
督导评估	·评估社工服务设计的针对性、专业性、操作性 ·评估社工在服务过程中专业方法的应用情况	·了解小组实施过程 ·了解社工专业能力 ·了解小组效果

2. 评估方法

(1)面谈方式。

面谈是一种非正式的评估方法,是由工作者或机构相关人员以个人或小组方式与小组成员进行面谈。以便了解小组的整个过程,将其作为评估材料的一部分。

(2)记录档案。

小组工作记录档案包括文字记录档案和视听记录档案。文字记录档案包括小组计划书、小组聚会记录表、小组聚会记录卡、小组总结报告等。

(3)问卷或评估表。

问卷或评估表要视小组评估需要而采取的评估方法。通过问卷或评估表收集各方面的反馈意见,进行小组评估。如小组气氛自评表、满意度自我评估表、小组人际关系评估表等。

(4)测量工具。

在有些性质的小组中,如任务型小组。为准确客观地了解小组成员的行为方面、心理方面、认知方面发生的明显变化,评估时也会使用专门的测量工具。如个人行为改变的测量表(行为计量、目标达成策略、情绪状况自我测量、心理测量、情绪测量等);小组改变测量表(小组结构测量、分享特点测量、社会心理工作测量等);环境改变测量(人际关系量表、关系变迁量表)。

四、任务解决

丙社工组织实施的"折翼展翅——灾后截肢青少年康复训练小组"。在小组结束期的活动设计,整体而言设计符合小组结束期各阶段的任务要求和工作需要。就小组评估环节，丙社工可采用行为改变的测量表，如行为计量、目标达成策略、情绪状况自我测量、心理测量、情绪测量等；小组改变测量表，如小组结构测量、分享特点测量、社会心理工作测量等；环境改变测量，如人际关系量表、关系变迁量表。通过这些量表，以便为服务对象正常融入社会提供针对性跟进服务。

必备知识

中国社会工作者协会社会工作者守则

一、总则

中国社会工作者继承中华民族悠久的历史、文化传统，吸收世界各国社会工作发展的文明成果，高举人道主义旗帜，以促进社会稳定和全面进步为己任。中国社会工作者通过本职工作，提倡社会互助，调节社会矛盾，解决社会问题，改善人际关系，为社会的物质文明和精神建设服务。

二、职业道德

(1)热爱社会工作，忠于职守，具有高度的社会责任感和敬业精神。

(2)全心全意为人民服务，为满足社会成员自我发展、自我实现的合理要求而努力工作，并不因出身、种族、性别、年龄、信仰、社会经济地位或社会贡献不同而有所区别。

(3)尊重人、关心人、帮助人。为保障包括人的生存权、发展权在内的人权而努力。注意维护工作对象的隐私和其他应予保密的权利。

(4)同工作对象保持密切联系，主动了解他们的需要，切实为之排忧解难。

(5)树立正确的服务的目标，以关怀的态度，为工作对象困难问题的预防和解决，以及其福利要求提供有效的服务。

(6)清正廉洁，不以权谋私。

三、专业修养

(1)确立正确的社会工作价值观和为专业献身的精神。

(2)努力学习和钻研业务，不断提高专业技术水平和专业服务质量。

(3)通过参加专业培训和进修，努力实现专业化，提高工作效率和服务效能。

(4)运用专业的理论和知识与方法技能，帮助社会成员改进和完善社会生活方式，不断提高生活质量，以利于民族素质的提高。

(5)从广大群众的集体力量和创造精神中汲取专业营养，促进专业的发展与创新。

四、工作规范

(1)重视调查研究，深入了解社会成员的困难和疾苦，并采取有效措施，切实帮助他们摆脱困境。通过不断的调查研究，提高社会工作的服务水平。

(2)对待工作对象，应平易近人，热情谦和，注意沟通，建立互相信赖的关系，努力满足他们各种正当的要求，并帮助他们在心理和精神等方面获得平衡。

(3)对待同行，应互相尊重，平等竞争，取长补短，共同提高。在业务上，诚意合作，遇有问题时，互相探讨，坦诚交换意见，或善意地进行批评和自我批评，以促进专业水平、工作效率和服务效能的提高。

(4)向政府有关部门、社会有关方面反映社会成员需要社会工作解决的问题，以及对工作的意见和建议。

(5)向社会成员宣传贯彻国家有关社会工作的政策、方针和法规，鼓励和组织社会成员积极参与社会事务。

(6)对待组织和领导，应按照民主集中制的原则，主动献计献策，提供咨询意见，并自觉服从决定，遵守纪律，维护集体荣誉，努力使领导和单位的计划实施获得最佳效果，圆满完成社会工作的各项任务。

资料来源：中国社会工作联合会官网

拓展训练

孟社工是某家社会工作服务中心的社工，其负责实施了一个长期病患照顾者支持小组。在小组结束期聚会中，为了解本目标达成情况、小组效果情况。孟社工应用了社工自评、成员自评两类评估方式。

问题及反思：

1. 假如你是孟社工，你将应用哪些评估工具，完成社工自评和成员自评工作？

2. 请为孟社工设计一份成员自评的问卷样本？

第三部分

综合运用

项目一 个案工作在儿童社会工作中的案例及应用

内容导航

儿童时期是人生命中身心快速成长的时期，童年经历对个人未来发展有重要影响，所以关注儿童的发展是社会工作一项重要的实务领域。本项目将探讨处在儿童时期的案主的主要特征，介绍常见的适合儿童辅导的社会工作方法。

任务一
儿童群体的特点及常见问题

学习目标

1. 了解儿童期的主要特征。
2. 运用任务中心模式进行个案辅导。

工作任务描述

"又叫我扫地，我就知道你们看我不顺眼，每次都叫我扫地。就告诉你，我不喜欢扫地。我就是不要扫地，你是听不懂哦！要扫你自己去扫！"说完，人就跑了。

隔天一早，"老师，老师，小忠不见了。"小明慌张地跑过来告诉老师。

"大家快找找，自己有没有东西不见了？"

"院长，我丢了1000元。"

"院长，我丢了500元。"

这是一些来自某儿童安置机构的对话。

每次只要小忠与院内老师冲突，便会从院里失踪，而同时，院内老师总是发现有人的钱会不见，同样的事情一直不断地发生。而回顾小忠的成长过程，不难发现小忠的行为与其家庭暴力影响不无关系。

小忠是一个瘦瘦高高的12岁小男生，父母亲在15、16岁的时候生下他，便交由保姆照顾，在保姆家生活，是小忠感到最受关爱的日子，只是时间并不长，到了小忠读幼儿园大班的时候，父母把他接回来与家人同住。

小忠的父亲是个售货员，因在外欠债而四处躲藏，平日很少回家，家里的生活和2个妹妹的教养都由母亲独立承担。小忠回家后，母亲照顾压力变重。由于小忠常常捉弄妹妹，惹妹妹哭，妈妈经常为此而殴打小忠。当父亲回家看到母亲殴打小忠时，便会为了小忠的管教方式而与母亲发生争执，最后父母亲在2011年离婚。

在父母亲离婚后，小忠与母亲同住，此时小忠已经有说谎、逃家、偷窃的行为，而每当小忠有偏差行为发生时，总是会被妈妈打得全身是伤。终于在2012年6月，小忠的保姆发现小忠长期被殴打而通报民政部门，社工在介入了解后，发现小忠母亲的管教方式不当，恐怕会对小忠造成身体及心理上的伤害，依照未成年人保护法，为了让小忠得到良好的照顾，而将小忠安置在某儿童保护中心。

小忠到儿童保护中心后，母亲便不知去向，而父亲每次答应要到中心看望小忠也总是食言，让小忠对父母亲存在许多不满。在保护中心，小忠只要一不高兴，便会与同学、老师争吵，过一段时间便会偷拿中心的钱，离开中心去网吧打游戏，又怕被责罚而不敢回到中心，便会在外以偷窃维生。所以小忠经常因偷窃而被警方寻获后又送回中心，这样的剧情反复上演。

工作任务分解与实施

该案因案主母亲殴打案主成伤，经保姆通报后，安置于安置机构。接案前，案主曾安置于其他机构，及 3 个寄养家庭，并曾转学 7 所小学。

本案 2014 年 10 月 31 日接案，2015 年 1 月 19 日结案。

一、家系图

该案主的家系图如下：

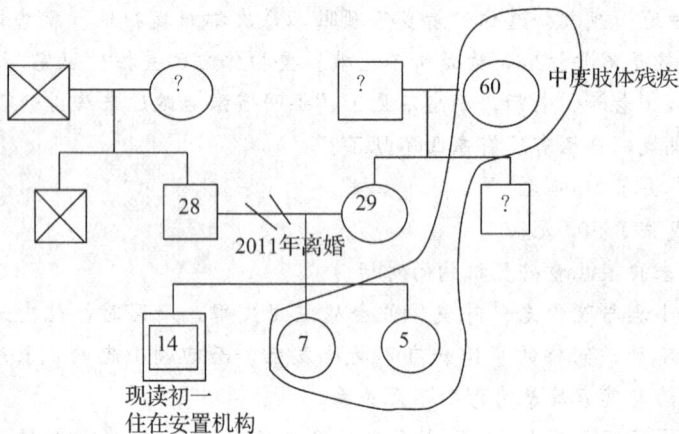

二、确定案主问题

(1)案主多次逃学、偷盗以及沉溺打网游。

(2)案主因偷盗、逃离家园等情势严重，致使安置机构停止为其提供安置辅导服务。

(3)案主行为偏差问题，如持续恶化，将有可能被裁定感化教育。

(4)案主母亲忙于生计，疏于管理，缺乏对案主适度的关心。

(5)案主母亲对案主的管教态度不正确(经常用暴力手段)。

三、设立工作目标

1. 案主觉察的问题

(1)母亲与暴力行为。

(2)家庭经济不稳定。

(3)案主的行为偏差问题(逃学、逃家、偷盗、沉溺网吧)。

(4)案主因偷盗,经法院裁定进行社区矫正并参加假日辅导,目前人在仍在执行中。

2．社工认为案主本身的问题

(1)案主与家庭有较严重的疏离感。

(2)父母离异,从小由保姆带大,故以保姆为依附对象。

(3)生活非常规,物权观念的缺乏。

(4)自我控制力较为缺乏。

3．社工认为案主家庭潜在的问题

(1)亲人资源(自然资源体系)不足。

(2)角色执行困难:

①案主父亲无法照料案主,为了避债常躲躲藏藏,没有固定工作,亦无固定收入。

②案主与家人的连接力较为薄弱。

(3)案主母亲无法有效管理案主

4．社工者认为案主在安置辅导机构的问题

(1)案主对学校及机构缺乏稳定性:案主曾在小学转学 7 次,也换了 4 个机构。

(2)案主对机构照顾者有渴望被爱的需求。

(3)机构当局有意停止安置辅导。

四、订立目标与发展任务

问题	目标	任务		
		案主	社工员	案主父母
案主多次偷盗、逃学以及沉溺网吧	防止偏差问题持续恶化,避免被裁定感化教育	有事情要打电话与工作者联络员,不轻易逃离家园及逃学	定期与司法人员联系,定期评估并转介至其他安置机构,接洽安置辅导机构,面质案主最近再次触犯法律,重申有关安置辅导规定	
	进行再犯后案主的危机调查,进而恢复案主的自信心	接受工作者一个月定期 4 次的会谈,预计 6 个月		成为案主的支持系统
	协助改善案主的情绪障碍	须接受精神医生一个月 4 次的定期会谈,以角色扮演的方式,让案主学习情绪的表达	由聘请的精神科医生或心理治疗师等协助案主改善情绪障碍	
	规范案主生活以及培养案主的正常休息习惯	假日白天每天可以固定玩 2 小时		

问题	目标	任务		
		案主	社工员	案主父母
案主因偷盗、逃离家园等情势严重	协助案主适应安置机构的生活与作息	接受事物清理分配，从事打扫工作		
	避免违规而被停止提供安置辅导服务	完成家庭作业，重新建立自我认知	协助案主重新建立自我认知（震撼教育）	
	案主法律观念较薄弱		协助司法人员进行法律讲解	
案主母亲对案主的管教态度不正确（经常用暴力手段）	教导案主母亲学习控制自己的情绪			案主母亲需控制自己的情绪，绝不能以暴力对待子女
	教导案主母亲学习积极、正向的态度看待事情			每天写下一件以积极、正向的态度处理的事情
	教导案主父母有效的管理方式，重新建立亲子关系		转介案主父母至亲子教育机构 定期与案主父母联系讨论子女管教的问题	案主父母定期探视案主。案主父母须与社工定期联系并讨论如何重新建立亲子关系。需每周一次以电话与少年保护官进行联系，接受亲子教育
案主母亲忙于生计，疏于管教，缺乏对案主适度的关心	协助案主家庭获得经济上的协助		为案主父亲联系就业方面的资源，如人社局、就业辅导中心等	案主父亲需稳定自己的生活，并试着找工作

五、订立契约

1.案主方面

(1)案主接受社工一个月4次的定期会谈，预计6个月。

(2)案主答应不再偷盗、逃离家园等。

(3)案主答应固定时间打电玩。

(4)案主需遵守安置辅导期间应遵守的事项。

(5)案主需学习与父母及家人良好的互动技巧。

2. 案主方面

(1)案主父母需定期前来安置机构与案主会面。

(2)案主父母无论如何都不能再有打案主的行为。

(3)案主父母需定期参加亲子教育培训。

六、分析障碍(阻力、助力分析)

1. 阻力分析

(1)案主本身信心不足，情绪不易表达，重建需花相当长的时间。

(2)案主之亲子关系及手足关系均疏离，重建意愿不高。

(3)案主与社工者的合作程度不佳。

(4)安置辅导机构找寻不易。

2. 助力分析

(1)已有社会福利、医疗、司法等系统介入，可整合为支持系统。

(2)少年保护官已能充任个案管理者。

(3)案主父亲对案主仍相当关心，愿意出面。

(4)案主害怕被关在少年抚育院。

七、过程跟踪

1. 案主部分

(1)遵守机构内部的生活规范，略有进步。

(2)情绪表现已有改善。

(3)常外出去网吧。

2. 案主部分

(1)案主父亲常借故不前来探视案主。

(2)连接更生保护协会，协助案主父亲经济部分的重建，稳定其生活。

(3)案主父亲已不能定期参加亲子教育课程。

3. 社工部分

(1)协助案主适应安置辅导机构的生活。

(2)协助案主接受震撼教育。

(3)因案主情绪表达不易，安排案主定期至疗养院进行心理辅导。

(4)协助案主家庭接受亲子教育。

(5)定期与案主家庭进行访视。

(6)保持与相关机构的联系。

八、执行

1. 确认任务选择与安排

(1)接受事物清理分配，从事打扫工作。

(2)完成家庭作业，重新建立自我认知。

(3)有事情要打电话给社工联络员，不轻易逃离家园或逃学。

(4)社工与案主父亲加强联系并订立契约。

(5)建立案主支持系统。

(6)必要时，转至其他安置辅导机构。

2. 提升案主完成任务多的承诺

(1)与案主讨论后订立契约。

(2)采用激励的方式鼓励案主完成任务：如案主只要连续几次遵守规范，就可到网吧玩一次，以促使案主产生改变。

3. 协助案主练习与父母及家人相处的技巧

以角色扮演的方式，让案主学习情绪的表达。

九、修正

(1)要求案主假日才可玩网游，改为3天玩一次。

(2)案主法律观念较薄弱，青少年司法工作者介入并予以协助。

(3)案主母亲未曾前来探视，由社工者家庭访视。

十、任务回顾

(1)案主在安置辅导机构内的违规事件略有减少，但仍会偷机构老师的钱，去买东西吃及玩网游，致使机构当局有意停止安置辅导。

(2)案主已能主动与案主父亲打招呼，但彼此相谈的时间不多。

(3)案主能接受机构照顾者的指示，从事打扫工作。

(4)案主父亲会不定期参加亲子教育。

十一、检讨及评估

(1)案主已较能适应机构的生活，但仍常无故离开及行窃。

(2)案主有可能因另案裁定安置辅导，但机构并不想接受法院的安置辅导。

十二、发展新任务

(1)未来法院若裁定安置辅导，应扮演个案管理者的角色，才能提高执行力。

(2)案主可能需要借由司法力量留置观察或收容。

(3)案主情绪的表达比较顺畅。

(4)对案主持续安置辅导，将有助于案主的生活稳定及行为的改善。

必备知识

儿童青少年压力量表

说明：在下面所列的人、地或事中，圈选出你所感受到的压力程度的数字代号。

压力来源	压力程度				
	1＝没有压力	2＝轻微的压力	3＝中等程度的压力	4＝很大的压力	5＝极度沉重的压力
1. 某个特定的老师	1	2	3	4	5
2. 学校中的个别学生	1	2	3	4	5
3. 某个特定的科目	1	2	3	4	5
4. 觉得自己没有其他同学聪明	1	2	3	4	5
5. 害怕失败	1	2	3	4	5
6. 没能入选某个校队或团体	1	2	3	4	5
7. 担心被同学愚弄或欺负	1	2	3	4	5
8. 无法达成父母或师长的期望	1	2	3	4	5
9. 担心将来无法进入好的学校	1	2	3	4	5
10. 担心自己以后不知从事哪项工作	1	2	3	4	5
11. 担心父母会离婚或再婚	1	2	3	4	5
12. 被姐妹或兄弟伤害	1	2	3	4	5
13. 其他家庭成员伤害	1	2	3	4	5
14. 没有足够的零用钱或生活费	1	2	3	4	5
15. 没有得到应有的注意	1	2	3	4	5
16. 因缺乏管教而易惹麻烦	1	2	3	4	5
17. 没有得到充分的关怀与爱	1	2	3	4	5
18. 父母吵架或打架	1	2	3	4	5
19. 家庭成员的健康状况欠佳	1	2	3	4	5
20. 自己的健康状况欠佳	1	2	3	4	5
21. 失去某个要好的朋友	1	2	3	4	5
22. 没有足够的朋友	1	2	3	4	5
23. 遭到某个朋友的拒绝	1	2	3	4	5
24. 受到某个朋友的欺骗或背叛	1	2	3	4	5
25. 某个朋友在背后说我坏话	1	2	3	4	5
26. 感觉不被接受或不受欢迎	1	2	3	4	5
27. 父母不喜欢我的某个朋友	1	2	3	4	5
28. 我担心自己没有男（女）朋友	1	2	3	4	5
29. 不知如何结交朋友	1	2	3	4	5
30. 不知该如何维护自己的权利	1	2	3	4	5

Source：Morganett, R. S., 1990

【总分说明】

30～45 分	孩子感受到适度的压力，所需要的是父母在情绪上无条件地支持。只要没有出现异于往常的行为或情绪反应，父母应该可以放心。
46～60 分	孩子感受到略大的压力，父母应该营造一个可让孩子抒发情绪的环境。多倾听他心里的话，或是安排一趟开心的旅游，都是可以考虑的方式。
61～75 分	孩子感受到强大的压力，并可能已经出现异于往常的行为或情绪反应。父母应该考虑带他立即寻求专业的心理咨询服务，以维护孩子的身心健康发展。
76 分以上	孩子长期感受到强大的压力，内心压抑强烈的情绪与不安。父母跟孩子应该立即寻求专业的心理咨询服务，以维护孩子的身心健康发展。

任务二
儿童小组工作案例及分析

学习目标

1. 掌握儿童小组工作相关知识。
2. 将小组工作方法应用到儿童社会工作服务中。

工作任务描述

张社工是长沙市某儿童社会工作服务机构的社工。在中心日常工作中，他发现来中心参加活动的儿童均来自核心家庭，通俗地说就是独生子女家庭。这些家庭的孩子，因没有血缘关系的兄弟姐妹，父母也往往因工作原因，与其交流沟通时间较少，家长与孩子之间的了解相对较浅，甚至有些父母与孩子的交流仅停留在表面，没有深入关注自己孩子的深层需要。在中心组织的亲子活动中，张社工也发现，这些家庭的父母对孩子十分关心，但仅限于对孩子安全的关心、穿着的关心等，但对孩子内心爱的需要、沟通的需要关心极少。

独生子女家庭的父母给予自己的孩子较多的是物质层面的关心，他们认为孩子吃饱穿暖就可以了，加之其工作原因，与孩子交流，陪孩子活动的时间相对较少。许多独生子女家庭的孩子来中心参与活动时，明显表现出自我中心、与其他孩子相处不和谐、不愿意跟其他孩子合作等行为。家庭也十分苦恼孩子很难管教，不听话。孩子埋怨父母对自己关心不够。

其实，埋怨和生气均源自个人的需要和关注得不到满足。例如，小朋友在看到班里的同学都有手机而自己没有，感觉与同学们在一起很不自在，就会逐渐与同学渐渐疏远，这时，小朋友很希望父母能给自己买部手机，父母可能因某种原因，拒绝给他买手机，小朋友就会埋怨自己的父母，甚至发脾气。很显然，小朋友埋怨和生气是因为父母没有满足自己。

为此，要改变孩子与父母之间不良的关系，孩子和家长都必须认识自己情绪背后的需要，寻求合适的方式处理矛盾，疏导情绪，改善关系。同时，家长应积极学习与孩子沟通的技巧，学会将习以为常的单向沟通转变为商讨式沟通，学会分析孩子情绪背后的需要和关注，帮助孩子疏导情绪，才能建立良好的亲子关系。

因此，对从事儿童社会工作服务的机构而言，亲子小组是最常见的，也是十分有必要开展的社会工作服务。结合上述背景，张社工设计了一份亲子小组计划方案。

问题及反思：

1. 分析案例中亲子关系存在的问题及需求。

2. 结合分析设计一份小组工作计划方案。

工作任务分解与实施

一、任务分析

案例中服务对象是6～9岁的儿童及其家长。皮亚杰认为这个年龄阶段的儿童已经进入具体逻辑思考，能明白一些道理。为此，开展亲子沟通小组中所分享的道理，参与的孩子能够理解。另外，这个阶段的孩子已有丰富的情绪表达，并通过情绪表达引起家长对自己的关注，为此情绪控制和情绪表达的主题也比较适合亲子小组。在上文背景中也谈到，独生子女家庭的父母给予自己的孩子较多的是物质层面的关心，在其心里认为孩子吃饱穿暖就可以了，较少关注孩子内心的需要。加之很多家长习以为常应用单向的沟通方式，阻断了孩子充分表达自己的机会，导致亲子沟通不畅，商讨式的沟通技巧训练也是亲子小组的主题之一。

根据社会学习理论，在小组中倡导商讨式的沟通方式，参与小组活动的家长和孩子均能学习到这种行为，从而可以改变亲子沟通中单向沟通的问题。从小组工作技巧层面来看，亲子小组中，角色扮演、模仿、示范是比较常用的工作方法。参与亲子小组的家长和孩子，在小组工作者的协助下，可以向其他小组成员学习到向上的亲子沟通、相处、情绪处理的技巧。

二、服务实施

1. 小组名称："大手拉小手"亲子小组

2. 小组目标及目的

(1)目标。

本小组以改善家长与孩子的沟通方式，提升亲子关系为目标。

(2)目的。

①让组员认识情绪，引导其了解情绪对亲子关系的影响。

②让家长了解聆听的重要性，家长认识到聆听会让孩子有被尊重的感觉。

③以小组活动为载体，让孩子与家庭进行充分沟通和了解，增进彼此间的关系。

3. 服务对象

(1)对象要求：6～9岁的孩子及其家长。

(2)对象特质：希望改变或增强亲子关系的家长。

(3)人数要求：6个家庭(家长孩子共12人)。

4．小组特征

(1)小组性质：亲子教育小组。

(2)小组节次：共7节。

(3)活动周期：1周1次。

(4)活动时间：每次60分钟。

(5)场地要求：室内。

5．小组招募方式

(1)机构内张贴海报。

(2)小区内散发招募传单。

(3)向辖区其他社会工作机构询问或让其转介。

(4)电话通知个别有需要的家庭，邀请其参与。

6．具体活动安排(列举3节)

(1)第一节：组建小组

日期及活动时间：　　年　　月　　日16：30—17：30

活动时间	地点	活动目标	活动内容	所需物资
5分钟	室内	社工与组员相互认识	社工自我介绍	无
15分钟		组员之间相互认识	活动名称：小记者 给参与的孩子分工采访卡、小记者证、笔各一份；孩子依据采访卡上的问题逐个采访参与活动的其他孩子和家长；每个孩子分享自己采访的结果	纸、笔、记者证、采访卡
5分钟		让小组成员进一步认识小组的目标和内容	介绍小组目标和内容	
15分钟		制定小组契约	活动名称：一起制定小组契约 以家庭为单位，每个家庭分工卡纸4张，笔一支；每个家长与孩子商议3条受欢迎的行为；1条不受欢迎的行为；将所有家庭写的受欢迎和不受欢迎的行为纸条分别张贴在大白纸上；确定小组契约	大白纸、卡纸、胶布、笔
15分钟		增进亲子关系	活动名称：真情表白 给每位参与者分工心形卡片、1支笔；家长和孩子均在心形卡片上写上最想跟其说的心里话；参与者写完后，亲子之间相互交换卡片，并大声念出所写内容，要求对方在接卡片时要大声说出谢谢，并拥抱	心形卡片、笔
5分钟		下节预告	社工引导组员总结本节活动并告知下次聚会时间、内容、地点	

附录：

采访卡

你好，我是＿＿＿＿＿。我想问你几个问题，可不可以？

你的名字叫什么？＿＿＿＿＿＿＿＿＿

你现在做什么工作呢？＿＿＿＿＿＿＿＿＿

你最喜欢的运动是什么呢？＿＿＿＿＿＿＿＿＿

你喜欢吃的水果是什么呢？＿＿＿＿＿＿＿＿＿

与你一起参加今天活动的孩子叫什么名字？＿＿＿＿＿＿

谢谢！

(2)第二节：你知我知

日期及活动时间：　　年　　月　　日　16：30—17：30

活动时间	地点	活动目标	活动内容	所需物资
5分钟	室内	·通过合作活动，让家长和孩子有深度互动，增强彼此间的默契 ·通过活动，让家长认识到孩子表达情感的多种方式 ·通过活动，让家长和孩子建立对彼此合理的期望	➤社工再次自我介绍 ➤回顾第一节内容，重申小组契约 ➤报告本节活动内容	无
25分钟			活动名称：我比你猜 ➤社工将准备好的图画逐一分发给小朋友，切记不要让家长看见 ➤社工协助小朋友，让其用语言描述看到的图画，家长根据小朋友的描述，画出孩子描述的图画。 ➤6组家庭完成后，分享看哪组家庭跟原图最接近	图画6份；白板1个；白板笔6支
25分钟			活动名称：眼中的父母/宝贝 ➤给孩子和家长每人发一张大白纸，绘制彼此的抽象画；画好后以家庭为单位，将画张贴好 ➤孩子和家长用卡纸写三个句子：我眼中的父母/宝宝是＿＿＿，我希望他＿＿＿写好后贴在彼此的张贴的图画上 ➤分家庭逐一分享，家庭和孩子在听到对方对自己的期待时，要给予回应	大白纸12张；彩笔12支；不同颜色的卡纸若干
5分钟			活动名称：搬运幸福气球 ➤以家庭为单位，家长负责吹气球，孩子负责运送气球到指定位置后，戳破气球 ➤时间5分钟，最后由社工和协助者评分，评选出运送最多和最勇敢小朋友，颁发"星星"	气球若干；手工制作的星星

活动时间	地点	活动目标	活动内容	所需物资
5分钟			总结预告 ➤让参与的家长和孩子分享参加今天活动的感受和收获 ➤社工预告下节活动的时间及要求	

附录：

👥家长组	😊孩子组
♡ 我眼中的宝贝是＿＿＿＿＿＿＿ 　 我希望他＿＿＿＿＿＿＿＿＿	♡ 我眼中的爸爸/妈妈是＿＿＿＿＿ 　 我希望爸爸/妈妈＿＿＿＿＿＿
♡ 我眼中的宝贝是＿＿＿＿＿＿＿ 　 我希望他＿＿＿＿＿＿＿＿＿	♡ 我眼中的爸爸/妈妈是＿＿＿＿＿ 　 我希望爸爸/妈妈＿＿＿＿＿＿
♡ 我眼中的宝贝是＿＿＿＿＿＿＿ 　 我希望他＿＿＿＿＿＿＿＿＿	♡ 我眼中的爸爸/妈妈是＿＿＿＿＿ 　 我希望爸爸/妈妈＿＿＿＿＿＿

(3)第三节：镜子看自己

日期及活动时间：　　年　　月　　日 16：30—17：30

活动时间	地点	活动目标	活动内容	所需物资
5分钟	室内	·让家长和孩子了解信任在亲子关系中的重要性 ·通过情景扮演，让家长和孩子看到自己情绪和表达方式对亲子关系的影响	➤回顾第二节内容 ➤报告本节活动内容	无
30分钟			活动名称："我完全相信你" ➤社工要求参与者将12张凳子任意摆放，由社工根据凳子的位置划定一条路线 ➤先由孩子戴眼罩，拿着家长的名牌，家长指引孩子按路线走，将自己的品牌贴到指定位置。然后换家长。每个家庭逐一完成本环节 ➤所有家庭完成后，邀请家长和孩子分享感受和活动带给他们的启发	眼罩6副；参与者名牌各1份
30分钟			活动名称："镜子看自己"家庭情景剧 ➤社工以抽签方式，打乱原有的家庭组合 ➤以新的组合为单位，给孩子和家庭情景卡，由孩子和家庭根据情景卡提示，完成表演	情景卡

续表

活动时间	地点	活动目标	活动内容	所需物资
			➤社工组织孩子和家长讨论情景中反映的情况和状态是否在自己家庭、身上发生和存在；观看后有什么想法和思考	
5分钟			总结预告 ➤让参与的家长和孩子分享参加今天活动感受和收获 ➤社工预告下节活动时间及要求	气球若干；手工制作的星星

附录:

情景卡
情景1：考试成绩不理想，家长不满意
情景2：损坏家里的贵重东西，家长大发雷霆
情景3：吃饭挑挑拣拣，家长责备
情景4：起初等待家长帮其准备好一切
情景5：看到班里同学买了新玩具，要求家长购买，家长不同意
情景6：暑假想去某个地方玩，家长答应去，但换了地方
情景7：圣诞节告诉家长希望能得到自己喜欢的礼物，家长没有重视

7. 资源准备

(1)人力安排。

社工1名；义工2名。义工可以邀请同机构的社工协助，也可以邀请高校在读社会工作专业的学生参与。如果邀请高校社工学生协助，要提前与社工学生就小组每节活动作充分的沟通和交流。

(2)资金预算。

资金来源		资金支出	
➤由中心项目预算安排	450元	➤活动用品	100元
		➤小礼品	100元
		➤活动道具	150元
		➤材料费	100元

8. 活动进度安排

日 期	任 务
6月	活动设计、宣传招募准备
7月上旬	招募成员
7月中旬	约见参与小组的每个成员
7月下旬—8月	开组
9月上旬	评估和根据

9. 预计困难也应对策略

预计困难	应对方法
招募不到计划的小组成员	向中心其他社工咨询符合本小组目标的服务对象，登门邀请； 由已报名参与的家庭推荐和邀请有意向参与的潜在成员
1名社工，可能不能充分地兼顾到家长和孩子在小组中的情况	社工和参与协助的义工，提前做好充分的分工，社工负责整体，一名协助义工重点关注孩子，一名协助义工重点关注家长

10. 评估方法

(1)制作前后测问卷。

(2)每节活动后填写活动检测问卷。

(3)对出勤情况、投入情景进行评估。

(4)对参与者均做个别面谈。

三、工作任务解决

本案例针对张社工所在机构儿童均来自核心家庭，通俗说就是独生子女家庭。因没有血缘关系的兄弟姐妹，父母因工作原因，与其交流沟通时间较少，家长与孩子之间的了解相对较浅等情况。张社工设计以亲子关系为主题的小组工作计划书。内容涉及亲子沟通技巧、情绪表达技巧、尊重和信任在亲子关系中的重要性等。小组设计能够有效回应案例背景中家长和孩子面临的困境。参与本小组的家庭和孩子，通过小组活动，能够达到小组设定的目标，及让组员认识情绪，引导其了解情绪对亲子关系的影响；让家长了解聆听的重要性，家长认识到聆听会让孩子有被尊重的感觉；以小组活动为载体，让孩子与家庭进入充分沟通和了解，增加彼此间的关系。

必备知识

儿童小组工作

一、儿童小组工作的定义

儿童小组工作就是以儿童为对象，运用小组动力程序与小组活动过程设计技术，使小组中的儿童达到社会性的发展和行为的改变，实现儿童个人与社会和谐发展，进而增进整体社会中个人的全面发展和社会的进步。

二、儿童小组的目标与功能

主要目标：恢复和增强儿童的社会功能，促进其社会性发展。

功能包括：首先，为儿童提供心理上的支持，情感上的慰藉；其次，为儿童提供体验社会生活的机会与情境，学习生活经验、解决问题的能力、学习社会规则和与人交往的能力；最后，进行行为的纠偏。

三、儿童小组的动力

动力：个体与心理场之间的相互作用。

积极的小组动力：分享、分担、支持、教育、治疗等。

动力的来源：儿童个体对小组的认同和依附、小组的控制方式、小组氛围、小组舆论导向、小组成员拥护的核心等。

动力的中介：小组活动。

四、社会工作者的角色与工作

1. 儿童小组的指导者，是儿童小组中的核心人物，根据组员的需求策划和界定小组目标，有针对性地举办小组活动，创设具有针对性的游戏，通过共同游戏活动引导儿童认可小组目标，形成互动。

2. 儿童小组的一员，关心组员、关注组员的感受、鼓舞组员、帮助组员。

3. 团体规范和规章制度的象征，对优秀的组员奖励，纠正某些组员的不良行为，使小组活动顺利、有效地开展。

4. 组员角色的控制者，利用角色的规范来引导组员进入角色，并训练组员履行角色职责。

拓展训练

你是某市未成年人救助保护中心社工，在工作中你发现未成年保护中心的儿童人际交往状况较差，平时相处时冲突频繁，常因生活琐事争吵甚至大打出手，不管时间与场合。这种状况不仅影响机构的正常秩序，也不利于孩子的健康成长和社会化，实令人担忧。你计划针对这种情况，组织一期社会化小组服务。

问题及思考：

1. 分析本案例服务对象面临的问题及需求是什么？

2. 结合服务对象面临的问题及需求，设计一份社会化小组服务计划书。

项目二 个案工作在青少年 社会工作中的案例及应用

内容导航

　　青少年是人成长过程中一个充满变化的转折时期，处在由童年期向成年过渡的阶段，所以关注青少年发展极为重要。本项目将探讨在青少年案例中，如何正确开展社会工作。

任务一
青少年群体的特点及常见问题

学习目标

1. 了解青少年的主要特征。
2. 运用生态系统模式进行个案辅导。

工作任务描述

"淑芬已经五天没有回家了，你们可不可以帮我找找啊？"

淑芬是位初三的女生，在初春周六的上午由妈妈传来离家的信息。

"我不知道我姐姐去哪了，即使知道我也不会让你们知道，然后去抓她回来"，淑芬的妹妹小闽愤怒地说。随之而来，就是小闽与妈妈的一连串语言冲突。妈妈又哀求着询问小闽："你要是知道你姐在哪你就要说，不然就危险了。你知道的我真的很担心，都睡不着吃不下呀。""干吗，又让你找到她然后架她回来？……不然你愿意离婚吗？"妈妈一时之间哑口无言。

从妈妈与妹妹小闽的对话，学校社工预估语言及非语言信息背后的意义。

"好了，章妈妈，先不要生气，让我来跟小闽谈谈好吗？她或许知道，也或许真的不知道。不过，我想小闽坚持一定有她的原因，我们一起努力试试看，好吗？您也试试找找看她常去的一些地方吧。"之后，妈妈则选择与辅导员讨论一些淑芬在学校的情形。

学校社工经过与妹妹小闽、好友小婷及辅导员的会谈，逐渐查清问题。

"小婷，小闽，我猜想你们很关心淑芬，也很想保护她……虽然我不清楚淑芬的问题是什么，但是，我想，在没有确定淑芬问题可以处理前，你们不会也不愿意告诉任何人她目前在哪里，对吧？……淑芬真的很幸福。有你们这样挺她的妹妹。……而我想，站在我的立场，如果她真的有那么一点点不安全，我也不会希望她回家的。"学校社工同理之。

小婷及小闽的沉默间接证实社工的猜测。

"这样吧。你们担心一定有你们的道理，我们暂时不讨论淑芬在哪里，或者是讨论你们到底知不知道淑芬在哪里，我们先一起讨论一下淑芬的困境吧，可以吗？"

经过一段时间的沉默，小婷终于开口了。

"淑芬姐是因为受不了她爸爸恶心动作而离家出走的……"小婷表示。

"你说的'恶心动作'是什么啊?"社工继续问询。

"爸爸大概 3 年多前开始吸毒吧。之后听姐姐说,他会乱摸她而且逼她一起吸毒,所以她才跑掉的啦。她现在其实很安全的。"小闽说。

淑芬在过去两年中,常常在案主父亲吸食安非他命后遭受其性猥亵及侵害,并且被迫一起吸食安非他命,导致淑芬染上毒瘾,而这次因为淑芬不堪虐待而再次离家。

辅导员表示:淑芬初一以前成绩中上,但是初二成绩忽然急转直下,常常旷课不回家,时间通常为一至两天,不过在学校通知家长后,家长就会补请假手续,说淑芬生病在家休息,因此,两年期间上课还算正常,只是常出现精神涣散情况。

学校社工经过小婷及小闽的协助,打听到淑芬暂时的住所,但是淑芬拒绝任何探访。社工为建立信任及尊重的关系,在确定案主没有危险后,透过小婷及小闽传达社工的善意,并获得淑芬同意后进行初次访视会谈。第一次会谈淑芬不对事件多做描述,仅表示这是自己捏造的情节,但真实心情的焦虑、紧张、恐惧在肢体动作中透露出来。"未来我们可以一起讨论所面对的问题,在做任何决定时,我一定会跟你讨论,而你也有绝对的决定权。"社工向案主表示,降低淑芬的焦虑与疑惑。

再经过三次会谈、两次家访及相关人员的会谈后,社工初步预估出淑芬的问题。

工作任务分解和完成

一、基本资料

淑芬,15 岁,初三女生,自初一起,就遭案主父亲吸食安非他命后性猥亵并强迫其一起吸食,自初二起出现间断性旷课离家行为,自初三下学期起出现长时间辍学现象。家庭成员主要包括父母及妹妹。

二、资料收集

案主的问题行为与家庭有密切的关系,而其离家行为也有高危险性,因此收集信息主要由下面四个部分依序推进。

1. 妹妹及同僚的会谈

案主妹及同僚是案主助力、重要友伴,因此可以获得案主的相关资讯,对于非自愿性个案来说,是会谈初期重要桥梁及信息来源,同时有助于了解案主问题,也可以透过这群友伴找到案主。

2. 案主会谈

案主会谈是个案工作的核心部分,是由案主访视预估短期危机程度,了解其对焦点问题的事实描述及主要诠释,预估案主所面对的困境及所需的帮助。

3. 学校访视

为了解及预测人的行为必须从个人、环境和二者之间的互动来加以了解,青少年的个案通常需要学校及家庭两大次系统。青少年的发展阶段中以学习为主要任务,学校通常为家庭以外的主要生活空间,因此辅导员、辅导老师及其他相关教师,通常可以对案主在外行为转变及问题发展程度做深刻的描述,有助预估案主学校生活、重要成长经验及生活作息。

4. 家庭访视

另一个重要系统则是案主原生家庭,因此进行家庭访视或与家庭主要成员进行会谈,成为资料收集及预估的必要工作。而本案例主要问题源于逃家,并且从案主同僚系统中也了解到原因是案主父亲的亲密关系,所以了解案主家庭系统则更为重要。

三、预估

案主问题预估主要可以参阅 Miley 等所提出的"生态系统评估架构",从案主系统、家庭系统、家族系统及其他外部系统,由微视面至近视面可以在与督导讨论后,选择适当的深度及广度进行预估。

生态系统预估解析通常可以分为案主系统、家庭系统、家族系统及其他外部系统四部分,讨论如下。

(一)案主系统

案主独立自主能力颇佳,清楚知道毒品的危害,是靠自己的意志力戒毒,因此初二旷课时间多半是因为毒瘾发作而在家休息。目前她对自己的规划是,希望母亲同意其暂住大伯或舅舅家,对于未来,她希望能顺利就读高职夜校,白天找一份工作养活自己及妹妹,而在父亲未完成戒断毒品前不再返家。

案主成长经验形成其缺失功能的问题现象。对父母的不满造成其对代表权威的成年人采取负面态度(例如:辅导员),而造成师生关系不佳。除此之外,案主对于两性关系的掌握也产生脱序情形,男友更换频繁且有高危险性行为。对案主系统预估,主要包括下列五部分:

(1)有独立、自主及为自己做决策能力。

(2)对于权威者产生抗拒及挑衅的情形,出现在案主与案主父母、辅导员互动的情形中。

(3)对于扮演姐姐的角色相当称职,可以保护妹妹免于受害。

(4)因为吸食毒品的时间长达两年,以从被动吸食到目前有主动吸食的情形,且因为过往的经验让案主认为安非他命戒治容易,导致案主抗拒毒品的自制力薄弱。

(5)案主在与家庭关系统产生脱离及抗拒,再加上青少年期本对异性有好奇及交往的动力,因此长期交往男友并有亲密性行为,案主男友家也成为案主离家后主要居住地。

(二)家庭系统

生态系统非常重视家庭系统的动态关系,成员扮演固定角色,互动关系呈现一种重复的动态平衡，所有互动的社会剧本不断重复上演。针对案主家庭的预估，主要可以从夫妻系统，姐妹系统，母女系统进行分析：

1. 夫妻系统

案主父亲是装潢工头，案主母亲在市场卖小吃维生，一家四口生活小康。两年多前因为社会经济不景气，案主父亲生意青黄不接，导致意志消沉，染上赌博及吸毒。母亲则是经营小吃生意，其收入多数用来补贴父亲及家用所需，目前父亲欠债50万。

父母亲为传统中国式互动模式，父亲主外拥有绝对的权威，习惯指责型沟通模式，并常有肢体暴力行为；母亲自主性低，且为传统女性特质，深信"嫁鸡随鸡、嫁狗随狗"，应该从一而终，在家从夫，习惯讨好型的沟通方式，总以哭诉或委曲求全的态度进行沟通，并且认为维系家庭关系为最重要的使命，同时塑造出案主父亲问题持续发展的环境。

案主母亲虽然知道但是却只是絮絮念而缺乏改变性的介入。她常说："嫁都嫁了还能怎样，当初是自己选的，好坏都是自己的命啦！敢说什么？我有跟他苦劝啦！他说会改啦！不然要逼他去死喔！"

2. 姐妹系统

淑芬在这期间为了担心妹妹成为下一个受害者，因此总是关心小闽的生活，叮咛小闽不得单独在家，而教小闽对于父亲的态度应该更为强硬："爸爸说什么都不要理他，如果他要碰你你就吼回去，他就不敢了，然后赶快跑出来。"同时，淑芬要外出时，也总是将小闽带在身边，两年之间生活空间由家庭渐渐外拓至社区，姐妹两个培养联盟性的感情，借由偶尔在夜市卖盗版光碟赚钱在外生活的开销，案姐妹形成次联盟。案主并以保护妹妹为合理化抗拒父母任何合理管教行为（例如：深夜在外游荡），案主妹也培养反抗权威的行为模式，并因为担心自己成为下一个受害者而产生离家旷课行为，对于案主则有崇拜模仿的情形。

3. 父女系统

案主父亲在吸毒前是位尽职的父亲，但毒瘾发作时就会在意识不清下虐待淑芬，为主要加害者。原先在家庭中扮演主要管教者及权威者，因为吸毒行为后严重失去功能，并与案主妹妹有严重紧张关系，而也因为父亲自知理亏，因此对于案主及案主妹挑剔、不礼貌、顶撞的态度相当纵容。逐渐地改变原有的亲子关系，案主对于父亲则常以失望及鄙视的口气表示："他喔！没用了啦！废人一个。"

4. 母女系统

母亲习惯以传统随遇而安的论调，低姿态地维系家庭关系成为家庭核心，而问题未爆发前系由母亲为父女关系中的枢纽角色，勉强连接表面和谐，但对于问题解决助益不大。案主妹妹对于母亲的情绪，由同情她的辛苦持家、委曲求全，渐渐地因为母亲无法处理案主父亲的问题，产生越来越多的愤怒及排斥，过去数次淑芬的离家经历，都是在案主母亲卑微苦求下返家的，但是逐渐地由同情转为轻蔑："她喔！嫁给爸爸是一种不幸啦！叫她离婚跟我们重新生活一起过，她又不肯！哎！她自找的啦。"案主公开性侵害事件后，案主母亲对案主的影响力日渐减弱，但确定是社工可以介入的关键对象。

（三）家庭系统

案主父母亲婚姻是在案主母亲原生家庭不认同的情况下结合的，因此虽然案主母亲与原生家庭兄长仍有互动，但是从未运用为支持系统。案主母亲原生家庭在问题呈现后积极介入，形成案主母亲最大助力，提升案主自我效能，但有时原生家庭强烈的处遇建议（例如：离婚）则造成案主母亲的抗拒。案主父亲原生家庭对案主父亲有约束力及影响力，特别是案祖母系为原生家庭中权威者，对案主母亲效能提升虽是助力，但因为案主祖母指责案主母亲未善照顾案家之责造成案主母亲压力。

（四）其他外部系统

同系系统是案主生活重心，提供案主必要的情绪及生活协助，特别是同系亦属于高危险青少年案主群，值得进行同系团体辅导工作。学校系统中，则因案主课业成绩不佳，间断性辍学、偏差行为等，与案主呈现较紧张的关系，辅导员常以"不知长进""自甘堕落"指责案主，造成案主就学意愿更为低落。

针对淑芬生能系统的预估解析，也是社会工作处理计划的基础，整合下列四部分重点。

1. **案主家庭结构**

（1）案主父亲为家庭固有权力中心。

案主父亲吸毒前为家中权力核心，但是相当惧怕案主祖母的权威，在吸毒后成为案主挑战的焦点，但在案主母亲极力维护关系的前提下，维持两年多的动态平衡，案主父亲传统的权威角色逐渐减少。

（2）案主母亲在家庭中处于弱势地位。

案主母亲由于当时婚姻未受娘家祝福，使其产生"没有娘家撑腰"的心态，再加上夫家长久以来以案主祖母为核心的动力关系，形成案主母亲将自我角色概念化为顺从丈夫、婆婆，并安抚其他成员以维持家庭系统的平衡。

（3）案主与案主妹逐渐脱离案主父母亲系统。

案主与案主妹由于性侵害事件逐渐嫌恶案主父亲，而对于案主母亲不愿离婚且为案主父亲辩护感到失望，因此从旷课离家行为呈现脱离原生家庭系统的情形。

2. **案家互动模式**

案家在吸毒及性侵害事件发生后呈现固定的互动模式，即案主父亲传统管教功能降低由案主母亲情感维系所取代，当案主母亲无法牵制案主及案主妹行为时，案主父亲即以体罚介入，导致严重冲突后，案主及案主妹离家。因此，重整家庭互动模式成为本案介入重点之一。

（1）传统家庭互动模式及价值严重影响案家。

案主家受传统价值的影响，因此维持家庭和谐及完整性仍是家庭主要期望，也因此家族力量足以成为案主正向助力，案主祖母及案主舅成为事件发生后主要决策者，介入整个问题的处理形成短期重要助力，长期而言也形成家庭重要的支持系统。

（2）案主与案主妹心理重建。

案主自我功能很强，清楚知道自己可以做及应该做的部分，对于事件通报后家庭成员对其产生的压力，可以自我调适且明确撇清问题焦点及责任，但是案主对于案主父母与祖母的情绪直接、间接影响到案主对权威角色的抗拒，影响其社会生活，因此必须转介心理师进行心理治疗。

3. **助力阻力分析**

（1）家庭部分。

案主父母互动模式所形成的同盟关系，加速淑芬、小闽与家庭关系疏离。然而母亲及家庭成员（叔伯舅）的情感支持形成案主心理的助力，叔伯舅更在本次危机事件积极介入并提供住宿场所，成为案主庇护处所。

（2）社区部分。

因为是传统型社区，所以邻里街坊，多数为亲戚好友，因此对案主父亲产生制衡作用，但相对的也对案主父亲形成压力。

（3）学校部分。

阻力较多，起因于案主是长期翘课、成绩差、学习意愿低，且同系在缺乏保密概念下渲染此事，导致案主认为没面子，间接成为案主逃学的借口；辅导员对案主支持性高，且愿意包容案主的不稳定就学情形，另外同系视案主为受害者，提供案主情感支持，并可以随时提供案主必要的情绪支持及保护。

四、计划与处理

针对淑芬的服务计划，主要分为六大部分，从案主的危机处理、深入心理辅导，并强化案主父亲母功能，以逐渐修正家庭成员的偏差功能，强化家庭系正向运作，重新建构案主生态系统。

1. 依法通报及保护案主

可通报反家庭暴力中心，进行案主及妹妹后续保护安置之预估及规划，并介入案家问题的处遇。暂时安置案姐妹于大伯家，并协助其生活适应，另外加强学校适应提升学习成效及生涯辅导。

2. 协助案主系统进行心理治疗

转介案姐妹至社区心理卫生中心进行长期治疗，以协助姐妹生命经验的重建及卫生复建。

3. 深入案主同系团体，进行群组辅导工作

案主同系在其生活中扮演重要的角色，特别是正值青少年发展阶段的案主，应该积极介入同系群组辅导工作，强化其正向功能（例如：紧急保护安置案主、情绪支持等），修正负向功能（例如：参与非法营利活动、鼓励逃学及逃家、未成年同居），以降低同系群组对案主负面影响，否则案主则难以回归原有生态系统中。

4. 提升案主父亲生态系统压力强制戒毒

转介案主父亲至医院精神科评估及咨询，进行戒毒辅导；但因其戒毒意愿不强烈，因此借由引进案主祖母及案主舅支持案主母亲的力量，以提升案主父亲来自生态系统中的戒毒压力，社工并与医院社工师保持联系了解案主父亲戒毒情形。

5. 破除案主母亲错误信念，提升案主母亲效能

帮助案主母亲认清"她持续无条件支持案主父亲"是非理性的传统信念，应该被改变。修正案主母亲的想法成为"情感支持案主父亲"是助力，但"金钱持续无限制支援"和"不干涉案主父亲吸毒"则是纵容案主父亲行为，对案主父亲没有帮助，以说服案主母亲主动介入金钱管理及案主父亲戒毒辅导。接着，增强案主母亲行为意愿与提升其正向角色功能，并强化其原生家庭的连结，以改变案家动力关系。

6. 提升案主就学情形，强化案主生涯规划

运用校内个案研讨方式，强化案主校内重要辅导资源的处遇共识，以期修正案主师

生关系，协助稳定案主就学情形；由案主为初三，因此整合辅导教师协助案主生涯辅导也是重点之一。

五、问题解决

淑芬是个高危险的中途辍学个案，选择运用生态系统介入的原因，在于案主问题明显源自受到其他家庭成员的影响（案主父亲吸毒），而案主抗拒与原生家庭联系或互动的原因，源自系统间的冲突，也可以视为家庭系统的代罪羔羊。生态外系统的适度介入，有助于改变原生家庭次系统间关系及连结，有助于解决封闭系统内的问题（吸毒、性侵害、家庭暴力等），特别是性侵害常常是家中隐藏秘密。

必备知识

一、保密和真诚

作为一名社工，你知道案主的许多生活细节。这些信息可能是因为你可以以专业工作人员的身份查看档案，也可能来自助人关系。根据社工的年龄、性别、机构中的地位、经验甚至外貌、婚姻状况、族群或口音，案主会给予不同的回音。案主通常会把社工视为专家或权威，他们会希望通过对社工透露他们的信息来等待社工领导他们处理生活和情绪问题。无论如何，社工必须清楚案主的需要是什么，严格按照社会工作的辅导流程，先"从案主的处境开始"。在青少年社会工作中，特别是面对那些有所谓"偏差行为"的青少年时更容易出现这种情况，因为这些平时缺乏爱和关怀的青少年，当和社工建立起良好的工作关系时，他们会像交上了一个难得的朋友一样，向社工袒露心扉。

下面的案例展示了实习社工的不同表现如何影响个案辅导，也会让我们看到没有坚持社会工作价值观和工作流程的社工，是如何在辅导中迷失了自己的专业角色。

案例背景：

叶小姐是一位22岁的救助管理站女性见习社工（以下简称叶社工）。她已经见习了5周，完成了作为新人的岗前培训和训练。叶社工和她的15岁的案主小陈已经有过3次会谈，其中包括1次家访。今天叶社工和小陈在救助站见面，然后在小陈的建议下，一起出去吃冰淇淋，其间叶社工询问了小陈自他们上次见面以后的情况。小陈告诉叶社工，自己和同样住在救助站的男孩子小米开始每天在一起吃饭了。小陈还轻声告诉叶社工，她和小米已经在救助站里发生了性行为（因为救助站严格实行男女分开住宿，这种事情并不合规定），但是她并不喜欢这样。

处置情景1：

叶社工回答说："你不应该和小米发生性行为，这是错误的，你会被赶出去的，我什么也没听见，你也别跟别人说我知道这个事情，以后也别和我说这种事情。"

分析1：

在这个案例中，谈到性、救助站规定以及小陈所做决定的后果时，叶社工感到很不舒服。这个时候，社工把个人的情绪和价值观放在了专业价值观之上，忽视了小陈的情绪和需要。她除了表达不赞同的意见之外，还将"违反规定并试图掩盖"作为解决问题的策略。叶社工不能处理小陈的情况，但在紧张和焦虑下，她不是询问督导，而是做出了切断沟通的过程。这种介入方式，对小陈毫无帮助。

处置情景2：

叶社工回答说："哦，我明白你的意思。我男朋友也一天到晚想那个事情，我希望他不要太过分，但我不想分手。"

分析2：

在这个案例中，叶社工进行了不恰当的"自我披露"，这种自我披露反映出朋友关系，但却不是专业关系。如果她们的对话继续下去，很有可能将焦点从小陈转移到社工自己身上。小陈可能曲解了同理心和自我披露，因为有相同或类似的经历，就觉得有必要回应一下小陈在性关系方面的挣扎，或者将这种回应视为理所当然。

处置情景3：

叶社工表现得很冷静，并请小陈进一步描述她和小米的关系。小陈透露说他们没有使用避孕措施，而且对发生性行为这个事情很有压力，叶社工很安静地听着。叶社工和小陈谈到了小陈的行为破坏了救助站的规定，谈到如何向小米表达自己的恐惧和担心。叶社工提供了没有保护措施的性关系可能导致怀孕和性传播疾病的信息。叶社工向小陈以"提供信息"的方式增权，教小陈如何果断地告诉小米她现在不想和他发生性关系。整个过程中，叶社工肯定了小陈的决定是真诚的。

分析3：

这个修改过的案例，是叶社工和她的督导讨论的结果。叶社工认识到和她的督导和机构的工作人员分享这个信息很重要，但是她不确定要如何进行。叶社工想要帮助小陈，但也意识到她的行为的潜在后果，与其谴责小陈让她闭嘴，不如更多地考察小陈和小米的关系所处的环境。她提供了关于避孕、性传播疾病以及对性说"不"等有用的信息。叶社工鼓励小陈把发生的事情告诉管理人员（因为他们也是专业的管理人员，也是要恪守工作伦理）。叶社工把案主的福利置于个人的不适感受之上，就做了一名见习社工恰当的回应。叶社工提供了支持和同理心，对下一步可能发生的事情提供了指导。

二、确定谁是我们的案主

青少年社会工作中，还有一类经常发生的错误则可能出现在辅导的最开始阶段。

案例背景：

张女士今年38岁，她有一个11岁的儿子。张女士找到社工小秦，向小秦述说了她最近的生活。张女士说她的儿子每天都上网打游戏，几乎不出门，这让她很担心。她说为此和儿子吵了好几架，每天晚上都要从8点钟开始喊她儿子少上会网，每次都要僵持到11点以后儿子才会关掉电脑。为了照顾儿子的起居，她每天中午都要从公司跑回家给儿子做饭，因为这样可以防止她儿子去外面的网吧上网。张女士告诉小秦，儿子已经让她筋疲力尽，她不知道该拿儿子怎么办，如果这样下去他会毁掉的。张女士希望社工小秦能帮帮她儿子。

处置情景1：

社工小秦接受张女士的请求，他开始和张女士认真地探讨她儿子的状况，包括小孩的朋友圈、身体健康状况等。小秦和张女士分享了网络成瘾的严重后果，也向张女士建议了合理的上网时间。最后，社工小秦告诉张女士，她最好让她儿子来一趟服务中心，以便社工可以更好地评估其网络成瘾的程度。但是小秦看到张女士还是失望的表情，张女士说她可能没有办法说服她儿子来机构，要回去再想想办法。

分析1：

社工小秦可能是误解了谁才是我们社工的案主。通常当一个人陷入社会适应不良的状态之中时，即表示他有需要，这样的人就成为潜在案主。当潜在案主主动或被动地接触到社工，并且最终愿意接受社工的服务，才变成社会工作服务的案主。在这个案例中，小秦将张女士的儿子作为案主，认真地询问他的情况并做记录，但是这个看起来很认真的工作可能在源头上就出了问题。我们如何证明当下的情境中，张女士的小孩"有意愿"接受社工的服务，如果这个意愿都不存在，那他就不可能是社工的案主，因为专业关系并没有建立。于是辅导就不可能真正进行。可以发现，最后张女士并没有得到她希望得到的帮助，反而增加了挫败感，甚至更加感叹她儿子可能真的没救了。

处置情景2：

社工小秦在会谈中了解到张女士在本地一家公司担任会计，公司管理制度很严格。公司离她家里有15分钟的路程，她儿子的学校离家也有15分钟的路程。为了节省中午做饭的时间，她每天早上7点就要准备好当天的午饭食材，并且要赶在儿子之前回到家里。张女士的先生经常在外出差，一个月鲜有两天在家，所以也不能帮助张女士。小秦注意到张女士多次提到她儿子在迷恋上网络后前后判若两人，变得在家里不和自己说话。深入的会谈使小秦确信，张女士面临着很大的工作和生活压力。小秦建议张女士参加他们的"放学后"计划，这个计划有专人看管放学后的小孩，张女士不用在家、公司和学校之间疲于奔命。小秦还以提供信息的方式帮助张女士对她所认为的她儿子会"毁掉"的想法去灾难化。小秦也建议张女士可以注意一下自身的仪容，压力使张女士都无心打理自己的穿着和外表。在和小秦的会谈中，张女士不断找到对生活新的理解和认知。她表示相信自己能重新找回在家庭中的正确角色定位。

分析2：

在这个案例中，案主实际上已经转变为张女士。我们把这个案例放在青少年社会工作这一章，是因为很多社工，尤其是年轻的社工常常习惯性地犯前面的错误，将焦点更多地放在张女士的儿子身上。实际上张女士目前面临很多压力，并且她希望从社工处得到援助。所以她有需要又有意愿，是社工服务的案主。小秦运用理性情绪治疗模式，帮助张女士去灾难化，也帮助引入其他社会资源缓解张女士的压力，这样辅导的效果就要好多了。

任务二

青少年小组工作案例及分析

学习目标

1. 掌握青少年小组工作的基础知识。
2. 应用小组工作方法为青少年开展社会工作综合服务的能力。

工作任务描述

湖南省长沙市某一街道有贫困家庭 1200 多户，贫困家庭青少年有 30 多人。服务于本街道的龙社工在日常工作中了解到，这些家庭的青少年因家庭经济收入较低和"低保户"标签的影响，心理压力比较大，性格偏内向，社交圈子单一，在参与中心组织的一些活动时，不爱讲话。针对这种情况，龙社工计划实施一期针对这些青少年的发展型小组，希望通过小组工作服务，让参与小组的青少年能够正向认识自己的家庭情况，树立正能量的抗逆力，去除其低保家庭的负面标签，从而能够健康成长。

工作任务分析及实施

一、工作任务分析

1. 需求分析

青少年期是个体生命变化最多的时期，其生理、心理方面不断成长。其对自我的探索、自我接纳、良好的人际关系、家庭及社会角色每天均会有不同的认识和新的适应。案例中这 30 名青少年，因家庭经济水平较低，被贴上"低保户"的负标签。如果不给予正面的引导和干预，有可能对正常健康的成员产生不好的影响。结合案例和青少年小组工作的相关知识，这些青年面主要的需求表现为：

(1)正面认识自己所处的家庭情况，制订积极的人生规划。

(2)与同伴能够建立良好的人际关系。

(3)树立积极向上的自我观念。

2. 理论依据

(1)优势视角理论。

优势视角是一种关注人的内在力量和优势资源的视角。社会工作者在设计这个小组活动中，注重挖掘参与者优势和资源，让参与者看到不仅看到自身的局限，更重要的是认识到自身拥有的优势。从而增强其应对"负标签"给其造成的压力，建设小组成员的抗逆力。抗逆力的建立，能够让小组成员对其所处的贫困状况做出理性的认识，从而产生正面的结果。

(2)标签理论。

从贝克尔在标签理论中提及的"圈外人"，即社会的越轨行为者，是属于社会的弱势群体之一。为此，本小组的服务对象被贴上"低保家庭"的标签，成为潜在的弱势群体。通过小组活动，去掉小组成员身份上的"低保家庭"的负标签，对小组成员改变自我形象、不自信、不愿意与其他同伴多说话具有治疗意义。

二、工作任务实施

(1)小组名称："勇敢生命"青少年发展型小组。

(2)小组形式：游戏、讨论、分享。

(3)小组形式：发展型小组。

(4)小组人数：12人。

(5)举办日期：2015年7月—8月(每周五)；共7节。

(6)小组时间：下午16：30—17：30。

(7)小组地点：中心小组工作室。

(8)小组对象：本中心所在社区低保家庭的青少年。

(9)招募方式：中心社工转介；社工上门动员。

(10)小组目标：

①总目标：

通过小组活动，让参与的青少年看到自己的优势资源，树立其抗逆力。去除负面标签给其心理上带来的负面影响，增强自我价值、自我能力和自我肯定，让他们的自尊感得到提升。

②具体目标：

范畴	具体目标
认识层面	挖掘其优势资源和能力，强化其拥有的能力和优势 理性认识身份上的标签，树立向上的自我认识
个人能力层面	培养其抗逆力 学会客观分析自己所处的环境，化被动为主动 增强其自信心、自尊感
技巧层面	学习与他人交流沟通的技巧
行为层面	能够坦然面对周围成员对自己的看法

(11)小组节次大纲：

节次	时间	活动名称	内容/目标
第一节	7.17	"我和你"	相互认识 制定小组契约 厘清小组期望，澄清小组目标
第二节	7.24	"优点大爆炸"	热身活动 找优点主题活动，通过活动促进组员正向的自我认识；强化组员正面的自我面熟；学会欣赏自己和他人
第三节	7.31	"我的地盘我做主"	让小组成员看到每个人都有独特的优点和强项 让小组成员认识到局限本身的局限，认识到发挥个体优势才能将不足降至最低 成功经验的分享，增强组员的自信心、自豪感
第四节	8.7	"潜能无限"	通过小组活动，进一步挖掘小组成员的特征和能力 进一步树立组员正向的认识 鼓励组员彼此学习他人长处，坦然解决他们的建议
第五节	8.14	"要这么想，这么说"	通过小组活动，培养组员学会积极地认识事物、描述事物 让组员辨析合理和不合理想法
第六节	8.21	"勇敢点"	进一步巩固组员自我肯定、自我悦纳，令其建立合理正向的思想
第七节	8.28	"自信新生"	回顾小组过程 强化组员取得的改变 个别跟进安排 小组结束

(12)小组评估：

小组是否按计划进行。

小组是否招募到计划的人数。

小组成员是否有明显的改变。

小组成员行为前后测。

(13)附录：

序号	问题	时常（2分）	偶尔（1分）	没有（0分）
1	我满意我的表现			
2	我认为我自己是十分重要的			
3	我没有什么地方值得自豪的			
4	我对自己的学业成绩十分满意			
5	我不明白老师所教的内容			
6	我喜欢我的外表			

序号	问题	时常(2分)	偶尔(1分)	没有(0分)
7	我的笑容很好看			
8	我感觉我的身体比别人差			
9	我是家里重要的成员			
10	我是一个好儿子/女儿			
11	我经常令父母不开心			
12	我的朋友愿意听我的意见			
13	与朋友在一起我感到十分开心			
14	我感到孤单寂寞			
15	我很在乎别人对我看法			

我的三项优点是：1. _____

                 2. _____

                 3. _____

周围的同伴经常说我像：_____

我最好的朋友是：_____

姓名：   得分：

（本资料参考香港小童群益会培养自尊"青少年情绪辅导"程序资料）

三、工作任务解决

龙社工针对机构所在区域低保家庭青少年面临的问题，从优势视角和标签理论出发，设计了"勇敢生命"发展型小组方案。从7节活动设计分析，其能够有效地完成小组计划的目标。但小组聚会的次数方面，如果能再增加2节，小组成功巩固部分，如何能设计室外训练类的活动，对进一步巩固小组成效具有推进意义。

必备知识

青少年小组工作

一、青少年小组工作的概念

青少年小组工作是以青少年为服务对象，运用小组动力程序与团体活动过程设计技术，让参与小组的青少年达到社会性的发展、行为的改变，实现青少年个人与社会的和谐发展，为青少年健康成长和社会融入提供专业服务。

二、青少年小组工作的目标

青少年小组工作的目标是以青少年的全面发展，特色是通过小组工作，组内、组外青少年间的沟通和互动来推动青少年的社会性发展。

三、青少年小组工作的两个基础理论

1. 组织系统理论

组织系统理论是把小组看成由不同的互动因素所组成的系统。在这个系统中个人与个人能之间、个人与小组之间均有不同程度的关联和相互影响。正因为如此，小组工作中整体目标的实现也就意味着小组成员个人目标的实现，个人为实现个体小组目标，其努力改变也会促进小组整体的改变。

2. 社会学习理论

社会学习理论强调人的行为是在对他人的行为观察和评价中通过学习习得的，良好的行为和不良的行为均会通过学习得来，不良行为也会通过学习良好行为得到改变。为此，在青少年小组工作中，社会工作者通过强化良好行为，惩罚不良行为，从而达到青少年偏差行为的改变。

四、小组工作在青少年服务中的主要功能

1. 小组可以为青少年提供同伴增强的机会。同伴给予的经常性、多样性的鼓励、赞许，远比承认给予的增强更有效，更容易促使青少年良好行为的养成。

2. 小组的过程更能刺激出参与者更多的生命故事。因此，小组可以帮助参与的青少年学习新的概念、行为，并为其较好的适应新的社会角色提供良好的帮助和训练。

3. 小组工作中良好的小组规范对组员习得良好的行为习惯具有示范意义。

4. 小组中能够提供许多榜样、示范、角色扮演，让小组成员在小组中有体验和练习的机会，这些练习有助于组员获得人际关系方面、沟通、行为习惯方面的经验。

5. 小组工作还可以为青少年建立正向积极的伙伴关系提供良好的支持，并创造安全开放的交往环境；小组工作能够给青少年提供良好的社交活动，由此可以增强青少年的社交能力，改变他们与社会隔离的封闭状态。

（资源引自：全国社会工作者职业水平考试教材《社会工作实务（中级）》）

拓展训练

闫社工是某学校负责青少年社会工作服务的社工。在日常工作中发现，在校部分单亲家庭的青少年存有思想和行为偏差，其中表现为个人自信心不足、情绪控制差、人际关系不和谐等。与同学交流中存在沟通不畅，性格比较内向。这对他们的健康成长和人格发展很不利。为此，闫社工计划针对这些学生，以小组工作的专业方法开展一期小组服务。

问题及思考：

1. 案例中单亲家庭的青少年面临的主要问题及需求是什么？

2. 如果你是闫社工，请设计一份符合案例背景的小组计划书。

项目三　小组工作方法在残疾人群体中的实践和应用

内容导航

小组工作是以团体方式满足不同人群的某种需要，在学校教育、社区发展、医学治疗、劳工关系等方面被广泛运用。针对残疾人群体，从小组工作功能出发可以为残疾人提供社交性小组、教育性小组、支持性小组、就业援助小组等。社交小组为残疾人提供交流平台，使他们掌握正确沟通方式，提升人际交往能力；教育性小组主要回应残疾人为适应社会发展的需要，如学习康复知识、技能等；支持性小组针对家庭、社会对残疾人冠以"残废""无能"标签，拒绝、排斥残疾人，通过建立自助、互助关系，增强残疾人彼此支持等；就业援助小组回应残疾人自立需求，提供就业技能、信息等服务。本项目将结合残疾人的心理、社会特征，重点介绍残疾人社交小组、支持小组、就业援助小组的具体设计和应用。

任务一
了解残疾人群体的特点及常见问题

学习目标

1. 掌握残疾人常见的生理问题、心理问题、社会问题，掌握残疾人的主要特征。
2. 能够针对残疾人面临的常见问题，从小组工作专业角度出发，设计不同类型和目的的小组工作服务方案。

工作任务描述

陈小青(化名)为四川成都市区人，女，现年15岁，初中二年级学生。因脑瘫原因左手功能基本丧失，长期得不到康复训练，出现了明显的萎缩情况，让人一眼便能分辨出她是残疾人。在日常生活中，同学们注意到她身体的原因，从未嘲笑她，从学习、生活各方面给予她无微不至的照顾。但陈小青一直对于大家的关心表现得很冷漠，也不愿与大家共处，时常会向同学、室友发无名火。

问题思考：
1. 在日常的学习生活中，陈小青会遇到哪些困难？
2. 结合残疾人群体普遍存在的心理特征，分析陈小青出现上述现象的原因？

工作任务分解与实施

一、残疾人群体的特点

对于残疾人的定义，由于各国的经济、文化、发展过程等因素的影响，各国对残疾人的定义是不一样的。世界卫生组织根据残疾对生活和社会功能的影响把残疾分为三类：功能、形态残疾、丧失功能残疾以及社会功能残疾。国外学者汤逊德根据世界上23种关于残疾的专业定义归纳出5类残疾：畸形或者损失，临床症状，日常生活功能限制，由于异常造成的残疾，由于不利条件造成残疾。1990年12月28日，全国人大常委会通过《中华人民共和国残疾人保护法》第二条的规定：残疾人，是指在心理、生理、人体结构上，某种组织、功能丧失或者不正常，难以正常方式从事某种活动的人。残疾人包括视

213

力、听力、言语、肢体、智力、精神、多重残疾等其他残疾的人。

(一)认知方面

不同的缺陷会影响人的认知能力和认知方式。如盲人由于视力障碍，尤其先天视力残疾，就缺乏甚至没有视觉空间概念，没有视觉形象，没有周围事物的完整图像；而在另一方面，由于没有视觉信息的干扰，形成了爱思考、善思考的习惯，相应的抽象思维和逻辑思维就比较发达；同时由于他们的语言听觉能力较发达，而且记忆力比较好，所记的词汇比较丰富，也形成了盲人语言能力强的特点，许多盲人给人们一种语言生动、说理充分的印象。

聋哑人因缺乏或丧失听力，他们和别人交往不是靠听觉器官和有声语言，而是靠手势。他们的形象思维非常发达，逻辑困难和抽象思维就相对受到影响，特别是先天失聪者。聋哑人视觉十分敏锐，对事物形象方面的想象力极为丰富。

行为和人格偏离者的患者，由于情绪不稳定，情绪的自我调节和自我控制能力差，其认知特点主要是现实性较差，容易离开现实去考虑问题，带有浓厚的幻想色彩，表现出明显的片面性。

(二)情感方面

1. 孤独感

孤独感是残疾人普遍存在的情感体验，由于生理和心理方面的某些缺陷，残疾人的行动受到不同程度的限制，其行为容易受到挫折。残疾人的活动现场太少，且在许多场合常常受到歧视，使他们不得不经常待在家里，久而久之便产生了孤独感。

2. 自卑情绪

残疾人在学习生活和就业等方面所遇到的困难远比普通人更多，且难以得到足够的理解和帮助，甚至常常受到厌弃与歧视，极易使他们产生自卑情绪。

3. 敏感和自尊心强

敏感和自尊心强，易导致他们对歧视的情绪反应强烈，有的残疾人以爆发式情感表现，有的则以深刻而持久的内心痛苦隐藏在心，表现为无助与自我否定。

4. 富有同情心

残疾人由于自身的疾患，往往对残疾同伴还有深厚的同情，这种同病相怜的情感使同类残疾人容易结为有限的社会支持网络，甚至相互依恋。

(三)性格方面

孤僻和自卑是残疾人性格的普遍特点，每一种不同的残疾又有其特殊的性格特点。如盲人一般都比较内向、温文尔雅，内心世界丰富，情感体验深刻而含蓄，很少爆发式地外露情感，善思考探索。聋哑人则比较外向，情感反应比较强烈，豪爽耿直，看问题容易注意表面现象。肢体残疾人主要表现为倔强和自我克制，他们具有极大的耐心和忍辱精神。智力残疾人由于整个心理水平低下，难以形成较完整的性格特征。

二、残疾人群体的常见问题

为实现党的二十大报告所提出"完善残疾人社会保障制度和关爱服务体系，促进残疾人事业全面发展"的目标，必须大力发展残疾人社会工作。我国残疾人人口基数大且类别较多，对专业化的残疾人社会工作服务的需求旺盛。根据 2006 年第二次全国残疾人抽样调查数据显示，残疾人总数为 8296 万。按照城镇和农村进行区分，残疾人所面临的问题，表现有所不同，具体如下：

(一)城镇残疾人所面临的主要困难

1. 经济困难

因为残疾人就业难，家庭的经济收入较少而开支却比较多，所以比一般健全人家的经济状况有明显的困难。

2. 住房困难

残疾人家庭的住房困难在城镇十分突出。由于残疾人存在各种行动障碍，他们又有许多人长期与父母、兄弟姐妹生活在一起，残疾人的居住空间多很狭小。另一方面，寻找住房的困难又迫使残疾人只好在大家庭中生活。住房困难是当前城市居民生活中普遍存在的大问题，残疾人家庭的这种困难在相当长的时间里解决起来比较困难。

3. 婚姻难

在婚姻恋爱方面，不仅残疾人本身困难重重，而且直接影响到丧偶或离婚残疾人的再婚，以及残疾人兄弟姐妹寻偶。这个问题使不少残疾人家庭长期笼罩着一片阴影。

4. 就医难

残疾人家庭在成员患病时，大都面临比健全人家庭更大的困难。不仅残疾人求医有特殊困难，而且作为配偶或父母的残疾人，当其他成员因病求医或住院治疗时，自己缺乏帮助的能力。这个问题在夫妻双方都是残疾人的家庭中特别突出。

5. 社会交往难

残疾人家庭大多存在着社会交往方面的困难。由于世俗的偏见、物理性的障碍和心理负担，作为配偶或父母，残疾人参与社会交往的机会很少，有时不得不放弃。尤其是精神病人的家庭成员，社会的舆论使他们不愿与社区内的人们往来，因此也增加了生活方面的困难。

6. 心理障碍

以上原因及残疾人求学难、交通困难等原因，使残疾人家庭大都感到精神压抑。作为残疾人的直属亲属，心理负担随着残疾人的感情变化而动荡起伏，这是健全人家庭很难体会到的。

上述困难表明城镇残疾人需要得到资金、住房、医疗、学习、就业和生活起居等方面的特殊照顾，其中在福利制度改革中住房和医疗两个方面的需求十分突出，应该由政府制度相应的福利政策，使残疾人的社会福利不致由于住房制度改革和医疗改革而受到严重影响。

(二)农村残疾人所面临的主要困难

城镇残疾人家庭上述问题，对于生活在农村的残疾人来说也普遍存在着，只是在住房困难方面，农村残疾人比城市的情况略好，而农村残疾人更为突出的困难是：

1. 交通不便

这个问题严重影响残疾人求学、就医、就业和其他社会交往。由于大多数农村地区道路崎岖、交通工具少，或山路狭窄、泥泞，或缺乏轮椅、支具，使残疾人很难离开居室。

2. 体力劳动困难

由于难以从事繁重的体力劳动，生活缺乏保障。农村许多地方还没有相应的优惠政策和具体措施，而残疾人本身无力参与繁重的田间劳动，使很多残疾人家庭困难重重。

3. 医疗困难

农村缺医少药，给残疾人家庭求医治病造成了比城市更多的困难。新型农村合作医疗制度、医疗救助制度和最低社会保障制度还存在许多薄弱环节，残疾人家庭经济困难和疾病致贫问题比较普遍。

4. 社会服务难

农村缺乏城市的社区福利服务，从经济生活到日常照料，十之八九的残疾人都是靠自己、家庭成员或亲属的帮助，只能维持低水平的生活状态。

三、任务解决

任务中，由于残疾人在学习生活和就业等方面所遇到的困难远比普通人更多，且难以得到足够的理解和帮助，甚至常常受到厌弃与歧视，极易使他们产生自卑情绪。同时，残疾人的敏感和自尊心强，易导致他们对歧视的情绪反应强烈，有的残疾人以爆发式情感表现，有的则以深刻而持久的内心痛苦隐藏在心，表现为无助与自我否定。因此，在日常学习生活中，陈小青会遇到社会交往难、心理障碍等困难。

必备知识

世界卫生组织残疾人生存质量表

反映总体状况的条目	Ⅰ. 生理领域	Ⅱ. 心理领域	Ⅲ. 社会关系领域	Ⅳ. 环境领域	Ⅴ. 残疾领域
1. 总体生存质量 2. 总体健康状况 27. 总的残疾影响	3. 疼痛与不适 4. 药物与医疗依赖 10. 精力与疲倦 15. 行动能力 16. 睡眠与休息 17. 日常生活能力 18. 工作能力	5. 积极感受 6. 精神支柱 7. 注意力 11. 身材与相貌 19. 自尊 26. 消极感受	20. 人际关系 21. 性生活 22. 朋友的支持	8. 社会安全保障 9. 环境条件 12. 经济状况 13. 信息获取机会 14. 休闲机会 23. 住房环境 24. 卫生保健服务 25. 交通	28. 歧视 29. 支持的需要 30. 担心未来 31. 控制生活 32. 自主选择 33. 重大决定 34. 交流能力 35. 被接受性 36. 被尊重 37. 社会活动 38. 社区活动

拓展训练

于宏志(化明)17岁，长沙某职校学生。因一次意外事故造成右腿截瘫。出事后，于宏志不爱与人交往，变得沉默寡言，且与父母关系疏远。治好后，虽然学校同意他返校读书，但因没有经验，学校迟迟没能落实好他返校的工作。他的母亲也因此次事件，陷入深深的自责当中，对他的要求是有求必应。于的父亲觉得"倒霉"的事都让自己碰上了，整天唉声叹气。于宏志也是因此万念俱灰，内心十分焦虑。于是请社工介入、帮助。

问题及思考：
1. 于宏志的需求是什么？
2. 假如你是社会工作者，你应该如何满足这些需求？

任务二
残疾人社交小组实践

学习目标

1. 掌握残疾人社交小组的组员特征、小组活动内容、社工角色。
2. 能够熟练设计残疾人社交小组计划书，内化社交小组中社会工作者的角色。

工作任务描述

欢欢为西安某智力障碍的残疾人服务站社工。在 2015 年 3 月针对 9 名轻微智障人士设计了"相亲相爱一家人"社交小组活动。组员基本情况：6 名男生与 3 名女生，年龄为 16～20 岁，普遍存在沟通技巧缺乏、团队协作能力较差、易出现言语攻击他人的现象。欢欢根据组员特点，设计了相互了解并订立契约、游戏互动、角色扮演与情景剧、最后的分享四期活动。

问题思考：
1. 你觉得欢欢设计本小组活动是否恰当合理？
2. 谈谈残疾人社交小组的意义有哪些？

工作任务分解与实施

一、残疾人社交小组概述

由于生理缺陷，残疾人容易出现认知片面，情感孤独、自卑、敏感，性格孤僻内向，进而在实际的学习生活中出现人际交往障碍。通常，社交小组是残疾人社会工作服务机构经常开展的服务之一，不仅可以帮助残疾人建立生活自信心，还可以促进社区的主动融入。社会工作者针对残疾人人际交流障碍，开展治疗性质的社交小组，如沟通技巧学习、人际交往中不良情绪调适等；针对残疾人兴趣爱好，开展丰富多样的残疾人社交小组，如书画、歌唱、话剧、保健、康乐等，为残疾人提供社交生活平台，鼓励残疾人积极生活，在活动中建立残疾人之间的友谊、学习新知识。

针对残疾人群体开展社交小组，主要的目的有：一是让残疾人掌握沟通技能，增强与人交流的信息；二是通过活动鼓励残疾人建立新的社交圈子和社交生活。三是为残疾人融入社区奠定基础。为此，残疾人社交小组不仅巩固了他们生活自信，获得自豪感和成就感，主动融入社会。

二、残疾人社交小组组员和活动内容

1. 小组组员特征

残疾人社交小组的组员在个性方面存在较大差异，但在人际交往方面表现出的不恰当行为主要是获取别人的注意力、逃避令他们讨厌的情况、获得食物或机会参加某些活动等。具体表现为：

(1)组员感到害怕，缺乏安全感。

(2)团队协作能力差，没有共同认可的规则和纪律。

(3)组员缺乏一定的沟通技巧。

(4)易出现攻击性语言或行为。

2. 活动内容

针对参与社交小组残疾人的特征，此类小组活动的内容应当充分挖掘组员的潜能，使组员学习正确沟通的方式；在活动中提供交流的平台，提高相互之间的认同度；在协助活动中体验团队合作的力量；在小组中体验小组内的归属感，让组员在团队游戏中合作互助，从而引导到真实的场景。如以沟通技巧锻炼为主的学习小组，残疾人的需求是制订活动方案和介入的标尺，在小组契约、小组评估中服务对象参与，在活动的设计、时间安排、场地等部分采纳他们的建议。如以兴趣爱好为出发点的兴趣小组，如书画、歌唱、话剧、保健、康乐等，为残疾人提供社交生活平台，同时可以邀请残疾人家属一起参与，不仅丰富活动，而且能够促进隔代之间的交流和互动。社会工作者在设计活动时，要注意到个体的差异性，做到让参与者均有机会和方式参与其中。

三、残疾人社交小组社工角色

旨在提高残疾人沟通技巧的社交小组中，社会工作者主要的角色既是充当工作者、辅导者，而且还是支持者、促进者，社会工作者促使组员发挥他们自身的能力，并通过自己在小组的努力满足他们的需要，达到他们所要达到的目标；旨在搭建交流互动平台的残疾人兴趣小组中，社会工作者主要角色为信息、资源的提供者和链接者，矛盾冲突与意见不统一时的组织和协调者，在组员可以自己选择、运作或解决问题的过程中，社会工作者需要扮演与组员同行的支持者和引导者。

四、任务解决

任务中欢欢针对残疾人表现出的沟通障碍，组织开展社交小组活动，能够提升沟通技巧与增强生活自信心，具有可行性。在社区化理念的推动下，小组工作的价值理念和工作方法，可以介入残疾人人际交往问题中，能够直接解决残疾人自身沟通困难，同时通过增强自信心，推动他们积极主动融入社区。

拓展训练

　　林社工为长沙某残疾人社会工作中心的社工，其所服务的社区内有残疾人53名，其中有约11名残疾人有自卑心理与自我封闭的表现。林社工针对这些残疾人设计了一期"精彩每一天"的社交小组活动，活动主要是根据残疾人共同的绘画兴趣，为他们搭建交流平台，通过共同的爱好实现组员间的交流。

　　问题及思考：

　　如果你是林社工，你觉得活动中会出现哪些困难？可以采取哪些措施？

任务三
残疾人支持小组实践

学习目标

> 1. 掌握残疾人支持小组的目的、组员特征、小组活动内容、社工角色。
> 2. 能够熟练设计残疾人支持小组计划书，内化社交小组中社会工作者的角色。

工作任务描述

> 　　四川某社工服务中心王社工针对社会融入性差、敏感、自卑、自我否定、情感缺失等特点的残障儿童，开展以残障儿童自身能力建设为主的支持性小组，拟招募6～10人，以期增加山区残障儿童的自信心，建立残障儿童间的支持系统，协助相互学习鼓励，有尊严自信地学习、生活，以期促进残障儿童在包容、接纳的环境下成长，健康的心态融入社会。
>
> 　　问题思考：
> 　　1. 王社工应当采用何种方式招募小组成员？
> 　　2. 你觉得残疾人支持性小组中应注意哪些细节？

工作任务分解与实施

一、残疾人社交小组概述

　　残疾人支持性小组主要针对残疾人、残疾人家庭成员、照顾者面临的负面生活而采用的一种支持性干预方法，比如他们可能面临身体、心理、情绪等问题。通过支持小组活动，让参与者在一个理解性的、支持性的环境中发泄自己的压力，确定组员应对他们自己处境的能力，鼓励组员彼此之间提供支持，使组员在小组中得到实际的支持和帮助，以解决其面临的困难。这类小组，因组员有共同的经历，互动过程会让组员感受到力量，相互间情感很容易建立起来，易出现高水平的自我坦露内容。

二、老年人支持小组组员特征和活动内容

　　残疾人支持小组的小组成员一般为残疾人自己、残疾人家庭成员（照顾者）。因其均

为特殊群体，呈现出不同的特征，主要表现为：

残疾人自己	残疾人家庭成员（照顾者）
❖面临生理缺陷的困扰	❖自身疾病困扰
❖面临认知片面的困扰	❖经济条件困难
❖面临情绪方面的困扰	❖照顾技巧不足
❖面临性格孤僻的困扰	❖情绪支持技巧

结合残疾人自己或家庭成员（照顾者）的不同特征，社会工作者设计并实施的支持性小组主要协助组员获得情感支持、教育和援助。通常，不同支持性小组其组员所遇到的问题与表现的需求不同，社会工作者所要设计的活动内容上也有很大的差异，如针对智障儿童照顾者开展的小组，要设计处理被照顾者的情绪问题、对相关护理知识的掌握、正确面对外界社会或社区内居民的偏见歧视等；针对山区残障儿童的支持性小组，要设计帮助残障儿童能力建设、正确认识自我，增强他们的自信心与团队合作能力、并建立残障儿童间的支持网络，相互学习与鼓励，从而更有能力，学习、生活以及融入社会等。

三、残疾人支持小组中社工角色

支持性小组作为治疗小组的一种，与其他小组不同，它将采用支持性干预策略作为自己的初级目的：培养互助，帮助组员处理压力生活实践，激活和加强组员应付压力的能力，使得他们能够有效适应和应付未来的压力事件。在此类小组中，社工的角色是促进小组成员的相互支持和帮助。基于小组成员们共同的困难、相似的经历或共同的环境，通过组员们的分享和共同关注建立相互之间的支持系统，减轻和解决组员们的压力与困难，促进组员的成长，提高组员解决类似困难的能力。因此，社会工作者在残疾人小组中，不是具备相关的生活经验的同行者，而是具有专业知识的支持者和引导者，采用协调的方式帮助组员分享各自应付压力事件的经验、将经验的合法化以克服异己感、侮辱感和疏离感，达到支持效果。

四、任务解决

任务中王社工考虑到残疾人心理特征，采用学校班级老师推荐、入户宣传动员的方式进行组员招募。针对残障儿童的支持性小组，应注意如下方面的细节：一是与服务对象建立信任关系是走进服务对象、鼓励敞开心扉、接受正向信念、提高自信的关键，残障的儿童成长过程中受到多种不平等待遇而孤僻内向、自卑、敏感，社会工作者面对这样一个群体，其专业上的包容、接纳认可、真诚、关心关注、投入都是非常重要的素质；二是小组结束后，服务对象又将回到他们原有的生活环境，弱能感也将不断增强，在小组结束后，跟进服务对象是促进服务对象更自信融入社会生活的中一项重要工作；三是小组动力的运用，组员之间的互动、小组氛围及凝聚力的营造、小组领袖的培养对于小组的发展具有至关重要的作用；四是从活动的安排设计，各节之间的联系，到整个小组背后想传达的内涵，再到小组道具，场地的准备等，都要根据组员的特征在实际小组过程中适当做出调整。

拓展训练

　　长沙某机构专为智障患者提供社会工作服务，Y 社工针对智力障碍照顾者设计了"阳光心晴"支持性小组活动。智力障碍及其照顾者的背景资料为：在该小组的 12 个家庭的 13 位智障子女中，除一位是因为在儿童时期的外力创伤引起之外，其他智力障碍者全部为先天性智障。这些智力障碍患者多数都患有一定程度的其他疾病或身体体质较弱非常容易受到疾病的感染。智障人士照顾者对于这些智障人士的照顾可以说从他们患病的那一刻起就开始了（多数情况下是出生的那一刻），由于智力障碍的终身性，这种照顾也必然是持久的。该小组成员对其子女的照顾持续时间均达到 20 年以上，持续照顾年限最长者 38 年、最短者 22 年。正是由于照顾的长期性、自身身体衰退、家庭经济困难、社会交往能力减弱以及对未来养老生活的担心，这些智力障碍照顾者普遍感到压力太大对工作产生了抵触情绪。"阳光心晴"支持性小组通过共同经历分享，激活与加强组员应对压力事件的能力，使他们有能力适应各类压力事件。

　　问题及思考：

　　1. 你觉得 Y 社工开设智障人士照顾者支持性小组的目的？

　　2. 如果你是 Y 社工，你将如何设计具体的活动内容？

任务四
残疾人就业援助小组实践

学习目标

1. 掌握残疾人就业援助小组的组员特征、活动内容和社工角色。

2. 能够熟练针对需要就业援助服务的残疾人设计小组计划书，内化残疾人就业援助小组中的角色。

工作任务描述

北京某社工机构黄社工针对社区残疾人开展社会融入服务，在前期调查走访中发现残疾人具有强烈的自强、自立的渴望，希望通过自己的努力养活自己。经过一个多月筹备与招募，黄社工计划针对有13名下肢残疾的残疾人开展"美好明天"就业援助小组活动。

问题思考：

1. 你觉得黄社工设定的小组目标是什么？

2. 假如你是黄社工，你在小组过程中扮演什么角色？

工作任务分解与实施

一、残疾人就业援助小组的概述

劳动就业，是每一个残疾人的基本要求，也是每一个有劳动能力的残疾人的基本权利。就业问题是解决残疾人回归社会问题的中心环节和残疾人社会工作的一项重要内容，而要很好地落实残疾人就业政策，社会康复和职业康复是很重要的基础和条件。通过就业残疾人能够获得独立的经济地位和收入，还可以增强残疾人的成就感和自信心。残疾人社会工作者必须大力促进职业康复工作，使残疾人掌握一技之长，获得一种能够安身立命的职业，为社会贡献自己的力量。残疾人就业援助小组是为残疾人获得并保持适当的职业，使其重新参与社会生活而进行帮助的方式，具体包括残疾人职业评定活动、职业培训及职业指导。

二、残疾人就业援助小组组员特征及活动内容

就业援助小组不适用于无生活自理能力的残疾人，服务对象大多情况下具有强烈的就业意愿、具备一定的劳动能力残疾人。这类小组中组员具有较强的同质性，其特征主要有：

(1)具备一定的劳动能力。

(2)有强烈的就业意愿。

(3)对未来生活充满自信与希望。

(4)有一定的沟通、协作技巧。

就业援助是为残疾人社会工作展现服务成效的最有效途径，对小组成员的要求较高。针对以上小组组员的特征，社会工作者依据组员不同的需求开设不同类型的小组。例如，可以设计实施职业生涯规划小组，帮助残疾人解决职业中出现的问题，提高残疾人工作、学习中的适应性；可以设计实施职业教育小组，帮助残疾人掌握一定的工作知识与技能，并培养积极的工作态度；可以设计实施就业指导小组，使残疾人了解某些职业所需要的一般能力、特殊能力及资格，培养残疾人形成"一切正常的工作都是重要的、社会所需要的"的观念；还可以设计实施职业维权小组，培育残疾人权利意识，掌握理性、合法的维权途径，及时处理工作过程中侵权问题。在就业援助小组中，组员对小组期望会很高，所以开设此类小组时，社会工作者要全面评估机构及自身的能力与资源。

三、残疾人就业援助小组中社工角色

教育者、推动者、支持者是社会工作者在残疾人就业援助小组中的核心角色。社会工作者开设残疾人就业援助小组，刚开始时，组员很少主动讲话，更不愿意谈就业中遇到的失败经历。社会工作者运用催化、示范、提升咨询等方法和技巧，促使组员获得更多与社会良性互动的体验，社会工作者鼓励组员不断积累找工作的经验，让部分获得工作的组员在小组中分享其成功经验。

四、任务解决

任务中"美好明天"就业援助小组活动的目标是"协助组员明确自身优势与技能，开展就业技能培训，搭建就业信息共享与情绪支持平台，增强就业自信心并成功就业"。为了实现这一目标，社会工作者在小组过程中需要扮演组织者、教育者、支持者与资源衔接者的角色。

拓展训练

在"手握手"就业援助小组活动中，张社工在让组员分享工作过程中负面情绪时，李姓残疾人在谈到自己受到雇主不公平对待及言语侮辱时不断落泪，其他组员也表现出不配合、不愿分享的情景，甚至有组员表示要离开小组。

问题及思考：

1.小组组员为什么会出现上述表现？

2.假如你是张社工，你会怎么做？

项目四　妇女社会工作
中的案例及应用

任务一

妇女个案工作案例及分析

学习目标

1. 了解妇女的主要特征。
2. 运用危机干预理论进行个案辅导。

工作任务描述

案主32岁，老家在偏远农村，育有一子一女，案主的丈夫从事驾驶工作，案主则专心照顾子女。一年前案主的丈夫因车祸意外过世，未留下任何遗产或保险给付，而公婆皆已亡故，案主的丈夫家无法提供任何实质上的协助，致使案主面临抉择，要留在城市还是返回农村。案主担心子女返回未来的生活适应和学习问题，决定留在城市独立抚养子女，便在亲戚协助下租屋居住，从事小吃店服务工作，家庭经济相当拮据。

近来因金融危机，小吃店老板歇业，案主失去工作，产生极大的焦虑感，不敢出门、不接电话，整日以泪洗面，无法照顾两个孩子，任两个孩子在屋里追逐、尖叫、攀爬。工作者为其女儿发展迟缓的问题进行家访，发现案主的问题而开始进行危机干预。

工作任务分解与实施

一、工作者对于案主情况之预估

社工分别针对案主所面临的客观情况、案主个人状况及其社会支持层面进行预估。

1. 客观情况预估

针对危机事件的客观情况所做的预估可以归纳成下列两项：

（1）失业使得家庭经济陷入困境，案主因失业而过度焦虑，丧失基本功能。案主在面摊工作的收入是其家庭生计的唯一来源，原本每个月1700元的薪水，勉强可以支付房租及各项生活开销，失业后没有任何收入，家庭经济陷入困境。在此压力之下，案主的生活能力、亲职功能及人际互动能力严重退化。

(2)案主的失能使得两个孩子的生活乏人照顾，生活起居不正常、经常没有吃饭，但没有立即性的生命危险。案主并没有自杀的想法，只是承受不住所面临的冲击而变得脆弱、混乱。

2. 当事人的状况预估

当事人因危机事件所呈现出来的情况可以归纳成下列四项：

(1)情绪层面的预估：案主失业后，陷入极度不安的焦虑及混乱当中，会在子女们面前情绪失控流泪，表达自己若死亡，孩子将会无人照顾的情绪，显得十分无助、茫然；遇到像电器故障这种问题，都会无所适从，焦虑、慌乱不已。案主在未失业之前，就已经觉得教养两个孩子很吃力，失业后处在更大的压力之下，亲职能力更不如从前，这增加其焦虑、害怕与恐慌。

(2)认知层面的干预：案主对于自己所面临的情境并无清楚认知，对突然失业感到错愕，不知道到底发生了什么事，只觉得迷茫、困惑、命苦。对失业之后生活乱成一团无法适从，只知道这样的混乱是一种威胁，对未来觉得很慌、没有希望，却不知如何是好。

(3)因应层面的预估：对于失业引发的危机，案主并不是像案主的丈夫刚过世时积极地立刻找到工作，而是让自己陷入失业引发的重重情绪之中，困坐愁城。面对危机情境所产生的强烈情绪冲击，都放在心里闷着，让这些负向情绪在心里发酵，持续累积，而引发身心症状。她虽知道自己身心状况不佳无法妥善照顾子女，却没有采取任何作为，反而是大声地哭叫、咒骂小孩、摔东西，这些处理方式对案主而言，不但无法适当缓解情绪，反而在激烈的发泄结束后，使案主意识到问题并无解决，又再次陷入另一波焦虑、懊恼当中。她知道这样的处理不是办法，却也不知除此之外，还有什么办法可行。

(4)健康状况的预估：当事人处在压力之下，而出现焦虑、人际恐慌、心脏跳动不正常、呼吸困难等身心状况。

3. 社会支持系统的预估

案公婆及案主父母皆亡故，唯一的亲戚是案主的姨母，姨父早逝，因此非常了解案主的辛苦以及丧夫后面临的挑战，经常在经济、心理、情绪层面给予强有力支持，是案主重要的社会支持，案主陷入危机情境之后，曾经表示愿意暂时照顾案子女。

案主曾参加宗教活动，认识一位同龄的妇女朋友，并与之维持良好关系，对此朋友的信任感高。该朋友在当事人未失业之前，曾经在其情绪低落时，透过电话交谈提供情绪支持，之后偶尔回来电关心案主，案主自陈在与友人谈话结束后，能够暂时缓解情绪上焦虑。

案主偶尔会寻求其姨与友人的协助，案姨对案子女的照顾，可提供暂时性的喘息，让案主觉得压力较小；案主每当与案友讲完电话后，负面情绪能够得到抒发，觉得内心较为平静。但案主认为寻求协助会增加案姨及案友的负担与麻烦，而觉得愧疚，因此，主动寻求协助的次数不多。

综合上述各个层面的预估，可以看出引发案主陷入危机状态的主要因素是失业问题，其陷入危机之后又引发出子女个人身心问题及教养问题，因此，处遇计划的拟定依据预估结果做规划。

二、拟订处遇计划

社工者依据预估所的发现，针对案主的失业问题、子女教养问题及其个人状况拟定处遇计划：

1. 家庭经济问题的处遇

向相关社会福利机构申请急难救助，解决家庭生计问题。

2. 子女教养问题的处遇

协调案姨暂时代为照顾案子女，让案主得到短暂喘息。

3. 案主个人的处遇

针对其身心症状进行相关医疗诊断及处理；针对其情绪、认知进行处遇。

三、执行处遇计划

工作者拟定处遇计划之后，依据各项问题的轻重缓急，订出处遇之先后顺序，逐步采取各项干预作法：

1. 经济问题的干预

向当事人说明其可运用社会资源，协助其联系、整理申请相关文件资料，提出申请，并在低收入户审核期间连接民间资源，提供案家经济协助及生活物资上之不足。

2. 社会支持网络的干预

主动联系案姨及案友，说明案主所面临的困境，及其对案主的重要性，请求案姨这一段时间暂住案主家，照顾其一家的生活饮食，请案友抽空打电话或到案家探访，关怀案主，提供案主情绪疏解通道。

3. 子女教养问题干预

与案主讨论其在目前身心状况之下，执行亲职功能的现况，及对子女的负向影响。案主很清楚其子女因陷入危机状态所受之影响，但无法思考如何因应，因此工作者提出四个方案，包括暂时将孩子送到案姨家，由案姨代为照顾；申请寄养家庭；申请机构教养；请案姨暂住到家里来共同照顾；请案姨一个礼拜来三四天，协助处理生活起居等方案。案主拿不定主意，三心二意地反复推翻自己的考量，最后，在工作者协助之下，先邀请案姨一个礼拜到案家四次，协助照顾子女的生活。

4. 案主身心状况之干预

针对案主身心健康的问题，所做的处遇包括情绪、认知、行为层面的处遇及就医等四项：

(1)情绪层面的干预：第一次会谈主要针对案主的情绪、身心症状所造成的困扰进行抒解，案主在会谈过程中，几度泣不成声，深感生活苦、自己无依无助。在会谈之后，案主始得放松、平静，始露出情绪疏解后的释放与轻松。因此，主动邀约案主持续会谈。

(2)认知层面的干预：接下来的四次会谈，除了进行情绪疏解之外，也开始理清案主所面临的情境，协助案主对于自己的处境有清楚的认知，并询问案主对于自己的问题的处理有何期待。

(3)因应做法的处遇：在案主情绪稳定、对处境有较客观的认知之后，开始引导案主思考如何处理危机情境,最核心的课题是找工作,案主知道找工作很重要,但是担心自己能否适应新工作、会不会突然被辞退。工作者先协助案主看到自己的非理性想法,在引导其针对找工作的课题作理性分析,列出案主能够做、找得到的工作,逐一讨论。在考量各种因素之后,决定以住家附近的兼职工作为主要考量(案主目前无法胜任全职工作,且无法接受让孩子离开自己身边),找到一家自助餐店,在午餐时段兼职工作。

(4)协助案主就医:案主的健康出现问题、精神状况也不佳,因此,向案主说明其问题及就医之必要性。案主深受健康问题所苦,在六神无主的状况下,愿意接受工作者的建议,寻求医疗协助。工作者研判案主的心脏、呼吸问题与其精神状况有关,因此,决定先至精神科就诊,便安排案主至家附近之精神科看门诊。精神科医师诊断为人际恐慌症,案主服药之后症状稳定下来,心脏、呼吸问题,则因精神状况改善而趋稳定。

四、干预结果评估和问题解决

案主经过这一段恐怖的混乱之后,在服用药物、会谈及有人情感支持等处遇做法同时进展之下,身心状况稳定下来,而感受到安定,也很珍惜在自助餐店的兼职工作,上班时偶尔会请案姨或案友来家里照顾两个小孩,开始对未来有信心与期待,对于改善生活及提升个人身心健康状况具有强烈的动力。

案主的危机至此已化解,案主与两位子女的生活逐渐恢复正常,因此,危机干预的服务可以告一段落。但是案主的亲职能力还需要强化,案女发展迟缓的问题仍需持续处理,因此,工作者与案主讨论之后,持续进行后续的会谈服务。

必备知识

一、同理心

社工对于案主应持开放诚实的态度,特别是对于那些可能非自愿的案主。结合同理与角色澄清及增强社会认同,可能是一个有效的技巧。

下面的例子是一个母亲打了她两个 2 岁的双胞胎孩子,导致弟弟必须入院治疗,这个家庭被放在社工机构的儿童保护观察名单中。

母亲:他们那时真的顽皮,我要他们上床去睡午觉,但是他们就是躺在那里吵闹,我都快被他们气死了。

一个同理的反应可能为:

社工:你看起来很受挫,孩子们真是很难管教,不是吗?

但是一个同理加上角色澄清与增强社会认同的反应则为:

社工:你听起来很挫折,我很高兴你能告诉我你的感觉,这是不是当你打孩子时候的感受?我很愿意和你一起想出一些方法来管教你的孩子。

管教孩子是可能正是妇女案主所面临的常见问题,这个反应认同了案主的感受,加强了案主愿意谈她个人感觉的事实,也指出了工作人员的助人角色,并且表明了社工必须和案主一起为案主的行为找到一些其他的替代方法。

二、乐观

保持乐观的态度,在妇女工作中也是有益的。案主很少有理由觉得乐观,在很多时候，案主存在着更多的无助感和无力感，甚至许多社工也对案主的未来持悲观的态度，然而在这样的状况下社工者更应该充满希望和乐观态度，相信自己有助人的能力。一个有清楚的理论和研究背景的社会工作者，应向案主表达他对自己能力的信心和他可帮助案主帮助自己，社工可简单地表示，我想我可以帮你理清你的问题。而当案主对事情持悲观的态度时，社工可以挑战他。

比如，一个案主可能说，"我的婚姻已经没有救了，我老公竟然跟我说要离婚，去和他那个什么初恋女友结婚"。社工则可说："×太太，从你刚才的叙述里，你先生现在还是每天回家睡觉，就我来看这表示你先生还是记得你们的婚姻和责任，你应有能力逐步处理你们婚姻目前所面临的困境。"

当然，社工持正向、积极、不责备的态度时，要注意不要过度，不要夸张，否则社工会失去案主的信任，因为这会让你看起来缺乏真诚，且看问题一点都不成熟。譬如前面的案例，如果社工回答："×太太，在我看来你是最优秀的女人，你要相信你先生最爱的一定是你，加油。"就显得缺乏真诚。

三、适度的幽默

适度的幽默也有助于增进专业关系。幽默可以刺激领悟，可以重新建构问题的整个状况。建设性的幽默可使案主自觉被对待为一个人而不只是案主而已。下面是一个很好的例子。

一个曾经被虐待后安置在救助站的女人，现在面临一个相同的状况，那就是她最大的孩子也被安置在救助站。在与社工的面谈过程中，这位母亲提到了过去数年来与社会工作机构的接触。

社工说："你这10多年来可能见了50多个社工了吧？"

案主回答："比这更多，其中没什么人能帮助我。"

社工说："所以你看，有这么多社工在这个世界上，难道就会没有任何问题了吗？"

两个人都笑了，也减轻了会谈中紧张感。适当的自我表露，也有助于工作关系建立，并鼓励案主的陈述。自我表露到底表露到哪个程度需要工作者拿捏。下面的建议供参考。

首先社工可以表露一些不是太私人的问题。比如社工是否结婚了，是否有小孩等。

其次社工也可以做一些个人的评断，来鼓励案主说出更多有关私人的事情。比如"当我刚结婚的时候"或"当我和我先生（太太）分居的时候"。

但是那些太私密的问题则不宜透露，比如社工本身目前正陷入婚姻失败而导致的忧郁症。不过如果这个事情发生在很多年以前，这时社工说"我发现很难适应婚姻破裂的事实"则是恰当的。

四、自我披露自己的困难

一般来讲，社工向案主自我披露所经历的困难，比社工的成就的自我表露对案主更有帮助。这可能是说，人都需要从别人的失败中找到幸福感，你的案主也是如此，而社工恰好是一个比较好的不得罪其他人的参照对象。

下面是一个完整的妇女案例。

柯太太是在感觉无望和无助时来咨询的，她指出，她已经有许多年轻度的抑郁。她的成长经历使她相信，不管情形变得多么困难，婚姻誓言永不能打破。柯先生有许多同下属观点相关的生活脚本：

(1)妻子要围着家庭做家务。

(2)妻子的主要职责是养育孩子。

(3)妻子要容忍丈夫喝酒。

(4)她在现实中的艰辛和困难，下辈子会得到好报。

(5)妻子可以走出家门工作以弥补家庭财务所需。

(6)妻子应当容忍丈夫的打骂。

柯太太现在 60 多岁了，他们结婚了 34 年。她养了 3 个孩子，而且结婚后一直从事护士工作。她的丈夫是个酒鬼，曾经是个建筑工人，但是已经 19 年没有工作了。因为他有肝硬化而且曾经发作过一次。

他酗酒，在他们的整个婚姻过程中，他一直在语言上和身体上有虐待行为，他最近退休了，三个孩子也在几年前组成了家庭，目前家庭只有他们两个人。丈夫一周喝酒三到四次，现在已经无节制了。柯太太对于不得不照顾这个不断责备自己的丈夫感到越来越沮丧、愤怒和压抑。他曾经参加了许多戒酒项目，包括互助戒酒协会之类，但是效果不佳。目前他需要由他妻子提供健康关注，柯太太不想把她用于过退休生活的积蓄花在给她先生看病上，她已经无计可施了。

社工费女士通过与柯太太建立和睦关系开始了工作。她对柯太太的许多优点给予了赞美：养大了三个孩子，在一个重要的领域有一份体面的工作，主要的养家者，付出了令人难以置信的努力来试图挽救自己的婚姻，做了大部分的家务活。

然后，费女士开始询问了许多探索性问题。比如：

费女士：你还爱你的丈夫吗？

柯太太：不，已经很多年不爱了。

费女士：你觉得婚姻就该丈夫打妻子吗？

柯太太：当然不能。

费女士：你觉得你有权不被虐待吗？

柯太太：是的。

费女士：那么你为什么继续生活在一个虐待关系中呢？

柯太太：是啊，我为什么呢，这个问题问得好，我也不知道为什么。

费女士：在你退休时你觉得完善和满足吗？

柯太太：不，一点也不。我的感觉只能用愤怒来形容，因为不得不照顾一个有虐待行为的酒鬼。我经常感到压抑，有一种被套住又挣脱不了的感觉。

费女士：你真的觉得被套住了吗？

柯太太：是的，我认为就是这样。我看不出任何其他的选择。

费女士：你意识到有其他选择吗？

柯太太：不，没有。

费女士解释道，其中一个选择是离婚。费女士提到，她注意到柯太太有一种价值观念，婚姻的承诺是永久的。费女士要求柯太太推测一下，假如她继续维持着与柯先生的婚姻的话，那么她的生活将会是什么样子。柯太太闲聊了一会最后得出结论，假如她的丈夫的健康状况继续恶化的话，那么她的生活"境遇"只会变得更糟，而且她的丈夫最终将被送到医院，这会花掉她所有的积蓄。她进一步说，甚至更糟糕的境遇是自己先死于同压抑有关的疾病。

费女士要求柯太太在下次会面前思考这样一个问题，假如她离婚的话，她的生活可能怎样。而且费女士说，至于经济问题，婚姻法规定离婚要求平均分割任何财产。柯太太回答道"这不可能——如果我不离婚，那么我的财产可能全部给了医院，如果我离婚，那么我的财产就得马上分他一半。"费女士很清楚地指出这个总结非常精确。柯太太认为，如果她和丈夫离婚，会很丢人被人说闲话，而且下辈子还会有报应。费女士建议案主和案主熟悉多年的一位法师讨论一下这件事。

第二周，柯太太又来了。她指出，对于如果她离婚生活会有什么变化的问题，她思考了好几个小时。她说，她也同法师讨论了这件事，法师说希望她尽可能享受和美满地生活一些年。她说昨天晚上当她丈夫醉醺醺地回来再次在语言和身体上虐待她时，她决定与他离婚。她向费女士展示了她被丈夫打了以后肩膀上大面积的伤痕。费女士赞扬了她做出的负责的决定，并问她是否要离婚律师的帮忙。柯太太说她此前已经接触过一位。

费女士继续两周一次与柯太太见面。她保证了离婚的安全。柯先生搬到了自己的弟弟家去住。费女士现在在当地妇女保护机构做义工。她把自己的故事与许多人分享，帮助保护中心的许多妇女走出被虐待的阴影。

这个案例证明，相信社工所扮演的下述角色是总体社会工作实务的构成部分：

(1)教育柯太太理解她有必要同在语言上和身体上虐待自己的丈夫离婚。

(2)把柯太太介绍到当地受虐待妇女保护中心做义工。

(3)帮助柯太太解决了她的两难问题。

任务二
妇女小组工作案例及分析

学习目标

1. 掌握妇女小组工作的类型、组员特征、小组活动内容及社会工作者的角色。
2. 能够熟练设计妇女各类小组计划书，内化社交小组中社会工作者的角色。

工作任务描述

某机构到某山区开展农村综合发展工作。社会工作者进入村子后了解到，村里的男性普遍存在酗酒、赌博的恶习，家庭暴力时常发生，由于受到家丑不可外扬等思想的影响，受暴的妇女们之间很少提及这些事情，默默地忍受着。

社会工作者针对该村的现状，将妇女作为主要工作对象，制订了"爱心联盟"反家暴小组活动。

问题思考：

1. 假如你是这名社会工作者，你如何设计该小组的活动内容？
2. 在这些活动中，你需要扮演哪些角色？

工作任务分解与实施

一、妇女小组工作概述

(一)妇女小组工作的定义

所谓妇女小组工作就是指社会工作者秉持社会工作的理念，充分运用社会工作的方法和技巧，通过小组互动、小组经验、小组凝聚以及方案活动达到小组中妇女个人的问题解决、妇女个人和小组成长与社会目标的完成的一种专业服务。

妇女小组工作的内容十分丰富，如女性的职业培训、女性的能力提升、女性的兴趣爱好培养、女性志愿者队伍建设、女性与反家庭暴力、亲职教育等，这些都能够以小组工作的方式开展。

(二)妇女小组工作的构成要素

与小组工作的构成要素一样，妇女小组工作的构成要素包括团体、工作者、成员、机构及活动项目。

团体是作为小组工作的主要工具，是互动的、是一个关系体系、是一个有机体且不断变化的。团体决定吸收接纳成员的方式、设计活动内容、解决成员遇到的问题和冲突，甚至还要配合社会工作机构、协调与其他团体的关系等。

工作者是小组工作的核心。在小组工作中，工作者以协助者、引导者的身份，协助发现和运用个人、团体、机构的力量，促进团体及个人的发展，在团体工作中起到决定成败的关键作用。工作者一般具有 8 个明显特征，即勇气、诚实、创造力、同理心、自我认识、行动取向、热心、人性化。

成员是出于不同目的进入小组中的个人。在小组工作过程中，通过由工作者协助提供参与团体的经验，使个人获得他人对自己的了解和感情的认同，在自由的气氛与环境中与他人相互交往，进而实现调节身心、发展技能、获得自信与归属感等自我需要的目的。

小组工作者一般应隶属于各种专业的社会服务机构。所以小组工作者便成为机构的一部分，他们不仅代表机构，也依靠和运用机构所拥有的设备、经费及人员方面的支援，而且其活动的目标也与机构的功能和目的保持一致。

活动是小组工作过程中的关键，工作者主要的工作便是运用专业知识、组织筹划并帮助小组发展自己的活动，以满足小组成员成长和完善自我功能的需要。

(三)妇女小组活动的实施原则

妇女小组工作研究者通过妇女小组工作经验，总结出妇女小组活动实施的原则，包括以下几方面。

(1)实际生活经验原则。

(2)自主学习原则。

(3)利用社会资源原则。

(4)群体倾向原则。

(5)主要目标和多项目标并重的原则。

(6)兴趣原则。

(7)注重亲职教育原则。

二、妇女小组工作类型与实践

(一)类型

在小组工作中，由于工作对象、目标和具体实施情况的不同，小组的分类标准很多。不同类型的小组所采用的工作方法、技巧也有所不同。按照具体工作内容与实践，可以将妇女小组工作分为家庭关系调适小组、单亲母亲小组、反家暴小组、留守妇女小组等。

(二)妇女小组工作实践

1. 家庭关系调适小组

向社工求助的妇女带来的问题很多与家庭有关，针对妇女的服务很多时候是面对妇女的家庭问题。家庭关系调适小组主要有：夫妻关系的调适，主要解决家务分工、经济支配、教育孩子方面的问题；婆媳关系的调适，主要解决围绕孙辈教育分歧、对老人不养或不孝方面的问题；亲子关系调适，处理子女教育出现问题后母亲角色不当的问题。

家庭关系调适小组中组员的特征具体表现为：

(1)牺牲组员利益而换回家庭的整体利益。

(2)组员双重角色(家庭/工作)扮演不清。

(3)外在影响造成组员压迫感增强。

(4)争取自我更人性化的生活。

社会工作者在家庭关系调适小组中应遵循一定的工作原则，一是尊重和接纳现实中家庭形式和婚姻形式的多样性、工作与家庭生活的协调与平衡、父亲的职责和母亲的职责同样重要且都需要训练。在小组活动的设计中，社会工作者可以较多地使用角色学习、角色互换及情景剧的形式。需要说明的是，妇女小组工作会涉及家庭，所以组员有时候需要家庭的其他成员参加。

2. 单亲母亲小组

单亲母亲家庭是指因为丧偶或离异以及其他一些原因而导致的只有母亲带着孩子一起组成的家庭。单亲母亲家庭常常面临的主要问题有：亲子关系和孩子教育，单亲母亲贫困化，就业及再婚困难，社会对单亲母亲的歧视和偏见使得他们的生存环境恶劣，缺乏针对单亲母亲家庭的社会保障等。解决单亲母亲的问题，除了提供个别心理辅导，解决现实的就业、孩子入学等问题之外，需要把同类问题的单亲母亲组成支持小组，促进互帮互助，降低孤独，增加生活的信心和力量。

单亲母亲小组中组员的特征具体表现在：

(1)单亲家庭是一种现实存在，是正常的家庭形式。

(2)单亲母亲缺乏一定的社会支持。

(3)单亲母亲应对问题的能力不足。

单亲母亲小组中，社会工作可以从三个方面入手：组织区内单亲母亲家庭，建立彼此之间的支援网络，借此实现互相支持和自我依靠；提供教育性和支持性的服务，以防止单亲母亲家庭问题的恶化，并恢复其家庭功能；提升社区人士对单亲母亲家庭问题的关注，同时接纳此种家庭模式。在具体内容安排上，社会工作者主要运用网络发展策略和工作策略，如互助小组网络、义工联系策略。

3. 反家暴小组

针对妇女的暴力行为是指对妇女造成身心方面的伤害或痛苦的任何基于性别的暴力行为，包括威胁进行这类行为、强迫或任意剥夺自由，而不论其发生在公共生活还是个人生活中。暴力的范围包括婚姻暴力、拐卖妇女、性暴力等。社会工作者可以建立受暴妇女支持小组，发展出组员主动参与反暴工作和唤醒社会的理解和关注，建立对施暴人的干预机制，制止其暴力行为。

反家暴小组中组员特征具体表现在：

(1)低自尊，认为自己应对施暴者的行为负责。

(2)有严重的罪恶感和心理压力。

(3)带有一定的身心疾病。

(4)相信除了自己，没有人能够帮助自己解决问题。

针对家庭暴力问题，社会工作者可以根据案主的需要，开设受虐妇女情感支持小组和施暴者治疗小组。受虐妇女情感支持小组在类型上属于封闭小组，在目标上属于互助小组。具体内容主要包括：协助组员摆脱家暴环境，处理情绪困扰，减轻精神压力；协助组员发挥自己的潜能，重新认识自我价值，重建自信；鼓励组员大胆说出自己的心声，协助组员处理和反思家庭暴力问题；协助组员建立一个相互支持的网络。施暴者治疗小组在类型上属于封闭小组，在目标上属于治疗小组。具体内容主要包括：协助组员抛弃错误观念，重建对两性关系和婚姻与家庭的认识；协助组员学习与家人之间的沟通技巧并改善处理冲突的方式；协助组员认识到家庭暴力的危害，反思自己的行为；缓解组员的精神压力和情绪困扰等。

4. 留守妇女小组

留守妇女是指丈夫出去打工而自己留在家中承担农业生产并照顾孩子和家庭的农村妇女。由于丈夫在家庭中缺位，妇女们承担了所有农活及照顾孩子和家庭的责任，妇女的生活负担与精神负担加重。通过小组工作方法，把遇到相似问题的留守妇女集中起来组成不同类型小组，利用小组的互动和经验分享，挖掘她们的潜力，更好地预防和解决问题，以此来拓宽农村留守妇女的社会支持网络。实践证明，小组工作方法在解决一些共性问题方面有着比其他方法更为有效的专业功效。

留守妇女小组中组员特征具体表现在：

(1)农业生产负担重，孩子教育压力大。

(2)有强烈的孤单感。

(3)缺乏一定的安全感。

根据留守妇女面临着的一些共同的需要和问题，社会工作者可以开展四个方面内容的留守妇女小组活动。首先，可针对农忙时节留守妇女责任重的情况，成立生产互助小组，一起探讨种地、养殖的经验。其次，针对留守妇女孤单寂寞、压力大等心理问题，成立心灵慰藉小组，让内心困苦孤寂的留守妇女有一个可以倾诉的途径，获得情感支持。第三，针对留守妇女婚姻中的一些困扰及出现的危机，可以成立婚姻问题互助小组，及时进行危机干预和心理辅导，帮助她们了解一些经营婚姻的方法，并为她们提供法律知识援助。第四，子女教育是困扰留守妇女的一个大问题，可以开展亲子关系小组活动，来提升留守妇女处理亲子关系的技巧，解决亲子间的问题。

三、妇女小组工作中社会工作者角色

实践中，由于妇女问题受到来自自身、家庭、社区及社会传统文化等的影响，问题产生原因具有复杂性，社会工作者需要多层面、多维度地运用社会工作方法处理问题和提供服务。面对妇女共性问题，通过小组互动、小组经验、小组凝聚以及方案活动能够达到小组中妇女个人的问题解决，小组工作显示出独特的优势。小组工作者承担着包括服务提供者、支持者、倡导者、管理者、协调者、资源争取者、政策影响人、研究者等等多种角色。这就决定了社会工作者必须具备广泛的知识和技能，如正确预估案主及其家庭的问题和需求，熟知社区中的各种服务机构及其所开展的服务项目，熟练掌握与人沟通和协调的方法和技巧等。

四、任务解决

任务中，社会工作者首先要打破小组中的沉默文化，启发大家对家庭暴力进行思考，鼓励受暴的妇女开始讲述自己的故事，社工及组员给予情绪上支持与本土方法经验的分享。同时，小组后期，妇女小组通过走访、动用亲戚和家族中有权威的人的力量，对施暴者做思想工作，实现家暴的直接干预。在这些活动中，社会工作者需要扮演了支持者、倡导者、资源争取者的角色。

拓展训练

长沙某高校在湖南偏远山区成立了社工站，长期有社工驻扎农村开展社会工作服务。A社工在走访过程中发现当地农村也有相当数量的留守妇女。通过交谈发现，她们当中一部分是因有孕在身，在家待产而留守；另一部分是因家中孩子过小，需要父母亲自照看而留守。这些留守妇女多处为20～35岁，身体等各方面状况良好，其中部分表示，在孩子长大后，会跟随丈夫一同外出打工。在留守期间她们需要承担繁重的家庭劳动，不可避免地出现心理失调、生活不适等问题。留守妇女在农业劳动方面应付不足时，亲属和村民可适当提供体力帮助。但在面临子女教育问题时，非支持网络只能提供情感支持，却难以保证相对专业的知识支持和充足的物质帮助。A社工计划开展"亲情互动"亲子关系小组活动，其中第三节主题为"父母心、子女心"，通过讨论分析的形式让父母了解成长中的子女，让子女感受父母的难处。

问题及思考：

1. 假如你是A社工，请设计"亲情互动"小组中第三节"父母心、子女心"活动内容。
2. 在"亲情互动"小组中，社会工作需要扮演哪些角色？

项目五　小组工作方法在 老年人群体中的实践和应用

内容导航

　　小组工作是以团体方式满足不同人群的某种需要，包括老年人群体。从小组工作功能出发，可以为老年人提供社交小组、教育小组、支持小组、治疗小组等。社交小组要回应老年人面临的社交生活单一、心里孤单等现实需要；教育小组主要回应老年人为适应社会发展的需要，如学习新媒体、健康知识等；支持小组主要针对子女长期不在身边、空巢老人等现象，通过建立互助关系，增强老年人彼此支持等；治疗小组主要针对有特殊需要的老年人，比如丧偶、患病等，为其提供心理、康复方面的服务。本项目将结合老年人的心理、社会特征，重点介绍老年人社交小组、教育小组、支持小组、治疗小组的具体设计和应用。

任务一

老年人群体的特点及常见问题

学习目标

1. 掌握老年人常见的生理问题、心理问题、社会问题，掌握老年人的主要特征。

2. 能够针对老年人面临特点和常见问题，从小组工作专业角度出发，设计不同类型和目的的小组工作服务方案。

工作任务描述

小红是广州某家家庭综合服务中心的社工，其主要负责为辖区的老年人提供社会工作综合服务。在日常服务过程中，小红发现，本辖区的老年人均因子女工作原因，从其他地方跟随子女居住本社区。这些老年人平时不爱出门，外出也不怎么喜欢跟其他人交往。小红了解这一情况后，进行分析，觉得这些老年人主要面临社交生活单一、不适应新环境。小红计划针对这些老年人开展社交小组服务。

问题思考：

1. 小红对这些老年面临问题的分析是否正确？

2. 老年人主要面临的问题有哪些？

工作任务分解与实施

一、老年人群体特征

(一)老年人的定义

世界卫生组织把 60 岁作为老年人的起始年龄。国际上通用的衡量一个国家老龄化的标准是以 60 岁(或 65 岁)及以上老年人口占总人口的 10%(或 7%)作为指标。根据医学临床经验，个体生命进入 60 岁以后，人的各种生理功能均会发生较大的退化性变化，如神经系统、血液循环系统、呼吸系统、消化系统、免疫系统、骨骼系统都会发生不同程度的衰退和下降趋势。为此，世界各国大多数国家将 60 岁左右作为法定退休和享受社会保障的年龄，我们国家的规定是男性 60 周岁，女性 50 周岁。

按这一标准，我国从 2002 年的 7.3％上涨至 2012 年的 9.4％。2012 年我国 65 岁以上的老年人口已达到 1.27 亿人，且每年仍以 800 万人的速度增加。有关专家预计，到 2050 年，我国老龄人口将达到总人口数的三分之一。我国已经进入人口老龄化社会，老年人群社会服务是社会工作的核心服务领域。

(二)老年人的特点

1. 生理性特征

进入老年期后，各项生理功能和认知能力发生较大退化。一是头发变白是老年人最明显的特征。少数人在 30 岁之前有白发，70 岁以后百分之百的人都会有白发。很多老年人还会出现脱发和秃顶的现象。二是老年人皮肤明显变得粗糙，弹性减弱，皱纹增多。出现色素沉淀，形成老人斑，出现老年疣。三是人到老年，身体骨骼逐渐萎缩，从而身高逐渐变矮。据统计数据表明，50～90 岁，男性身高平均降低 2.5％，女性平均降低 3.0％。并且老年人还会出现弯腰驼背等现象。四是多数情况下，由于老年人再生细胞的逐渐减少导致内脏器官与骨骼变轻，从而导致老年人体重会减轻，变得清瘦，但是也有部分老年人，体重会逐渐增加，这是因为脂肪代谢功能的减退致使脂肪沉积，无法排出体外。女性尤其在更年期内分泌功能发生退化后更为显著。五是肌肉松弛，牙齿松动脱落，语速缓慢，耳聋眼花，记忆力减退，手脚哆嗦等变化。

2. 心理性特征

进入老年期后，人们的思考内容偏重对往昔生活的回忆，及对角色转变和发挥余热的认识。怀旧是老年人将意义赋予生活过程的一部分，在与亲人和其他交流生活时候，怀旧话题一直是老年人谈话的重要部分。缅怀过往人生时，不同的老年人，表现出不同的心理特征，有人会感觉到安慰、有人会感觉到失望、有人会埋怨甚至愤恨别人。除此之外，老年人心理特征还表现为小心谨慎、爱唠叨、"老顽童心理"、依赖别人等。

3. 社会性特征

一是表现为角色的变化。老年阶段，老年人均要面临退休、儿女离家、丧偶、丧亲等人生重大事件。老年人的角色也由职业者转变为退休者、照顾者变为被照顾者等。因社会关系的变化导致老年人在心理方面会出现失落感、自我封闭、无用感等。

二是任务和挑战。老年人在这个人生阶段，将面临退出就业领域可能产生无用感，经济收入降低导致生活质量的下降，社会关系变化导致人际关系淡化，心理上会产生不同程度的孤单感、抑郁等现象。另外，老年人因身体机能的衰退，面临疾病增多，受疾病折磨。为此，政府部门要加强对老年人的各项社会保障，保障其基本生活和健康，维护其各项合法权利与生活尊严。

二、老年人群体常见问题

1. 生理问题

人进入老年后，身体机能衰退，个人将面临多种老年疾病的困扰。据统计，60 岁以上的老年人中，约有 70％的老年人患有一种以上的慢性病。如心脏病、高血压、关节炎、糖尿病、哮喘病等。加之老年人面临视力衰退、听力衰退、骨质疏松等，老年人意外跌倒引发的疾病增加。老年人生理方面，需要照顾和护理需要。

2. 心理问题

因生理变化、社会生产方式的变化，导致老年人社会地位和社会角色也发生很大变化。威胁着老年人的独立与尊严，随之出现老年人调适危机。心理方面主要可能面临的问题有智力与痴呆症、抑郁症、自身倾向等心理问题。

3. 社会性问题

老年人社会性问题主要表现为社会环境、社会生活和社会关系的变化引起的不适。角色不适、环境不适、社交不适是老年人面临的主要社会性问题。社会工作者针对老年人面临的社会性问题，着重从社会支援角度开展服务。

三、老年人需求

结合老年人的特征和面临的主要问题，下面介绍老年人主要的 8 种基本需求。

一是经济保障的需要。老年人因失去职业身份，没有劳动收入。为此，老年人希望在物质上获得满足，在生活方面保障。

二是发挥余热的需要。许多老年人退休后，仍然觉得自己身体不错，希望能继续发挥余热，利用自己的人生经验为社会作最后的贡献。为此，"微就业"是有些老年人的需要。

三是身体健康的需要。老年人因身体机能的退化，面临许多老年病的折磨。为此，老年人希望获得医疗保健、身体保健、营养等各方面的指导与帮助。

四是家居安全的需要。老年人晚年希望有安定的住所，有良好的家庭关系，子女孝顺。

五是社交生活的需要。老年人退休后，人际关系较少，同时家庭结构的变化，家庭成员的互动减少，其精神生活空虚，容易导致各种心理疾病。为此，老年人有继续社交生活的需要。

六是适应社会的需要。在信息社会，社会每天都在变化。为此，老年人希望能积极适应社会，继续学习，吸收新知识、新观念，从而较好的适应社会环境。

七是参与文化娱乐活动的需要。丰富多彩的文化娱乐活动，不仅能让老年人兴趣爱好得到满足，而且能增强其社会关系，满足其精神需要。

四、任务解决

任务中，社会工作者小红了解到辖区内的部分老年人因子女忙于工作，经常不在身边，加之这部分老年人从外地跟随子女到本地，环境适应方面存在很大的困难。为此，小红针对这部分老年人开展社交小组服务是能够满足这些老年的社会性需要，能够丰富老年生活。当然，小红除开展社交小组服务外，还可以为这部分老年人开展本地生活适应的教育性小组，这部分老年人互助关系为主的支持性小组。

必备知识

老年抑郁量表 GDS

选择过去一周内最适合你的答案

1	你对你的生活基本满意吗？	是□	否□
2	你是否丧失了很多你的兴趣和爱好？	是□	否□
3	你感到生活空虚吗？	是□	否□
4	你经常感到无聊吗？	是□	否□
5	你对未来充满希望吗？	是□	否□
6	你是否感到烦恼无法摆脱头脑中的想法？	是□	否□
7	大部分的时间你都精神抖擞吗？	是□	否□
8	你是否觉得有什么不好的事情要发生而感到很害怕？	是□	否□
9	大部分时间你都觉得快乐吗？	是□	否□
10	你经常感到无助吗？	是□	否□
11	你是否经常感到不安宁或坐立不安？	是□	否□
12	你是否宁愿待在家里而不愿去干新鲜事？	是□	否□
13	你是否经常担心将来？	是□	否□
14	你是否觉得你的记忆力有问题？	是□	否□
15	你觉得现在活着很精彩？	是□	否□
16	你是否经常感到垂头丧气无精打采？	是□	否□
17	你是否感到现在很没用？	是□	否□
18	你是否为过去的事担心很多？	是□	否□
19	你觉得生活很兴奋吗？	是□	否□
20	你是否觉得学习新鲜事物很困难吗？	是□	否□
21	你觉得精力充沛吗？	是□	否□
22	你觉得你的现状是毫无希望吗？	是□	否□
23	你是否觉得大部分人都比你活得好？	是□	否□
24	你是否经常把小事情弄得很糟糕？	是□	否□
25	你是否经常有想哭的感觉吗？	是□	否□
26	你对集中注意力有困难吗？	是□	否□
27	你喜欢每天早晨起床的感觉吗？	是□	否□
28	你是否宁愿不参加社交活动吗？	是□	否□
29	你做决定很容易吗？	是□	否□
30	你的头脑还和以前一样清楚吗？	是□	否□

　　每个提示抑郁的回答得 1 分。（问题 1，5，7，9，15，21，27，29 和 30 回答"否"，其他问题回答"是"提示抑郁可能）

　　≥15 分，提示老年抑郁可能，转上级医院精神科处理

　　注：抑郁是一种复杂的负性情绪体验，以主观的痛苦感为核心成分，表现在个体的情感、心境、

认知、生理症状等多方面，如悲观、失败感、不满、社交退缩、犹豫不决、食欲下降、睡眠障碍、厌倦、敌意等。每个人都会有一些抑郁性的体验，而持续和严重的情况下，抑郁就可能成为一种精神障碍。抑郁与个体的人格特点有关，但很大程度上受社会因素的影响，如家庭环境压抑、人际关系紧张、多次经历失败等等。老年人的躯体主诉较多，如食欲下降、睡眠障碍等，在老年阶段属于正常范围，但使用一般的抑郁量表时可能会因此误诊为抑郁症。故对老年人，应使用老年抑郁量表(GDS)。

拓展训练

王社工是广东某家庭综合服务中心的社工。为全面了解本辖区老年人精神生活情况，王社工用老年抑郁量表(GDS)对辖区内的老年人抑郁情况进行了筛查。调查发现，辖区内有 65％的老年人得分在 10 分以下，30％的老年人得分为 11～20 分，5％的老年人得分为 21～30 分。针对这种情况，王社工决定这 5％的老年人有严重抑郁情况，向为其组织开展治疗性小组。

问题及思考：

1. 你觉得王社工为重度抑郁的老年人开展治疗性小组可行吗？为什么？
2. 针对轻度抑郁的老年人，社会工作者可以为其开展什么服务？

任务二
老年人社交小组实践

学习目标

1. 掌握老年社交小组的组员特征、小组活动内容、社工角色。
2. 能够针对老年社交小组熟练设计小组计划书，内化在老人、社交小组中社会工作者的角色。

工作任务描述

李社工是一家社会工作机构专门负责老年人群体服务的社会工作者。针对辖区内不同老年人丰富多彩的兴趣爱好，其想组织一个社交小组。在小组开组前，李社工充分了解了到辖区内部分老年人年轻时候爱好体育运动，并有一名年轻时曾是篮球队队长。针对这种情况，李社工设计以体育活动为主要内容小组活动方案，在设计篮球活动环节，因自己不是很懂篮球比赛规则，特意在网站了解了相关情况。

问题思考：
1. 你觉得李社工设计本小组活动是否恰当合理？
2. 谈谈老年人社交小组的意义有哪些？

工作任务分解与实施

一、老年人社交小组概述

在老年人群体中开展社交小组活动，不仅可以建立老年人自我形象，还可以发展老年人的各种兴趣爱好，丰富其老年生活，满足其精神生活需求。一般而言，在社会工作服务机构，老年人社交小组是经常开展的小组工作服务之一。社会工作者针对老年人的兴趣爱好，开展丰富多样的老年人社交小组。如学习电脑、书画、摄影、歌唱、舞蹈、旅游、话剧、保健、康乐、烹饪等。通过此类小组工作服务，为老年人提供社交生活平台，鼓励老年人积极生活，在活动中建立老年人之间的友谊、学习新知识。

针对老年人群体开展社交小组，主要的目的有：一是让老年人的生活有目标有内容；

二是为老年人提供学习新知识、新鲜事物的机会和平台；三是通过活动鼓励老年人建立新的社交圈子和社交生活。为此，老年人社交小组不仅巩固了他们生活自信，也可以发挥个体能力，获得自豪感和成就感，而且可以让老年人学会帮助他人和接受他人帮助。

二、老年人社交小组组员和活动内容

1. 小组组员特征

老年人社交小组的组员本身就是小组最大的资源。参与小组的老年人有丰富的人生经历、特别的兴趣爱好和特长，他们的才华和创意让小组活动精彩不断。具体表现为：

(1)有丰富的人生经验。

(2)有一技之长和某种社会成就。

(3)至少有1项兴趣爱好和特长。

(4)空闲时间相对充裕。

2. 活动内容

针对参与社交小组老年人的特征，此类小组活动的内容以充分发挥组员能力和兴趣爱好设计思路。如以健康为主的健身小组，要邀请具有较高活动能力的组员一起设计形式多样的活动内容，这样不仅发挥了这部分组员的积极性，而且能设计出符合老年人群体的活动内容。在以运动为主要活动内容的小组活动中，如运动会、爬山、郊游等，也可以邀请部分年轻人一起参与，不仅丰富活动，而且能够促进隔代之间的交流和互动。当然，在老年人社交活动中，也要注意个体差异，比如参与中有较年长、行动不便、身体比较弱、性格比较内敛等。社会工作者在设计活动时，要注意到个体的差异性，做到让参与者均有机会和方式参与其中。

三、老年人社交小组社工角色

老年人社交小组中，社会工作者的主要角色是组织者和协调者，而不是主导者。在小组准备阶段，社会工作者与有意向的老年人一起策划和安排小组活动，一般情况下，在这个时期，小组的领导者便会出现。在小组过程中，社会工作者主要以顾问方式，为小组如期正常开展提供支持，在小组成员之间发生冲突和意见不统一时，做好协商和沟通工作。

四、任务解决

任务中李社工针对辖区内老年人丰富多彩的兴趣爱好，组织开展老年人社交小组是可行的。但在这类小组中，活动的设计应该充分调动小组中有较高活动能力的组员一起参与策划。在任务中，有名组员年轻时曾是篮球队队长，其肯定有丰富的篮球活动的经验，李社工可以充分调动其积极性，让其参与篮球活动的组织和实施。因此，可以说任务中李社工对开展老年人社交小组的组织策略方面还存在经验不足的问题。

拓展训练

寒冷的冬天过去后，迎来了生机盎然的春天。张社工设计在自己带领的老年人社交小组聚会中，设计了一次春游外出活动。在活动开始之前，张社工提前考察了出行交通、并招募了一对一的志愿者团队协助本次活动。但活动组织实施后，参与的组员觉得李社工选择的地方不是很理想，没有到他们想去的地方。另外，在活动过程中，有名老年人突然觉得很不舒服。张社工安排志愿者将其送往医院，检查后没什么大碍。

问题及思考：

1. 你觉得张社工准备工作是否做到有备无患？

2. 如果你是张社工，你将在开展本次活动前做怎样的准备工作？

任务三
老年人支持小组实践

学习目标

1. 掌握老年人支持小组的目的、组员特征、活动内容及社会工作者的角色。
2. 能够熟练设计老年人支持小组活动计划书，活动内容，并内化老年人支持小组中社会工作者的角色。

工作任务描述

　　黄社工针对辖区内失去独生子女的老年人组织开展了支持小组。将小组名称设计为"失独不失爱——失独老人支持小组"。小组目的是希望通过小组活动，减轻组员心理哀伤，积极面对现实。在小组组员招募方面，黄社工采取电话邀请、海报宣传、社区计生专干推荐等方式进行。但经过一周的招募工作，只有4名报名参与。

　　问题思考：
　　1. 你觉得黄社工为什么招募不到足够的小组成员？
　　2. 你觉得老年人支持小组中应注意哪些细节？

工作任务分解与实施

一、老年人支持小组概述

　　老年人支持性小组一般针对老年人自己或家庭成员有特殊问题而组织实施的小组工作服务。比如他们可能面临身体、心理、情绪、退休、疾病、丧亲等问题，通过支持小组活动，让参与者在小组中得到实际的支持和帮助，以解决其面临的困难。老年人支持小组具有教育、辅导、援助等功能。这类小组，因组员比较特殊，为此在小组名称的设计上既要反映这一群体，又不能直接。比如针对阿尔茨海默病老年人支持小组，小组名称可以设计为"失忆不失爱"。

二、老年人支持小组组员特征和活动内容

　　老年人支持小组的小组成员一般为老年人自己或老年人家庭成员。因其均为特殊的

老年人群，主要表现为：

老年人自己	老年人家庭成员
❖ 面临慢性疾病的困扰 ❖ 面临情绪方面的困扰 ❖ 面临角色不适的困扰 ❖ 面临危机事件的困扰	❖ 照顾技巧 ❖ 情绪支持技巧 ❖ 减压技巧

　　针对老年人自己或老年人家庭成员特征，社会工作者要针对性设计小组活动，通过小组活动，让参与者得到支持、教育和援助。一般而言，因参与支持小组的老年人或家庭成员问题不同，所要设计的活动内容有很大的不同。如针对丧亲的老年人小组，要设计让成员释放痛苦情绪、失落感的小组活动，让小组成员同参与小组活动，能接受现实，调整好心态；针对照顾长期病患的家庭成员，小组活动要以支持照顾者照顾压力大的情绪，给其鼓励和支持，并教授一些基本的照顾技巧等。

三、老年人支持小组总社工角色

　　在老年人支持小组中社会工作者的角色是主导者。在小组准备期，社会工作者要做充分的动员和鼓励工作，让潜在的小组成员变成参与小组活动的成员。此类小组中小组初期十分重要，社会工作者要通过完善活动设计，协助每个小组成员熟悉起来，让小组成员看到希望并觉得参与这个小组活动能给予其足够的帮助。尤其是在小组初期，一方面要鼓励组员积极将负面的情绪释放出来，另一方面要警惕小组成员情绪崩溃而影响小组正常开展。在小组中期，社会工作者要针对性地设计能够直接有效回应小组成员困扰的活动。通过小组活动，让组员心理方面的困扰得到有效回应。小组后期和结束期是此类小组的较为关键的环节，一般而言较为成功的支持小组，在小组结束后要建立组员长期互助小组。为此，社会工作者在小组后期和结束期要引导小组成员之间建立彼此支持为核心工作。

四、任务解决

　　任务中黄社工组织开展以失去独生子女的老人为组员的支持小组。小组以减轻组员心理哀伤，积极面对现实为目标，但小组名称中直接透出了这个人群的特殊性，让潜在的小组成员感觉到没有被尊重，这让黄社工经过一周的招募工作，只有 4 名组员。为此，黄社工要正常开展这个小组，首先要修改小组名称，其次在招募方式上可以采取入户个别邀请。邀请中一方面让潜在的小组成员认识到自己面临的困扰以及积极面对的意义，另一方面让潜在的小组成员了解到参与小组后可以给自己带来什么样的帮助。

必备知识

哀伤辅导

什么是悲伤辅导和哀伤治疗？

悲伤辅导是针对近期丧失亲人的人，协助他们完成哀悼的任务；悲伤治疗是针对那些悲伤反应欠缺、延缓、过度或过久的人，协助他们辨认和解决障碍完成哀悼的分离冲突。悲伤辅导和哀伤治疗的意义精神科门诊处的统计数据：10％～15％的精神科门诊病人认为自己有未解决的悲伤。大多数丧亲者在头一年内都有忧郁症状，许多人其头痛、心悸、颤抖及各种胃肠疾病的症状会加重。有的丧偶者会复制疾病。男性丧偶者死亡率显著比婚姻中男性高。

哀悼的四项任务。

任务一：接受失落的事实。一般常见的否认形式：对死亡事实的否定（如木乃伊化、将小孩视为死者替身）、对失落意义的否定（说对方不重要、选择性遗忘等）。接受事实需要时间，葬礼具有帮助接受事实的作用。

任务二：经验悲伤的痛苦。没有痛苦是不可能的。不去感觉是否定该任务的表现，如喝酒麻痹自己、停止思想、将去世的人理想化或地理疗法。社会与哀悼者间存在一种微妙的互动，使得完成第二任务更加困难。

任务三：重新适应一个逝者不存在的新环境。派克斯的观点：任何一种丧亲情境，我们都很难清楚地界定到底失落的是什么。生者不仅需要调整角色，还需要调整自我概念，乃至调整个人的世界观。对抗：不去适应失落、不去发展生存的技巧、从世界退缩而不面对环境的要求。

任务四：将情绪的活力重新投注在其他关系上。不再去爱是此项任务完成的最好体现。辅导员的任务：不是促使生者放弃与逝者的关系，而是协助他们在情感生命中为逝者找到一个适宜的地方怀念，而自己则能在世上继续有效地生活。

影响悲伤的要素？

一是失落的对象是谁；二是和失落的对象之间的依附关系的本质（依附关系的强度；依附关系的安全度；爱恨冲突；与去世者的冲突）；三是死亡的形式；四是过去的悲伤的经验；五是个体人格变数；六是社会因素；七是其他压力因素。

哀伤辅导技巧：

一是换引的语气；二是使用象征；三是采取写信方式；四是采取绘画治疗；五是应用角色扮演；六是认知重建；七是采取生命故事方式；八是应用引导想象。

哀伤治疗程序：

一是排除生理上的疾病；二是建立信任的专业关系；三是翻新对逝者的记忆；四是评估四项悲伤任务是否完成；五是处理因回忆引发的情绪或没有情绪；六是发掘并淡化连接物；七是承认失落的终极性；八是处理结束悲伤的幻想；九是协助当事人做最后的道别。

拓展训练

　　黄社工针对照顾长期病患的家属开展了一个支持小组。在小组初次聚会中，很多组员表现出长期照顾老伴，感觉有点吃不消、觉得自己快支持不下去的情绪。受此影响，有部分小组成员开始哭诉。面对这种情况，黄社工在表示理解他们的同时，邀请其他成员给这些组员提供一些帮助。

　　问题及思考：

　　1. 你觉得黄社工的做法是否恰当？

　　2. 如果你是黄社工，你将如何应对这一情况？

任务四
老年人治疗小组实践

学习目标

1. 掌握老年人治疗小组的组员特征、活动内容和社工角色。
2. 能够熟练针对需要治疗小组服务的老年人设计小组计划书，内化老年人治疗小组中的角色。

工作任务描述

龙社工针对老年失智症患者开展了一期康复治疗小组。为吸引存在此项困扰的老年人参与本小组活动。在小组招募中，龙社工将小组目标定位为"通过小组活动，让小组成员的病情得到缓解，让小组成员学习到控制病情恶化的方法"。

问题思考：
1. 你觉得龙社工设定的小组目标是否恰当？
2. 谈谈你对老年人治疗小组的认识和看法。

工作任务分解与实施

一、老年人治疗小组的概述

治疗性小组的目标和中心是治疗和重建功能，其小组动力源自活动设计和组员互动。通过治疗小组，帮助老年人改善生活中面临的危机或某种不适。在治疗小组中，因组员面临的问题或困扰是比较具体明确的，为此，小组活动也一定是直接有效回应问题或困扰。在治疗性小组中，社会工作者坚信组员都有可能改变的信念。虽然在现实工作中，社会工作经常会因参与小组的小组成员的改变不是很明显，时常担忧开展此类小组是否真的能够帮助到他们。如果社会工作者有这样消极的心态，治疗性小组是很难取得很大的成效。在治疗性小组中，社会工作者要用积极的心态，向小组成员传递正能量，有时候需要鼓励小组成员看到自己的改变和进步，哪怕是微弱的改变。当然，社会工作者也不能让小组成员对治疗小组树立较高不切实际的期望，要真诚很客观地说明参与治疗小组对其有可能的帮助，并说明要实现这一目标，个体的努力和坚持也是十分重要的。

二、老年人治疗小组组员特征及活动内容

老年人治疗性小组的服务对象大多情况下为面临某种精神健康问题的老年人。而且小组成员将信将疑的情况下参与小组。家人劝导、社工邀请对其参与小组活动有一定的影响。这类小组中组员的特征主要有：

(1)面临某种精神健康问题。

(2)自身对自己情况的严重性有足够的认识和了解。

(3)对自己是否能恢复正常生活充满担忧和不自信。

(4)认知和行为方面存偏差认识和消极行为。

针对以上小组组员的特征。社会工作者在为老年人治疗性小组设计小组活动内容时须注意几点：一是在小组成员参与前，一定要澄清小组成员对小组期望和个人目标，要十分清楚地说明参与小组活动的同时，其他治疗手段不能停，两者双管齐下才有可能有效控制或减轻疾病的痛苦。二是因参与小组的成员疾病程度不一样，社会工作者要在小组初期，一定要协助每个小组成员以书面方式制订个性化的个体目标，当然也可以邀请小组其他成员给其有效的建议。三是老年人治疗小组的活动内容主要以缅怀往事或人生回顾为主，也可以应用认知行为治疗方式帮助小组成员分辨其偏差的认知和消极的行为。四是老年人治疗小组为保证小组成效的有效性，均会布置小组作业给小组组员，在小组作业布置上，要选择较为简单易操作的作业，一般以一步骤任务为主。

三、老年人治疗小组中社工角色

教育者和推动者是社会工作者在治疗性小组中的核心角色，为能有效地帮助小组成员掌握解决自己困扰的问题，社会工作者需要不断地评估小组组员应对问题能力和处理困扰的技巧，及时调整小组活动形式和内容，并针对性提供意见和具体建议。在有些情况下，如小组成员病情恶化和加剧时，社会工作者要及时转介，以便其获得其他专业方面的支持。在整个过程中，社会工作者不仅教会组员一些具体的方法和技巧，同时要鼓励组员树立信心，让小组成员看到改变，对自己回归正常生活充满正面客观的期待。

四、任务解决

任务中龙社工针对失智症患者开展了一期康复治疗小组，为吸引存在此项困扰的老年人参与本小组活动。在小组招募中，龙社工将小组目标定位为"通过小组活动，让小组成员的病情得到缓解，让小组成员学习到控制病情恶化的方法"。这一目标中让小组成员的病情得到缓解是切实可以达成的，但学习到控制病情恶化的方法这一提法有点欠妥。治疗性小组虽然具有治疗功能，但就其不是针对疾病而言，如果治疗性小组中，组员病情的治疗仍需要医疗方面治疗。

拓展训练

冯社工为患有抑郁症的老年人开展了一期治疗性小组。希望通过小组服务，让参与

的小组成员了解导致抑郁的因素，帮助他们释放负面的情绪，同时希望通过小组活动，让小组成员有一个社交机会，在同组成员的彼此鼓励和互助中得到心理的安慰，从而克服其孤单感和寂寞感。在小组过程中，有小组成员家庭成员向社工反映其父亲最近用药在增加，情绪状况不是很稳定，想让父亲去医院治疗一段时间。

问题及思考：

1. 如果你是冯社工，你将如何回应家属反映的情况？

2. 谈谈你对老年人抑郁症的认识。

任务五

老年人缅怀小组实践

学习目标

1. 掌握缅怀小组组员的特征、活动内容和社会工作者角色。
2. 能够熟练掌握老年人缅怀小组方案设计，内化老年人缅怀小组社会工作者角色。

工作任务描述

韩社工针对辖区内老年人社交生活单一、情绪低落等困境，组织实施了一期老年人缅怀小组。按人生发展的阶段，韩社工安排 8 节小组活动内容。根据组员年龄特征，韩社工特意了解小组成员生活年代的时代特征，针对性设计了活动主题。

问题思考：
1. 在老年人缅怀小组主题选择上韩社工的做法恰当吗？
2. 谈谈你对老年人缅怀小组的认识和理解。

工作任务分解与实施

一、老年人缅怀小组概述

老年人丰富的人生经验是老年人缅怀小组的重要资源。通过缅怀小组服务，可以有效回应老年人在社交、娱乐、身心方面面临的困扰。借助缅怀小组，社会工作者引导参与组员积极回忆其丰富的、愉快的人生事件，从而让组员感受到其一生的价值和意义，让参与组员身心愉悦。一般情况下，老年人缅怀小组人数为 7～8 人较为适宜，聚会次数为 7～12 次，每次聚会时间控制在 60 分钟之内。在小组程序设计上，一般按人生阶段即学龄期、儿童期、少年期、青春期、中年期和老年期设计小组进程和过程。每期活动的主题选择上，原则上建议让老年人自己选择合适的话题和主题。在小组过程中，为引导组员参与活动兴趣和积极性，社会工作者可以借助道具，如当年流行的歌曲、电影、画册等，让组员重拾过去的回忆，在回忆中让组员重整人生，找到积极的生活意义。

二、老年人缅怀小组组员特征和活动内容

与治疗性小组、社交小组、支持小组相对而言，缅怀小组适应于任何情况的老年人。但参与老年人缅怀小组的组员也有一定的特质：

(1)情绪低落，对自己人生充满负面情绪。

(2)郁郁寡欢，对身边的人有较大抱怨和不满。

(3)态度消极，对未来充满失望。

针对这些特征，老年人缅怀小组活动内容设计上，社会工作者要在每次聚会前与小组成员进行充分交流和沟通，选择他们愿意和感兴趣的主题。原则上选择的主题以能带动组员美好的回忆、带来自豪和成就感的事件，如选择人生丰富多样的"第一次""最拿手""最流行"等是不错的活动主题。

三、老年人缅怀小组中社工角色

在老年人缅怀小组中社会工作者扮演的角色是引导者，做好聆听者的角色。通过缅怀小组，社会工作者借助多种方式和手段，让组员回忆美好的人生，消除不良的情绪，让其感受到自己一生的价值和意义，让回忆成为其乐观生活的动力。在小组初期，以组员喜闻乐见的平常事作为讨论的主题，激活组员分享的热情和营造一个畅所欲言的小组氛围；在小组中期，可以选择一些人生的重要课题和个人深层次的问题，将这些事件与其一生做正向意义的连接，让人生事件变成老年人乐观自信心态的资源；在小组后期，社会工作者可积极引导参与者之间形成长期互助小组，在小组结束后，组员之间还可以保持联系，彼此鼓励、彼此支持。

四、任务解决

任务中韩社工针对辖区内老年人社交生活单一、情绪低落等困境，组织实施了一期老年人缅怀小组。韩社工以人生发展的阶段设计8节小组活动内容，符合老年人缅怀小组的基本要求。在主题的选择上，韩社工特意了解小组成员生活年代的时代特征，针对性设计了活动主题，这种做法是值得肯定的。但在老年人缅怀小组中主题的选择上，韩社工应结合组员的兴趣、爱好、特质，与组员一起商议决定较为妥当。

拓展训练

孟社工在组织一期老年人缅怀小组服务中，为让组员缅怀一些生活情趣方面的正面感受，孟社工选择了与组员一起缅怀最喜欢的朋友、邻居、食物、动物、小说、音乐、电影、节日等。为引导组员重温他们生命成长，孟社工选择与组员一起分享其工作、难忘的事情、人生的"第一次"等。

问题及思考：

1. 你觉得孟社工选择的这些主题是否能达到设定的小组目标？

2. 谈谈你对人生"第一次"的认识和看法。

任务六
老年人个案工作案例及分析

学习目标

1. 了解老年人的主要特征。
2. 运用认知行为模式进行个案辅导。

工作任务描述

　　案主是 73 岁老先生，原籍沈阳，1930 年生于富裕但管教严格的家庭，高中未完成，战乱从军，1954 年后因健康因素从军中退伍，转入大学当职员，36 岁和一位 24 岁女士结婚，配偶为全职家庭主妇，婚后四年两子陆续出生。依案主的描述，其家庭小康，生活稳定，他的管教严格，配偶则宠小孩，夫妻偶尔因管教步调不一致吵架之外，婚姻尚称美满。案主两个孩子均完成大学学位，顺利进入职场。案主妻子于 1989 年罹患肺癌，过程之中，案主努力照料和陪伴，不幸于 1992 年辞世。

　　最近，案主因为食欲不佳，睡眠出现问题，颇为其扰而到医院门诊，后来被转介到精神科接受诊断，案主拒绝，四处找医院门诊看病，不接受转介。数月后，不知何故，勉强接受转介到精神科，案主极力否认过去曾发生有过心理方面的问题。

工作任务分解与实施

一、预估

1. 问题呈现

案主神色凝重，眉头深锁，步伐沉重，垂头丧气，言谈缓慢，外观颇为沮丧。案主自述，约五个月前，开始有不易入睡，睡而易醒，醒而不易再入睡，食欲减退的问题，以往喜好踏青或健身的嗜好也提不起劲，许多事情都觉得索然无味，甚至感到人生乏味。

2. 生理状况和失能情形

案主经医生诊断健康状况良好，健康习惯亦佳，案主自述颇重视养生之道，除了多年的心脏微恙，长期遵照医生嘱托以药物控制和调理之外，无任何疾病缠身，日常生活功能健全，能够自我照顾，不只自我备食，且能够照顾两个儿子的生活起居。

3. 人格特质

案主个性急躁，自律颇严，自我要求颇高，妻子患癌之时，除了全职工作之外，还身兼母职和照顾者，任劳任怨，不轻言放弃，也因求好心切，心情起伏，又不善抒发情绪，压力颇重。常责怪医疗人员反应太慢，经常换医院。案主虽深知配偶癌症的严重性和不良预期后，仍然难以接受事实。

4. 认知扭曲

评估过程可以看出案主的认知扭曲严重，这些扭曲在多年前已经出现。

5. 经济状况

案主没有自己的房子，目前住在公家宿舍，可以住到过世，居住不是问题退休收入也足够养老，儿子或多或少也会给零用钱，经济不是问题。

6. 社会网络

案主的社交网络单薄，退休前和同事的互动原本就不频繁，有少数几位关系密切的结拜的兄弟。和老家亲人几乎没有往来，其配偶尚在时偶尔与岳父家人有些许互动，配偶患癌之后更加孤立。

7. 引发因素

案主历经丧偶，失去职位，往日收入减少，老化与衰退，和社交网络日渐单薄等多重的失落，这些失落可能冲击到案主的情绪。加上 7 个月前，因故和邻居女士起冲突，虽然对方先动手，自己只为了自卫，出手阻挡，轻推一下，也没伤害到对方，但反被邻居报警，案主自认流年不利。

8. 病情评估

案主经精神科医师的诊断为主要忧郁症，忧郁（沮丧或空虚）的情绪超过两个月，每次情绪低落都持续两周以上，而且几乎是每天，每天对于活动都不感兴趣，出现食欲不佳和睡眠状况不佳的情形，动作显著的迟缓，每天都觉得无精打采，自尊心低落，目前没有自杀倾向。虽然个案强调自己的情绪问题是最近五个多月开始的，但从个案的描述和情况研究判断，其情绪问题应该可以追溯到更早的时间，或许原本轻微的症状案主缺乏自知，也因为拒绝承认和接受治疗，使得症状转为慢性，病情更加严重。

9. 求助动机

案主因为食欲和睡眠有重大变动，多次求医，却拒绝接受协助，问题日益严重，终到难以忍受的地步，尤其是五个月前和邻居的纠纷，无端被告困扰加剧，亟待协助，故求助动机颇强。

二、计划与处理

1. 建立关系

案主社会网络单薄，加上认知治疗建立在稳固和信任的伙伴关系上，因此，处理初期必须试图和案主建立信赖和稳固的关系。

2. 厘清角色和期待

在会谈初期有必要撇清双方的角色，强调伙伴关系，通过关系的建立渐渐引介认知治疗的方法并了解案主的反应，同时撇清治疗进展与可能遇到的挫折，使得进展无法完全遵照所期待的步调，并强调只要通过努力和耐心，终究可以达到预期的效果。

3. 症状减轻

困扰案主的症状有必要即刻消除或减缓，案主同意通过药物减缓情绪低落、食欲不佳、失眠、失趣等困扰。由于案主容易感受到压力，可以教授其放松技巧，协助案主减压。

4. 协助解决问题

案主面临民事诉讼，颇感困扰，需要法律咨询以了解情况，从案主的描述，被诬告的可能性极大，法律咨询或可减少不必要的担忧。

5. 解决家庭议题

案主和两位孩子之间出现沟通的问题也可以教导行为技巧和沟通原则。例如：以第一人称开始和不批判的态度应对。

6. 治疗技巧之运用

(1)哀伤治疗：案主是否因为丧偶仍未完成哀伤过程，必须详加探究，必要时协助完成哀伤过程。

(2)由于案主有严重的认知扭曲，认知疗法的运用将可以协助案主的主要问题。预计的会谈次数约 12 到 15 次，并共同拟定具体的会谈目标。

必备知识

一、认知治疗

认知治疗在抑郁症个案的临床应用极为寻常，其中以 Beck 的临床应用和研究最为典型。对照之下本案例案主的认知模式或主题符合 Beck 六个认知扭曲的类型，尤其是随意归纳，个人化归因和看法两极化，例如：案主只要碰到家庭关系稍有不顺，便以不称职的父亲或丈夫自责；因为要为妻子癌症发现太迟导致去世负全责，忽略许多无法抗拒的因素；案主以管教孩子失败自责，因为两个儿子孤僻少和他沟通，上班回家两个儿子都锁在自己房间，到适婚年龄却仍无对象，仍未结婚，深感遗憾，却忽略了孩子内向的个性，且都完成大学教育，职场表现没问题。这些认知扭曲多少符合 Ellis 的三种必须类型，例如：我一定要有很好的表现、人生一定要顺利不能有挫折、孩子一定要照我的规划成长。

(一)老年族群应用认知治疗的优势

认知治疗适用于任何年龄族群所面对的各类不同的问题或违常，老年族群的应用也不例外，其中以忧郁的应用最为广泛，不论是年轻时候发病或老年期经历生理、心理和社会层面的多重失落，导致情境性或反应性的忧郁，都可使用。处理的主轴仍是：共同找寻或挖掘案主扭曲信念、共同探讨扭曲类型、和评估这些信念的合理性和适当性，最后以更健全的想法替换，认知治疗除了适用之外，还具有下列优势。

1. 尊重老人的经验

认知治疗建立在伙伴关系上，强调以社交方式引导案主接受治疗理念，在找寻认知扭曲过程，以生命回顾方式，让老年人感受到尊重，提供统整机会，符合老年期社会心理发展的需求。

2. 不强调案主必须有具有同理心

对于许多没有接触过治疗或处理遇到的个案，认知治疗重视短程和具体的技巧训练，不必具有同理心，有助于老人对治疗的接纳。

3. 不强调病态的评估的目标

老人可能会经历多重失落，包括面对社会的忽略或偏见，强调病态或违常可能徒增他们的无力感，由于认知治疗强调技巧的学习和认知的改变，处遇过程和目标拟定都不重视病态的层面，有助于减少老人的无力感。

4. 任何地点均可进行

认知理念和技巧教育是认知治疗的焦点之一，这类教育不受地点的限制，任何地方均可实施，这对于因为功能差异而处在不同的照顾情景的老年人而言，更具适用性。

(二)认知治疗应用在老年人身上的注意事项

认知治疗在老年人的应用上需要注意的事项包括以下几点。

1. 评估老人认知和沟通能力

认知治疗的主轴是教育案主有关该模式的理念和学习改变的技巧，个案必须具有认知和沟通能力，老年人的功能可能衰退，事先评估尤其必要。如果发现缺陷，可以通过多源沟通媒介，如：口语、视觉(画面、黑板呈现、表情和动作)和听觉(录音有助于回顾、理解、减少遗忘)，沟通速度减慢，内容具体不模糊，善用摘要，提供回馈等。

2. 聚焦

老人个案可能因为经验丰富，喜爱分享，会谈过程可能出现漫游、无法聚焦的问题，因此会谈需要结构和清楚目标，必要时常温和地请求案主重回主题和协助聚焦。

3. 考量老年人的情境

老人个案可能不习惯于心理处遇，结构性的处遇环境安排与流程的时间可遇不可求，非正式的沟通和互动是常态，认知治疗的运用常只能在非正式言谈中进行，如：经常提醒想法如何影响情绪和行为，举具体事例，教导正向的自我对话或提醒，佐以行为改变策略。如果个案的方式不易达成，可以尝试在团体的情景中进行。

4. 配合老年人的发展需求

Erikson 社会心理发展理论界定的老年阶段的任务是统整和绝望，工作者可以协助老年人生命回顾或怀旧，达到自我肯定和接纳的目的，由于老年人经历多重失落，自我观念和价值可能受到侵蚀，工作者一方面可以协助老年人接受失能和不可改变的现实，另一方面可以协助老人体会认识和发挥仍存的潜能，在自我价值方面，沟通过程可以将焦点放在比较不受到在外因素改变的人格特质的优点(如：仁慈、乐于助人、乐观、勤劳和不自私等)。上述这些处遇原则都和认知治疗法有共通之处，可以融合运用。

(三)运用认知行为治疗的限制

认知行为治疗在老年族群的应用上可能碰到的问题并不多，Zess 和 Steffen 对工作者还是有些提醒，例如：

1. 避免轻忽

将认知行为治疗的技巧视为简要的程序，忽略了评估、建立关系及拟定具体目标的处遇计划的重要性。

2. 不适用

认知治疗模式不适用于缺乏病实感的老年人，因为认知治疗需要某种程度的觉知，尤其是强调认知在情绪和行为方面所扮演的角色和觉知，以及家庭作业的重要媒介，两者都可能让缺乏病实感老年人感受到强烈的挫折感。相较之下，行为疗法比较不受病实感的限制，或许归于这类病患，可以增加行为疗法的运用。

二、几个常用的老年人辅导用表

老年人情况记录表

姓名		性别		联系电话	
出生年月		籍贯		婚姻状况	
居住现状	独居□ 配偶同住□ 与子女共住□ 入住敬老院□ 其他：_____	家庭结构图			
亲属联系人			联系方式		
老年人诉求					
作息时间					
休闲娱乐	□打牌　　□打麻将　　□下棋　　□唱歌　　□跳舞　□饮茶　　□其他_____				
社会交往	亲戚/子女：□每天一次　　□每周一次　　□每月一次　　□每到节日一次　　□其他_____				
	朋友：□每天一次　　□每周一次　　□每月一次　　□每到节日一次　　□其他_____				
基本能力					
视力：	□ 老花眼　　　　□ 一只眼失明 □ 双目失明　　　□ 白内障 □ 无特殊问题			备注：	
听力：	□ 左耳失聪　　　□ 右耳失聪 □ 两耳失聪　　　□ 无特殊问题			备注：	
精神状态：	□良好　　　　□一般　　　　□较差			备注：	
行动能力：	□ 自己完全不能行动 □ 需要人协助行动 □ 行动不便尚能自理 □ 行动自如			备注：	
疾病状况：					

巴氏量表(ADL)

项目	分数	内容说明	备注
1. 进食	10□	自己在合理时间(约十秒钟吃一口)可用筷子取食眼前的食物。若需进食辅具时,会自行穿脱。	
	5□	需别人帮忙穿脱辅具或只会用汤匙进食。	
	0□	无法自行取食或耗费时间过长。	
2. 个人卫生	5□	可以自行洗手、刷牙、洗脸及梳头。	
	0□	需要他人部分或完全协助。	
3. 上厕所	10□	可自行上下马桶、穿脱衣服、不弄脏衣服、会自行使用卫生纸擦拭。	
	5□	需要协助保持姿势的平衡、整理衣服或用卫生纸。	
	0□	无法自己完成。	
4. 洗澡	5□	能独立完成(不论是盆浴或沐浴),不需别人在旁。	
	0□	需别人协助。	
5. 穿脱衣服	10□	能自己穿脱衣服、鞋子,自己扣扣子、上拉链或绑鞋带。	
	5□	在别人协助下,可自己完成一半以上的动作。	
	0□	不会自己做。	
6. 大便控制	10□	不会失禁,能自行灌肠或使用塞剂。	
	5□	偶尔会失禁(每周不超过一次),需要他人协助使用灌肠或塞剂。	
	0□	失禁,无法自己控制且需他人处理。	
7. 小便控制	10□	能自己控制不会有失禁,或能自行使用并清洁尿套、尿袋。	
	5□	偶尔会失禁(每周不超过一次)或尿急(无法等待放好便盆或及时赶到厕所)或需要他人协助处理尿套。	
	0□	失禁,无法自己控制且需他人处理。	
8. 平地行走	15□	使用或不使用辅具,皆可独立行走50公尺以上。	
	10□	需他人稍微扶持或口头指导才能行走50公尺以上。	
	5□	虽无法行走,但可以操作轮椅(包括转弯、进门及接近桌子、床沿)并可推行轮椅50公尺以上。	
	0□	完全无法自行行走,需别人帮忙推轮椅。	
9. 上下楼梯	10□	可自行上下楼梯,可使用扶手、拐杖等辅具。	
	5□	需他人协助或监督才能上下楼梯。	
	0□	无法上下楼梯。	
10. 上下床或椅子	15□	整个过程可独立完成。	
	10□	移动身体时需要稍微协助、给予提醒、安全监督。	
	5□	可以自行坐起,但从床上坐起时或移动身体时需要他人协助。	
	0□	不会自己移动。	
总分			

```
   0        20        40        60        100
   |—————————|—————————|—————————|—————————|
     完全依赖    严重依赖     显著独立    功能独立
```

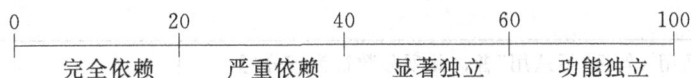

老年人工具性日常生活活动能力量表(IADL)

(以最近一个月的表现为准)

		备注:
上街购物【□ 不适用（勾选"不适用"者，此项分数视为满分）】 □3. 独立完成所有购物需求 □2. 独立购买日常生活用品 □1. 每一次上街购物都需要有人陪 □0. 完全不会上街购物	勾选 1 或 0 者，列为失能项目。	备注:
外出活动【□ 不适用（勾选"不适用"者，此项分数视为满分）】 □4. 能够自己开车、骑车 □3. 能够自己搭乘大众运输工具 □2. 能够自己搭乘出租车但不会搭乘大众运输工具 □1. 当有人陪同可搭出租车或大众运输工具 □0. 完全不能出门	勾选 1 或 0 者，列为失能项目。	备注:
食物烹调【□ 不适用（勾选"不适用"者，此项分数视为满分）】 □3. 能独立计划、烹煮和摆设一顿适当的饭菜 □2. 如果准备好一切佐料，会做一顿适当的饭菜 □1. 会将已做好的饭菜加热 □0. 需要别人把饭菜煮好、摆好	勾选 0 者，列为失能项目。	备注:
家务维持【□ 不适用（勾选"不适用"者，此项分数视为满分）】 □4. 能做较繁重的家事或需偶尔家事协助(如搬动沙发、擦地板、洗窗户) □3. 能做较简单的家事，如洗碗、铺床、叠被 □2. 能做家事，但不能达到可被接受的整洁程度 □1. 所有的家事都需要别人协助 □0. 完全不会做家事	勾选 1 或 0 者，列为失能项目。	备注:
洗衣服【□ 不适用（勾选"不适用"者，此项分数视为满分）】 □2. 自己清洗所有衣物 □1. 只清洗小件衣物 □0. 完全依赖他人	勾选 0 者，列为失能项目。	备注:
使用电话的能力【□ 不适用（勾选"不适用"者，此项分数视为满分）】 □3. 独立使用电话，含查电话簿、拨号等 □2. 仅可拨熟悉的电话号码 □1. 仅会接电话，不会拨电话 □0. 完全不会使用电话	勾选 1 或 0 者，列为失能项目。	备注:

	备注：
服用药物【□ 不适用（勾选"不适用"者，此项分数视为满分）】 □3. 能自己负责在正确的时间用正确的药物 □2. 需要提醒或少许协助 □1. 如果事先准备好服用的药物剂量，可自行服用 □0. 不能自己服用药物	勾选 1 或 0 者，列为失能项目。	备注：
处理财务能力【□ 不适用（勾选"不适用"者，此项分数视为满分）】 □2. 可以独立处理财务 □1. 可以处理日常的购买，但需要别人协助与银行往来或大宗买卖 □0. 不能处理钱财	勾选 0 者，列为失能项目。	备注：

（注：上街购物、外出活动、食物烹调、家务维持、洗衣服等五项中有三项以上需要协助者即为轻度失能）